Reihe Hanser 147

Wollüstige Phantasie · Hrsg. von Horst Albert Glaser

Die großen Werke der erotischen Weltliteratur, die *nicht* von der Pornowelle nach oben gespült wurden und die mit den an vordergründigen Interessen orientierten Machwerken nichts zu tun haben, werden hier auf ihre ästhetischen, psychologischen und soziologischen Gemeinsamkeiten hin untersucht. Was unterscheidet so berühmte Werke wie Sades ›120 Tage von Sodom‹, Batailles ›Geschichte des Auges‹, Jean Genets ›Notre-Dame-des-Fleurs‹, Henry Millers ›Wendekreis‹-Romane oder Wedekinds ›Lulu‹ und Schnitzlers ›Reigen‹ von der Nachbarschaft der »minderen Bücher«? Das Buch soll einem breiteren Publikum eine erste Orientierung geben. Es soll die Kriterien ermitteln für die Grenzbereiche zwischen erotischer Literatur und ideenloser Pornographie. Phantasie, Reflexion und ihr hoher ästhetischer Rang zeichnen diese Bücher aus: nicht anders als die große bürgerliche Literatur, in deren Schatten sie durch die herrschenden Sexualtabus stets gelebt hat. Dieses Buch ist der Versuch, anhand der Texte selbst Kriterien zu entwickeln für eine denkbare Sexualästhetik der Literatur.

Reihe Hanser 147

Wollüstige Phantasie

Sexualästhetik der Literatur

Herausgegeben von Horst Albert Glaser

Carl Hanser Verlag

ISBN 3 446 11861 6

Ausstattung:
Heinz Edelmann
Gesamtherstellung:
Friedrich Pustet,
Regensburg
Printed in Germany

Inhalt

Libri obscoeni – ein philologisches Divertimento statt einer Einleitung

> Wenn man alles geschrieben hat, was man zu schreiben hat, fühlt man, man habe noch alles das Wichtige nicht geschrieben, was »der Anstand verbietet«!
>
> Peter Altenberg: *Nachfechsung*

Dieses Buch wollte lange Zeit nicht werden. Es zeigte die müden Reaktionen eines matten Liebhabers, dem weder durch kräftigere Reizungen, höhere Gagen noch engelszungenhafte Schmeichelei zu helfen war. Daß er (es) sich, herausstaffiert von Lektor und Herausgeber, doch dem (vielleicht) interessierten Publikum präsentiert, überrascht sie selbst zumeist.

Michel Krüger sei infolgedessen für ausdauerndes Werben gedankt, der Herausgeber lächelt befriedigt im Stillen, und die Autoren können sich des Umstands erfreuen, daß der Fluch beider über die akademische Literaturwissenschaft nicht auf ihr Haupt niederfahren soll. Es hieße, oft Gesagtes zu wiederholen, wollte man hier von der kleinbürgerlichen Lustfeindschaft, der protestantischen Askese sprechen, die alle Richtungen der Literaturwissenschaft in gleicher Weise kennzeichnet und die ihr nicht bloß die Darstellung des Sexuellen in der Literatur verleidet, sondern ihr eigentlich auch die ästhetischen Nerven abgetötet hat, mit deren Hilfe sie über Literatur sich Gedanken zu machen vermeint. Daß Literatur nicht Gedanken in sinnlichem Gewande präsentiere, sondern umgekehrt Sinnliches in sprachlicher Gestalt – dieser Gedanke ist ihr kaum je gekommen. Gewissenhaft ist sie wie eh und je damit befaßt, im Schweiße ihres Angesichts das Sinnliche der ästhetischen Phantasie nicht mimetisch zu erfassen, es allenfalls in süßer Sprache zu artikulieren, sondern es methodisch zu zerstückeln, philologisch zu etikettieren und didaktisch einzutrichtern.

Kaum einer der akademisch etablierten Literaturwissenschaftler, die der Herausgeber ansprach, war bereit, der heiklen Materie des Obszönen näherzutreten – sei es daß die sinnverlassenste akademische Verwaltungsarbeit ihnen

wichtiger war, sei es daß ihnen obszöne Bücher keine Hilfe im Klassenkampf dünkten, den sie aus der Seminarbibliothek heraus zu führen wähnen. Zwischen derlei pseudorevolutionären Einbildungen auf der einen und beamtenhaftem Pflichtbewußtsein auf der anderen Seite verkümmert das Interesse an Literatur, soweit die akademische Literaturwissenschaft von ihm motiviert wird. Das Ästhetische, das ja etymologisch bereits seine Verwandtschaft zur sinnlichen Sphäre einbekennt, scheint heute weniger noch als zur Zeit der werkimmanenten Interpretation karrierebewußten Literaturwissenschaftlern ein Gegenstand zu sein, auf den sich die Leiter zum Erfolg – von links oder von rechts herbeigetragen – stellen ließe.
Dabei hat sich in der Literatur nicht nur von ihrem Beginn an Obszönes geregt, so daß die clandestine Geschichte der erotischen und pornographischen Literatur so alt ist wie die der offiziellen – auch die Literaturwissenschaft verzeichnet bereits im Jahre 1688 eine akademische Abhandlung über die *libri obscoeni*[1]. Den gänzlich unbekannten Johannes David Schreber, der die verschollene Dissertation abgefaßt hat, muß man wohl als den ersten Erotologen der Literaturwissenschaft in Deutschland ansehen. Seine Nachfolger sind allerdings wenige geblieben. Mit obszönen Büchern haben sich eher Polizisten und Staatsanwälte, seltener Literaturwissenschaftler von amtswegen befaßt, wenn auch manche gelehrte Privatbibliothek die erstaunlichsten Erotica et Curiosa enthalten haben soll. Zudem sind ja – nach Beobachtungen von Karl Kraus in Wiener Sittlichkeitsprozessen – Beamtenhände viel zu unerfahren und ungeschickt, um ihnen die Ordnung im Sexualverkehr auch nur der Bücher anzuvertrauen. So ist es denn weithin der Passion und Profession akademischer outsider überlassen geblieben, den verschlungenen Wegen nachzugehen, die Autoren obszöner Bücher und diese selbst genommen haben, um einige von ihnen hie und da wieder ans Tageslicht zu befördern. Für die deutsche Literatur kann insbesondere Franz Blei das Verdienst beanspruchen, manches zu Unrecht vergessene Werk wieder entdeckt oder seine Übersetzung veranlaßt zu haben. Seine verstreuten Essays etwa über die galante Dichtung Frankreichs, die Dramen Wedekinds oder auch über Oscar Wilde summieren sich zwar nicht zu einer Geschichte

der erotischen Literatur, heben sich aber von einer jeden durch Einsicht in ihre gleichwohl ästhetische wie sexualpsychologische Problematik und die stilistische Brillanz der Darstellung ab.
Insoweit wissenschaftlich versucht wurde, die Geschichte der obszönen Literatur aufzuarbeiten, sind die Arbeiten begrifflich kaum je über die Definitionsebene der unfruchtbaren Disjunktion von erotischen (i. e. künstlerischen) und obszönen (i. e. pornographischen) Texten hinausgelangt. In der alten Dissertation Schrebers findet sich diese relativ späte Unterscheidung noch nicht. *Libri obscoeni* sind für ihn alle diejenigen Bücher, »deren Verfasser sich in deutlichen unzüchtigen Reden ergehen und frech über die Geschlechtsteile sprechen oder schamlose Akte wollüstiger und unreiner Menschen in solchen Worten schildern, daß keusche und zarte Ohren davor zurückschaudern.«[2] Es galt dieses Verdikt sicher auch für die erst später, 1695, erschienene Neukirchsche Sammlung obszöner Gedichte der zweiten schlesischen Dichterschule, deren obszönste von dem 1679 verstorbenen Hofmannswaldau herrührten. Doch gerade an seinem Klagelied über die Menstruation wird offenbar, daß »über die Geschlechtsteile sprechen« nicht »unzüchtige Rede« im Gefolge führen muß:

Man geht, wie jedermann bekannt,
Durchs rote Meer in das gelobte Land.[3]

Die biblische Metapher für das monatliche Ereignis der »sauberen Melinde« signalisiert, daß die uneigentliche Rede über Sexuelles nicht sogleich »keusche und zarte Ohren« verletzen muß. Sie werden es erst, wenn Friedrich Leopold Graf zu Stolberg eine priapische Ode über die *Wahl meiner künftigen Gattin und ihre Eigenschaften* anstimmt:

Nicht weiß wie Milch und Blut, gepudert und frisiert,
Und mit dem reichsten Schmuck von Frankreich ausgeziert
Nein, ruprigt, ledergelb und schmierig wie ein Schwein
Soll die, die ich mir einst zur Gattin wähle, sein.[4]

Unverblümte und eigentliche Rede hat den Texten, die sie pflegen, lange das Verdikt des Obszönen zugezogen, kraft dessen sie aus dem Arkanum der schönen Kunst verwiesen wurden. Verschleierte, uneigentliche Rede galt für künstle-

risch, ihre Texte wurden als erotische zur Literatur gerechnet.
Wenn auch die Literaturgeschichtsschreibung die *libri obscoeni* weithin aus dem Kanon von Werken ausgeschieden hatte, die sie des Berichtes und der Überlieferung würdigte, hat es doch im neunzehnten Jahrhundert eine *Ästhetik des Häßlichen* gegeben, die zumindest eine Theorie des Obszönen und Frivolen versuchte, ohne sie allerdings aus der Analyse der *libri obscoeni* selbst zu entwickeln. Es ist die Rede von Karl Rosenkranz, der in der 1853 publizierten *Ästhetik des Häßlichen* dieses als das Negativschöne definiert und es als dialektischen Komplementärbegriff zur Hegelschen Idee des Schönen mehr oder minder behandelt. Dennoch hält er darauf, daß die ästhetischen Wissenschaften das Häßliche sowenig vernachlässigen dürften, wie die Biologie den Begriff der Krankheit, die Ethik den Begriff des Bösen und die Rechtswissenschaft den Begriff des Unrechts. An den landläufigen Literaturgeschichten tadelt er den »bleichsüchtigen Pensionatsstil«, der aus lauter Schamhaftigkeit das Schamlose gar nicht mehr erwähne, obgleich es doch allenthalben in der Literatur anzutreffen sei. »Es ist traurig, daß bei uns auch für die Wissenschaft sich eine gewisse Prüderie einschleicht, indem man namentlich bei Gegenständen der tierischen Natur und der Kunst die Dezenz zum exklusiven Maßstab macht. Und wie erreicht man diese Dezenz heutzutage am besten? Man spricht gar nicht von gewissen Phänomenen. Man dekretiert ihr Nichtdasein. Man sekretiert sie gewissenlos, um salonfähig zu bleiben. (...) Unsere deutsche Literaturgeschichte ist durch das Zurechtmachen derselben für Mädchenpensionate und höhere Töchterschulen schon ganz kastriert worden, um nur immer das Edle, Reine, Schöne, Erhebende, Erquickende, Gemütliche, Liebliche, Veredelnde und wie die Stichworte weiter lauten, für die zarten Jungfrauen- und Frauenseelen herauszustellen. Es ist dadurch eine unglaubliche Falschmünzerei der Geschichte der Literatur in Gang gekommen, die auch schon über die pädagogischen Rücksichten hinaus die Auffassung entstellt und durch höchst einseitig ausgewählte traditionelle Blumenlesen unterstützt[5].«
Selbst noch befangen in der Tradition der idealistischen Ästhetik, gesteht er dem Häßlichen keine ästhetische Digni-

tät zu, wenngleich er seine Existenz akzeptiert. Das Obszöne insbesondere – eine Spezialform des Rohen neben dem Brutalen und dem Frivolen – ist deshalb ein Unästhetisches, da in ihm die Freiheit (des sittlichen Willens) sich vom Sinnlichen abhängig mache. Die vernunftgemäße Freiheit des Willens ist Rosenkranz wie dem gesamten deutschen Idealismus – der sich hierin als bürgerlicher aussagt – identisch mit der Repression von Sinnlichkeit. In dieser, wo er dem Kausalnexus des Naturzwangs unterworfen ist, sei der Mensch bloß Tier. Wie in der Ästhetik den Begriff des Schönen, setzt er in der Ethik den Begriff des Sittlichen als absoluten: das Sinnliche und das Häßliche sind bloß im Verhältnis zu jenen als Begriffe möglich und insofern relativ. Es charakterisiert allerdings die Unbestechlichkeit von Rosenkranz' Denken, daß er im selben Satz auch die verdinglichte Begriffswelt der idealistischen Ästhetik durchbricht und vom Häßlichen zugibt: »Es ist, was es ist, empirisch freilich durch sich selber«[6]. An diesem Dilemma, daß das Häßliche zwar da ist, aber keine begriffliche Existenz beanspruchen kann, weil anders das auf der Idee des Schönen errichtete System der idealistischen Ästhetik dahinfiele – an diesem Dilamma laboriert Rosenkranz' eigne *Ästhetik des Häßlichen.*

Er gelangt in ihr sehr früh zu einer Definition des Obszönen, die nachgerade Schlüsselcharakter auch für die moderne Literatur besitzt, die allerdings – etwa was Bataille betrifft – die Intention der Rosenkranzschen Definition in ihr Gegenteil verkehrt hat. »Die Scham ist heilig und schön, denn sie drückt das Gefühl des Geistes aus, seinem Wesen nach über die Natur hinaus zu sein; naturlos kann er nicht sein, aber naturfrei sollte er sein. Die Natur kennt die Scham nicht und das liebe Vieh, wie man im Deutschen sagt, schämt sich nicht; der Mensch aber, seines Unterschiedes von der Natur sich innewerdend, schämt sich. *Das Obszöne besteht in der absichtlichen Verletzung der Scham.*«[7] Während für Rosenkranz die Schamgrenze zugleich Kunstgrenze ist in dem Sinne, daß im Schamlosen auch keine Kunst mehr sein könne, ist diese Definition für die Moderne von Baudelaire bis Bataille nachgerade umzukehren: Kunst beginnt erst jenseits der Tabugrenze. Das Schöne muß besudelt, muß deformiert werden, damit die unter die Maske des Schönen hinabgedrückte und verunstaltete Sinnlichkeit sich befreien und ausdrücken kann. Moderne Literatur hält dem Obszönen weitaus häufiger die Treue als in früheren Epochen. Seit das Bürgertum liquidierte, ist auch sein Begriff von Sittlichkeit durchsichtig geworden auf die Repression von Sinnlichkeit, die er enthielt. Dieser Sinnlichkeit, von der im Leben der spätbürgerlichen Gesellschaft wenig mehr sich realisiert hat als in der frühbürgerlichen, gilt die Zuneigung der Literatur. Denn sie bezieht nicht aus der Repression, sondern aus dem, was dennoch nicht zur Ruhe und Befriedigung kam, ihren Impuls. Unbewußt stellt jedes Werk von Rang heute die skeptische Frage, wie sie vor fast zweihundert Jahren Sade und in diesem Jahrhundert Freud wieder gestellt hat: ob die Repression von Sinnlichkeit im Namen der Sittlichkeit gelohnt habe angesichts der Deformationen, die die Kultur, die aus ihr hervorging, den Menschen zufügte.

Wenn die *libri obscoeni* infolgedessen nicht nur sexuelle Handlungen darstellen, sondern auch sexuelle Reaktionen beim Leser auslösen, verschlägt das nicht länger mehr etwas gegen ihr Ästhetisches. Pygmalionistisch bestehen Autoren häufig genug auf der Lebendigkeit ihrer Werke, dem was lebensphilosophisch gesprochen der Begriff ihrer Leiblichkeit bedeuten konnte.

Es ist symptomatisch, daß nähere Bestimmungen dessen, was obszöne Bücher sind, erst wieder die Sexualwissenschaft versucht hat. Bloch definierte 1906: »Obszön ist nur dasjenige Buch, welches einzig und allein, ausschließlich zum Zwecke der geschlechtlichen Erregung verfaßt wurde, dessen Inhalt auf die Erweckung der groben tierischen Sinnlichkeit im Menschen abzielt.«[8] Kein Zweifel kann angesichts solcher Worte darüber bestehen, was von derlei Werken zu halten ist. Gerade der Spezialarzt für Haut- und Sexualleiden in Berlin-Charlottenburg hält darauf, daß die tierische Sinnlichkeit, mit der er in seiner Praxis täglich konfrontiert wurde, sich zumindest in der ästhetischen Sphäre mit einem geistigen Leib umgebe. Dort muß bei »der Wiedergabe des rein Geschlechtlichen zugleich eine das rein Physische verklärende, gewissermaßen überwindende Auffassung des Künstlers (. . .) zum Ausdrucke« kommen.[9]

Über den Bannkreis der idealistischen Ästhetik, in dem das Denken des Hautarztes verharrt, gehen auch die Klassifikationen des Literarhistorikers Englisch nicht hinaus. In seiner *Geschichte der erotischen Literatur* erweitert er Blochs Definition des Obszönen bloß um das Moment der moralischen Provokation: »Obszön ist alles, was *in bewußtem Gegensatz zur herrschenden Moral* zum Zwecke der physiologischen Reizung der Geschlechtsnerven verfaßt und diesen Zweck zu erfüllen geeignet ist.«[10] Diese Definition läuft darauf hinaus, den sexualwissenschaftlichen Begriff der Perversion als ästhetisches Kriterium zu installieren. Texte, deren Handlungen von Triebrichtungen gelenkt werden, die von der Norm des heterosexuellen Verkehrs unter Erwachsenen abweichen, gelten nicht bloß als obszön und amoralisch, sondern auch als ästhetisch mißlungen. Von derlei hausbackenen Vorstellungen über die komplexe Triebstruktur der Menschen und die einzig erlaubte Thematik der erotischen Literatur ist Englischs Literaturgeschichte durchaus geprägt. Verständnislosigkeit, die sich bis zur moralischen Entrüstung aufbläht, ist etwa in dem Kapitel über die philosophischen Romane Sades zu beobachten. Daß Sade die eindringlichste Analyse und zugleich naturphilosophische Apologie der perversen Triebhandlungen geliefert hat, die in der Literatur und Philosophie je vorher bekanntgeworden ist, hält Englisch nicht davon ab, sich stets von neuem über Sades Tabuverletzungen zu entrüsten. Er begreift nicht, daß die Perversion zur regulativen Idee seiner Utopien wurde, da Sade sie in der Natur überall am Werke sah und er im Zuge der französischen Aufklärung vermeinte, die Moral materialistisch nach den angeschauten Gesetzen der Natur kodifizieren zu sollen, statt sie auf die fiktiven Gebote bloß der christlichen Religion zu gründen.[11] Vielmehr wird verdammt: »In seinen Werken ist alles vereinigt, was sich nur eine im Kote der verwerflichsten Gemeinheit wühlende Phantasie ersinnen kann: eine Umkehrung aller Werte. Das Gute wird in den Schlamm getreten, dem Verwerflichsten ein Loblied angestimmt und der Abschaum der Menschheit als führende und erlauchte Geister sowie als erstrebenswertes Ideal hingestellt. Was eine ausschweifende, wahnwitzige Phantasie an Verbrechen und ekelerregenden Szenen nur ersinnen kann, wird in teuflischer Abscheulichkeit mit grinsendem Behagen der Welt als einzig lobenswerter Zustand angepriesen. Nichts gibt es, was diesem Scheusal heilig wäre, nichts Edles, wonach er seine schmutzige Hand nicht ausstreckte, es nicht begeiferte und besudelte. Menschenwürde – ein leeres Wort ohne Begriff!«[12] Keineswegs hat Englisch mit dieser Charakteristik Sades Intentionen verkannt – doch sie unterschlägt Sades Argumentation für das Verfahren, in seinen Romanen um der philosophischen Wahrheit willen die Handlungen der Personen lieber von Verbrechen und Perversionen bestimmen zu lassen, als von Rousseauschen Sentiments über die gute Natur des Menschen.

Weitaus höherer Wertschätzung kann sich die spätmittelalterliche Schwankdichtung in Deutschland erfreuen. In ihr geht es zwar derb, aber gesund zu und wenn auch von Schwänzen und Votzen die Rede ist, so doch stets im Sinne von Leben und Lebenlassen. Daß die erotische Phantasie niemals von der geraden Bahn abweicht, die ihr der erigierte Penis in die nächste Vulva weist, zeugt für Englisch nicht von provinzieller Blindheit, der die Augen über die eigene Sinnlichkeit noch nicht aufgegangen sind, als vom geraden und unverbildeten Sinn des einfachen Volkes.

Englischs Literaturgeschichte weicht infolgedessen nicht – sowenig sie auch sich mit der akademischen Tradition verträgt – vom bürgerlichen Phalluskult und der an diesem klebenden Spermamoral ab. Die bescheidene Freude am coitus simplex germanicus ist die höchste, die den Individuen erlaubt werden kann. Der bäurische Freudentanz um den Phallus, der in Ewigkeit nicht wankt, gilt als die höchste ästhetische Lust, die Einlaß in die Spalten der *Geschichte der erotischen Literatur* findet.

Ob als literarische Gegenstände auch sexuelle Perversionen zugelassen werden dürfen – darüber hat sich seit Englischs Literaturgeschichte die Meinung in der deutschen Literaturwissenschaft gewandelt. Mertner und Mainusch konzedieren in der 1970 publizierten *Pornotopia* sogar die Möglichkeit eines obszönen Kunstwerks, indem sie auf Genets Romane hinweisen. Allerdings bedurfte es keines großen Mutes der beiden Verfasser, Homosexualität zum literarischen Thema avancieren zu lassen, da zur gleichen Zeit die Strafandrohungen gegen Homosexuelle aus dem Strafgesetzbuch eliminiert wurden – die Perversion, der Genet sich widmet, wenigstens vor dem deutschen Gesetz keine mehr war. Worauf die beiden Anglisten jedoch bestehen wie alle Erotologen der Literatur vor ihnen, ist die ästhetische Distanz. Literarische Texte sind für sie geistige Gebilde und insofern definiert als Objekte bloß geistiger Kontemplation. Ein sinnliches Verhältnis des Lesers zum obszönen Buch ist ihnen ein ästhetischer Greuel. Wenn Friedrich Schlegel 1794 meinte, die physische Reizbarkeit »macht aller Kunst ein Ende, würdigt sie zu einem Kitzel der Sinnlichkeit herab«, so gilt das unverändert 1970 auch noch für Mertner und Mainusch.[13] Solch ebenso ahnungsloses wie treuherziges Vertrauen in die Dogmen der idealistischen Ästhetik disqualifiziert eigentlich die Autoren für die ihnen vom nordrhein-westfälischen Arbeits- und Sozialminister gestellte Aufgabe: »Pornographie (...) im Lichte der Literatur und ihrer ästhetischen Grundlagen zu analysieren und sie vom literarischen Kunstwerk – insbesondere von der obszönen Kunst – abzugrenzen.«[14]

Gründlich revidiert hat die traditionelle Theorie von der Vergeistigung des Sinnlichen in der Kunst erst Peter Gorsen. Im *Prinzip Obszön* und der *Sexualästhetik* hat er eine Theorie des obszönen Kunstwerks entwickelt, das die ästhetische Distanz zum Betrachter eingezogen hat. Zwischen Kunst und Pornographie könne angesichts des Standes der künstlerischen Produktion nicht länger nach dem Kriterium ihrer sexuellen Stimulationskraft entschieden werden. Während die gegenwärtige Produktion das Ästhetische zu entästhetisieren trachte, im Aktionismus sichtbar in reale Handlung umschlage, werde das Verharren auf der Geistigkeit des künstlerischen Ausdrucks anachronistisch. »Ein Teil der neuen Kunstentwicklungen scheint den Rückfall (sc. auf einen Kunst und Leben vereinigenden Gebrauchaspekt) [...] zu bestätigen oder sogar als Destruktion überlebter Konventionen zu feiern, wie die antiästhetisch intendierten Darstellungsformen des Happening, des Nouveau Réalisme und der Pop Art beweisen. Eine von ihnen ablesbare Tendenz zur *Entästhetisierung des Ästhetischen,* die sich in Wirklichkeit schon sehr viel früher abzeichnete, nämlich im Zitat- und Fundstückcharakter der Collage und Assemblage, den die idolischen Bilder der Pop Art verselbständigen, wird auch

auf die sexualästhetisch explizite Darstellung des Obszönen Einfluß haben, die im Grenzbereich zum Außerästhetischen und ›Anthropologischen‹ ja zu Hause ist.«[15]
Ob allerdings Literatur ebenso leicht materiale Qualität annehmen kann wie Arbeiten der bildenden Kunst, an der Gorsen seine Theorie von der ›Entästhetisierung des Ästhetischen‹ entwickelt, bleibt ein Problem. Bilder, Photos, Objekte und gar ästhetische Materialaktionen reichen von vornherein durch ihre gegenständliche Beschaffenheit weiter in die Sphäre der sinnlichen Erfahrung als Texte, deren Medium ein intellektuelles ist: Sprache. Ihre begriffliche Qualität ist größer als ihre sinnliche – gemessen an der bildenden Kunst. Die genauere Differenzierung der erotischen Literatur in obszöne und pornographische Bücher, die nach Gorsens Theorie fällig ist, dürfte mithin schwieriger werden, als bei bildnerischen Arbeiten, wo es ihm auf überraschend einfache Weise gelingt. Pornographische Bücher wären danach solche, denen es – Signum der von ihnen betriebenen repressiven Entsublimierung – gelingt, den Leser sexuell zu reizen, ohne ihn moralisch zu skandalisieren; obszöne Bücher solche, die über die sexuelle Stimulation hinaus ein polemisches Potential der Tabuverletzung, einen amoralischen Charakter besitzen, ja deren skandalöse Qualität die sexuell stimulierende überflüssig werden lassen kann. Doch es sind schwerlich Bücher vorstellbar, die nur mit der Hand oder nur mit dem Kopf gelesen werden können. Der jüngst in die Debatte geworfene Begriff des *einhändigen* Lesens scheint hier die Vermittlung von Hand- und Kopfarbeit angesichts der erotischen Literatur darzustellen. Sade läßt bereits in der Einführung zu den berüchtigten *120 Tagen von Sodom* keinen Zweifel über die Absicht des »schmutzigsten Berichtes, der je gegeben wurde, seit die Welt existiert«. In einer Wendung an den Leser teilt er mit, womit sich Rezeptionsästhetik bis heute nicht zu befassen wagte: »Ohne Zweifel werden dir viele der Abirrungen, die du beschrieben finden wirst, mißfallen – das weiß ich; es werden sich jedoch welche finden, die dich so erhitzen, daß sie dich Samen kosten; und das ist alles, was wir beabsichtigen.«[16]
Daß Sades rationalistische Auskonstruktion des Kosmos perverser Phantasie fast so kalt läßt wie Kants *Kritik der praktischen Vernunft*, mit deren Struktur Lacan sie vergleicht,

ist sein künstlerisches Pech.[17] Seine Texte, die seit ihrer Niederschrift von Polizei und Gerichten immer wieder verfolgt wurden, sind wahrhaft obszön: sie skandalisieren ihre Leser, ohne sie doch – in der Regel – zu stimulieren. Erst im vergangenen Jahr ließ sich das baden-württembergische Ministerium für Arbeit, Gesundheit und Sozialordnung dazu aufbringen, die Übersetzung der *120 Tage von Sodom* des Fischer Taschenbuch Verlags auf dem Verwaltungswege zu unterdrücken. In einem Gutachten für die Bundesprüfstelle für jugendgefährdende Schriften, an die sich das Ministerium mit der Bitte um Repression gewandt hatte, schrieb der Herausgeber: »Mit der justiziellen Unterdrückung literarischer und philosophischer Werke ist das Skandalon nicht aus der Welt geschafft, das sie reflektieren. Jugendschutz sollte deshalb sein Ziel nicht darin sehen, Schriften zu indizieren, um sich die Illusion zu erzeugen, es sei die Jugend durch solch bürokratischen Akt auch schon vor den Gefahren bewahrt, die dort beschrieben sind, aber mit denen das Leben in der Gesellschaft sie im Ernst weiterhin bedroht. Merke: ›Die Philosophie ist nicht die Kunst, Narren zu trösten; ihr einziges Ziel ist es, die Wahrheit zu lehren und Vorurteile zu zerstören.‹ (Sade)« Liberal entschied die Bundesprüfstelle, den Indizierungsantrag aus Baden-Württemberg abzuweisen.

Fraglos können obszöne Bücher – trotz der Sexualisierung der Konsumsphäre durch die industrielle Werbung – noch ein polemisches, i. e. amoralisches Potential entfalten. Gleichzeitig mit der Reformdiskussion um den § 184 des Strafgesetzbuches wird in einigen Bundesländern durch die Strafverfolgungsbehörden weiterhin eine literarische Zensur praktiziert, die das Grundgesetz untersagt. Ob die *libri obscoeni* infolgedessen als Zeichen einer neuen hedonistischen Genußmoral zu lesen sind, wie Gorsen hoffen möchte, bleibt fraglich. Ganz gewiß hoffnungslos aber ist sein Versuch, den Sozialisten hierzulande mit obszönen Büchern und Bildern eine Hilfestellung im Klassenkampf aufzubauen. Die Befreiung, die sie erreichen wollen, zielt vorerst auf den *homo oeconomicus*, nicht auf den *homo sexualis*. Die These, daß Leben im kapitalistischen System ein ungelebtes sei, kann nicht bestritten werden. Seine Gegner allerdings bekämpfen das System nicht im Sinne eines neuen Hedonismus, sondern gerade gemäß dem protestantischen Prinzip innerweltlicher Askese, das die Individuen im kapitalistischen System den Triebverzicht ertragen läßt. Sie wenden sein Prinzip gegen es selber – und sind infolgedessen weiter in seiner Erkenntnis, nicht weiter jedoch in der Emanzipation der sexuellen Triebbedürfnisse, sondern eher zurück. Der hochprotestantische Eifer, der sich gegen die Manipulation der Sinnlichkeit in der Konsumsphäre wendet und der häufig genug die Sinnlichkeit selber meint, schließt die rebellierenden Söhne eher mit der wenngleich korrumpierten Moral ihrer Väter zusammen, als mit derjenigen einer zukünftigen Generation, die sich wahrhaft zum »polymorph perversen Idealzustand freier, repressionsloser sexueller Interaktion« befreit. Von denen, die ehrenhaft »um eine Neuordnung des gesellschaftlichen Lebens« kämpfen, bemerkte Reich allerdings schon 1936: »Sie kämpfen ihren Kampf nicht nur unter schwersten gesellschaftlichen und wirtschaftlichen Bedingungen, sondern auch gebremst, verwirrt und gefährdet durch die eigene psychische Struktur, die sie mit den von ihnen bekämpften Menschen gemeinsam haben.«[18] Sie halten deshalb – damals wie heute – die Entsublimierung für repressiv, nicht die Sublimierung.[19] Sie glauben an »die biologische und absolute Natur der bösen sexuellen Triebe und mithin auch an die Notwendigkeit der moralischen Bremsung und Regulierung.«[20] Zu befürchten steht von ihnen, daß ihrer ökonomischen Revolution wie in der Sowjetunion des 2. Fünfjahresplans eine Sexualreaktion folgen dürfte, deren »Enterotisierung des Lebens und des Menschen« von den repressivsten Zügen kleinbürgerlicher Sexualmoral sich nicht unterschiede. Um von der hierzu wieder benötigten Zensur zu schweigen, die in der spätbürgerlichen Gesellschaft wenigstens formal und weithin auch faktisch abgeschafft ist, wäre das Ergebnis der bloß ökonomischen Revolution nicht mehr als »eine glänzend technisierte Wirtschaft (...), die von Neurasthenikern und lebenden Maschinen betrieben werden wird; aber kein Sozialismus.«[21]

Wie prekär es aber auch immer sein mag, aus der Sexualisierung, die sich innerhalb der ästhetischen Sphäre heute beobachten läßt, sogleich die »Sozialisierung der spezifisch pornographischen Erfahrung«[22] zu folgern – die Sexualisierung schreitet nicht nur innerhalb der Scheinwelt der Waren voran. Die Literatur beginnt die libertine Utopie Sades aufzuarbeiten. Symptom hierfür ist, daß pornographische Momente von der erotischen Literatur nicht länger abzutrennen sind, daß die Scheidelinie sich verwischt, die zwischen Pornographie und Kunst verlaufen soll. Als entscheidend muß jedoch die neue Dominanz des Obszönen in der erotischen Literatur angesehen werden. Die Tabuverletzung gehört nicht länger zu ihren Randphänomenen, sondern ist zum Rang eines principium stilisationis avanciert. Die perversen Varianten der Sexualität, die Freud unter die Lust an den Partialtrieben rubrizierte, treten zunehmend ins Blickfeld. Der Stolz der phallischen Sexualität, die ja immer dem gesellschaftlichen Leistungsprinzip benachbart war, löst sich in die entspanntere perverse Polymorphie auf. Statt von einer genitalen Sexualästhetik, wie sie bis auf wenige Ausnahmen die Geschichte der erotischen Literatur charakterisiert, läßt sich heute eher von einer polymorphen Deformationsästhetik sprechen. Zahllos sind die Facetten von Triebfixierungen, Reaktionsbildungen und Konversionen, die das literarische Panoptikum der Moderne reflektiert. Sie interferieren allesamt miteinander und lassen es deshalb fragwürdig erscheinen, Tabellen von Perversionen aufzustellen, denen dann literarische Titelverzeichnisse gegenübergestellt werden. Es mag vielleicht sexualwissenschaftlichen Gebräuchen entsprechen, literarische Texte nach sexuellen Motiven zu gruppieren – den Texten gegenüber ist es ein banausisches Verfahren. Das einschlägig bekannte Ehepaar Kronhausen rekurriert in seinen *Erotischen Fantasien* auf recht verschiedenartige Texte aus der umfangreichen Geschichte der erotischen Literatur des Altertums und der Neuzeit.[23] Die allseits beliebten Stellen werden unter Kapitelüberschriften versammelt, die alle geläufigen sexuellen Perversionen nennen: Homosexualität, Inzest, Sadomasochismus, Sodomie, Fetischismus, Pädophilie, Hörigkeitsphantasien, Transsexualismus etc. Die Sammlung sexueller Motive in der Literatur führt drastisch vor Augen, was der Begriff der sexuellen Deformationsästhetik meint. Sie führt jedoch nicht weiter als jede andere Motivgeschichte der Literatur auch, indem sie die Texte schlicht auf ihren Stoff festnagelt. So rangieren denn, als wären es Kraut und Rüben, pornographische Texte banalster Art neben philosophischen Romanen, die flagellantische *Passionate Lash* eines Alan McClyde neben der blasphemischen *Révocation de l'édit de Nantes* von Pierre Klossowski. Die ästhetische Form der Texte ist dem sexuologischen Reader gleichgültig, obwohl erst sie nicht nur den Reflexionsgrad der Texte bestimmt, sondern eigentlich die Bedeutung der in ihnen erscheinenden Perversionen, indem sie diese mit anderen Momenten des Lebens auf signifikante Weise verknüpft. Die ästhetische Verknüpfung aber der Perversion als latentes oder manifestes Motiv in den Zusammenhang eines Geschehens verleiht diesem wie jener ihren eigentlichen Gehalt. Das Leben ist ein anderes, wenn es aus einer Reihe perverser Handlungen montiert wird, und ein anderes, wenn die tiefe Perversion des Charakters oder der Verhältnisse das Kontinuum des Lebensprozesses stört oder deformiert. Daß hinter den pornographischen Stellen die sexuologischen Kommentare der verheirateten Sexualforscher verkümmern, jene als die Hauptsache ihrer auch gar nicht bedürfen, da sie auf mehr fadenscheinige als populärwissenschaftliche Weise bloß definieren und paraphrasieren, was die Stellen unmißverständlich beschreiben, decouvriert das sexuologische Unternehmen als ökonomisches Spekulationsobjekt: einen Porno-Reader mit wissenschaftlichen Talmikommentaren behängt.

Der Herausgeber hat es vermieden, den Begriff der erotischen Literatur in den Titel aufzunehmen. Eine Sparte namens ›Erotische Literatur‹ zu etablieren, die durch direkt auf Sexuelles bezogene Inhalte von der anderen, nicht-erotischen abgegrenzt wird, hieße nicht allein, die abgelebte Inhaltsästhetik in neuem, raffinierter geschürztem Gewande wieder auferstehen zu lassen, sondern verstieße auch gegen die oben konstatierte Sexualisierung, die die gesamte ästhetische Sphäre inzwischen durchdrungen hat. »Sie (i. e. die erotische Gestaltung) ist nicht das konsequente Resultat einer besonderen Programmierung *erotic* oder eines dahinterstehenden Konzeptes ›Erotic Art‹, wohin der Kunstmarkt einen gegenwärtigen Gestaltungstrend gelenkt hat. Das Erotische entsteht im Gegenteil *inkonsequent* zu den Absichten, Entschlüssen und Motivationen der Künstler und ihrer Zeit als *unwillkürliche* und letztlich klassenkollektive Gestaltung einer in der Kunst immer präsenten, aber nicht immer sexuell artikulierten Sinnlichkeit. Es ist auf keinen Stil verpflichtet, obwohl der eine mehr als der andere der erotischen Gestaltung förderlich ist. Es ist weder an eine psychische noch eine historische Zeit gebunden, obwohl nicht jede Zeit im psychologischen wie im historischen Sinne für die Gestaltung des Erotischen gleich günstig ist und sogar zu ihrem erklärten Gegner werden kann. Die nur-erotische Gestaltung bedeutet eine Spezialform der ästhetischen Emanzipation jeder Gestaltung von jeweiligen sinnlichen und materiellen Lebensbedingungen der Menschen einer Gesellschaft. Als solche ist sie in der gesamten Geschichte der grundsätzlich auch-erotischen Kunst eine manchmal schwerer oder kaum auffindbare Komponente der formgewordenen Sinnlichkeiten schlechthin.«[24]

Der Titel *Sexualästhetik* will deutlich machen, daß die ästhetische Analyse von Texten sexueller Thematik nicht darauf hinaus möchte, eine literarische Motivgeschichte des Erotischen etwa weiterzuführen, sondern umgekehrt eher Hinweise darauf zu geben, welche Konversionsbildungen und Sublimationsformen des Sexuellen literarische Werke ausbilden können. Insofern ist der Band auch als literaturpsychologisches Korrektiv zu neueren Tendenzen in der Literatursoziologie gedacht, die nach schlecht bewährter ökonomistischer Methode Texte auf ideologische Spezialformen der ökonomischen Produktion reduzieren und ihre individualpsychologische Dimension darüber vergessen, zu deren wesentlichen Momenten die soziale Repression individueller Sinnlichkeit gehört, die im ästhetischen Ausdruck gebrochen wieder erscheint. Um aber die ästhetische Rationalisierung des Sexuellen modellhaft vorführen zu können, ließ es sich der Anschaulichkeit wegen nicht umgehen, doch wieder auf solche Werke sich zu konzentrieren, die zur erotischen Literatur in des Wortes spezieller Bedeutung gehören. Je stärker Sexualität einen Text bestimmt, um so deutlicher kann die Polymorphie der Formen studiert werden, in die Sexualität pervertiert ist. Besondere Aufmerksamkeit gilt hierbei der schon erwähnten Verknüpfung des sexuellen Themas mit konkurrierenden Themen des Geschehens. Keiner der Texte von Sade, Bataille, Genet, Miller, Schnitzler, Wedekind und Nabokov führt lediglich eine mehr oder minder perverse Triebfixierung vor. Ihre ästhetische Form hat sie allemal verknüpft entweder in den Kontext philosophischer Argumentation (wie bei Sade), oder das Ensemble individualpsychischer und sozialer Strukturen (wie bei den anderen). Von der Anlage her ließe sich der Band als eine Sammlung komparatistischer Studien bezeichnen, wenngleich die Autoren ihre Beiträge unabhängig voneinander geschrieben haben und es nicht ihre Absicht war, Henry Miller nun mit Bataille zu vergleichen. Es mögen allenfalls dem Leser sich Vergleiche aufdrängen, wenn er bemerkt, daß Sexuelles in den Werken nicht bloß ästhetisch und individualpsychologisch sich facettiert, sondern diese Facettierung auch in eine Vielfalt kultureller und historischer Strukturen zurückspiegelt, denen die *libri obscoeni* angehören.

Wenn der Reigen eröffnet wird mit einem Essay Blanchots über Sade, dokumentiert dies zweierlei: erstens die noch nicht abzusehende Bedeutung des Sadeschen oeuvres, was das anomische und perverse Handeln im sozialen und literarischen Kontext betrifft; zweitens die Inkompetenz der bundesrepublikanischen Literaturwissenschaft angesichts des literarischen und philosophischen Monstrums Sade. Trotz Monate währender Bemühungen fand sich an deutschen Universitäten kein Romanist, noch Philosoph, der bereit und imstande gewesen wäre, einen Essay über ihn zu riskieren, der mehr versprach als einen tautologischen Kommentar, eine literarhistorische Kontextanalyse, eine psychoanalytische Symboldechiffrierung oder eine marxistische Abkanzlung, der Sade nur ein Aristokrat ist, »der die Herrschaftsansprüche der untergehenden Klasse, transponiert in den Bereich des Sexuellen und der Moral, zum Ausdruck bringt.«[25] Allerdings hat Bürger, der solcherweis vom Standpunkt einer materialistischen Literaturwissenschaft aus Sade anvisiert, eine Facette des kritischen Potentials Sades erkannt. Formulierungen Horkheimers und Adornos nachfahrend, entwickelt er die Aporien, in die Sades Radikalität den bürgerlichen Natur- und Vernunftbegriff treibt. Doch der Materialist erweist sich als rechter deutscher Idealist, indem er das obszöne Skandalon des Sadeschen oeuvres sogleich auf eine philosophische Provokation reduziert. »Sade ist kein pornographischer Autor. Es geht bei ihm nicht vornehmlich darum, eine Reihe geltender sexueller Tabus zu verletzen; die Provokation seines Werks ist eine philosophische.«[26] Doch Sade will die christliche Moral nicht stürzen und den bürgerlichen Vernunftbegriff in seine letzte, wahnsinnige Konsequenz treiben, um aus der Bastille heraus, in der er gefangen saß, einen philosophischen Diskurs mit den Enzyklopädisten draußen in Gang zu halten. Vielmehr wollen seine Romane zeigen, wie die radikale Emanzipation gerade der *anomischen* Triebnatur der Individuen praktisch durchgesetzt und philosophisch gerechtfertigt werden kann. Insofern sind sie konkrete Utopien einer ad hoc von regulativen Prinzipien befreiten Sinnlichkeit, wie tief diese auch durch dieselben Prinzipien pervertiert sei. Ihr Gedanke gilt *nicht* der »Rettung des Besonderen gegen das je herrschende Prinzip des Allgemeinen«[27]. Solch dürren Philosophemen, wie sie aus dem deutschen Idealismus nachklappern, hat sich die Sadesche Sinnlichkeit niemals verschrieben. Des *désir* wegen bestand Sade darauf, daß jeder Gedanke von einem Samenerguß begleitet werden müsse, wenn er nicht ein abstraktes Hirngespinst bleiben wolle. So stark und so frei von aller bürgerlichen Berührungsangst war einmal die Beziehung der materialistischen Philosophie zur Materie, daß der Aristokrat, der sie unterhielt, seine Werke als eine Reihe stellvertretender Verbrechen bezeichnen konnte.

Blanchots Essay ist der einzige, der nicht eigens für diesen Band geschrieben wurde. Aus der in Frankreich blühenden Sadeliteratur wurde er aufgenommen, da er das heikle Verhältnis von perverser Sexualität und Literatur nicht allein in brillanter Form zusammenfaßt, sondern zugleich erkennen läßt, wo in dem Sadeschen System der *Psychopathia sexualis* das Werk der anderen Autoren einzuordnen wäre. Denn aus dessen naturphilosophischem System der sexuellen Phantasie (dem die Kronhausensche Sammlung nicht zufällig ausweicht) zweigen sie – die manchmal ahnungslosen poetae posteri – nur einzelne Stränge ab: Bataille durchdringt die Sadeschen Romanschemata individualpsychologisch, um allerdings bei einem Sade konträren Angstkomplex zu landen; Genet stimmt den negativen Hymnus auf das kriminelle Dasein des Homosexuellen in der sozialen Acht an; Miller reißt toto coelo die soziale Realität in den vitalistischen Begriff des Lebens als Sexus hinein; Schnitzler und Wedekind erscheinen als impressionistischer Stimmungserotiker und Apostel der Amoral; während Nabokovs krypto-freudianisches Puzzle-Spiel mit der Nymphe Lolita in dem Reigen obszön sich wiegender Gestalten einen kühlen, ironischen Akzent setzt und ihn fürs erste abbricht.

Horst Albert Glaser

Maurice Blanchot

Sade

Im Jahre 1797 erscheint in Holland *La Nouvelle Justine ou les Malheurs de la Vertu suivie de l'Histoire de Juliette, sa soeur.* Dieses monumentale Werk von fast viertausend Seiten, dem sein Autor mehrere Fassungen hatte voraufgehen lassen, die den Umfang des Ganzen noch erheblich vermehren – eine beinah endlose Arbeit –, hat von Anfang an die Welt in Schrecken versetzt. Wenn die Bibliotheken ihre Hölle haben, dann für ein Buch wie dies. Sicher hat keine Literatur, kein Zeitalter ein Werk aufzuweisen, das derart anstößig ist, kein Werk hat Gefühl und Denken der Menschen tiefer verletzt. Wer hätte heutzutage den Mut, sich ähnliche Freiheiten herauszunehmen wie Sade? Ja, man darf behaupten: wir haben hier das anstößigste Werk vor uns, das jemals geschrieben wurde. Ist das nicht Grund genug, uns damit zu befassen? Wir haben die Möglichkeit, ein Werk kennenzulernen, über das hinauszugehen keinem anderen Schriftsteller je gelang; wir haben also in der Welt der Literatur, wo alles so relativ ist, ein echtes Absolutum zur Hand – und suchen nicht, in sein Wesen einzudringen? Trachten nicht zu erfahren, warum es ein Äußerstes ist, und was denn daran so exzessiv, so endgültig unerträglich für den Menschen erscheint? Seltsame Gleichgültigkeit. Doch vielleicht ist die Anstößigkeit nur so groß auf Grund dieser Gleichgültigkeit? Wenn man sieht, mit welcher Vorsicht die Geschichte alles getan hat, um Sade zu einem ungeheuerlichen Rätsel zu machen, wenn man an die siebenundzwanzig Jahre denkt, die er im Gefängnis verbrachte, an dies Dasein hinter Gittern, in Acht und Bann, und wenn diese Ächtung sich nicht allein auf das Leben eines Menschen erstreckt, sondern auf sein Nachleben, so sehr, daß die Unterdrückung seines Werkes ihn selbst schon bei Lebzeiten zu ewiger Haft zu verdammen scheint – dann fragt man sich schließlich, ob die Zensoren und Richter, die Sade einmauern wollen, nicht gerade damit Sade einen Dienst erweisen, nicht den heftigsten Wunsch seiner Libertinage erfüllen:

hat er doch stets nach der Einsamkeit des Erdinnern getrachtet, nach dem Mysterium eines Daseins in unterirdischer Klausur. Zehnfach hat Sade dem Gedanken Ausdruck verliehen, daß die größten Exzesse des Menschen das Geheimnis erfordern, die Dunkelheit der Abgrunds, die unverletzliche Einsamkeit einer Zelle. So wurden seltsam genug die Wächter der Moral, als sie ihn zum Geheimnis verdammten, für ihn zu Helfershelfern äußerster Unmoral. So macht seine Schwiegermutter, die prüde Madame de Montreuil, als sie sein Leben in ein Gefängnis verwandelt, aus diesem Leben das Meisterwerk der Schandtat und Ausschweifung. Und wenn nach so vielen Jahren *Justine et Juliette* uns noch immer als das anstößigste Buch erscheint, das man lesen kann, so deswegen, weil die Lektüre beinah unmöglich ist – der Autor sowie die Verleger haben mit Hilfe der Allerweltsmoral alles getan, daß dieses Buch ein Geheimnis bleibt, ein durchaus unlesbares Werk, unlesbar sowohl wegen seines Umfangs, seines Aufbaus, seiner endlosen Wiederholungen, doch unlesbar auch wegen der Penetranz seiner Schilderungen und seiner grausamen Indezenz, die seinen Höllensturz unvermeidlich machten. Buch des Skandals, denn jeden Versuch der Annäherung schreckt dieses Buch ab, und niemand kann es der Öffentlichkeit übergeben. Das Buch auch, das deutlich macht: es gibt keinen Skandal, wo nichts respektiert wird, und wo der Skandal ins Außergewöhnliche wächst, wird am meisten Respekt bezeigt. Wer wird mehr respektiert als Sade? Wie viele glauben im tiefsten Herzen noch heute, daß sie nur für ein paar Augenblicke dies geächtete Werk in den Händen zu halten brauchten, und schon gälte für sie das stolze Wort Rousseaus: jedes junge Mädchen, das eine einzige Seite dieses Buches liest, ist verloren? Ein derartiger Respekt ist sicher für eine Literatur, eine Zivilisation überaus wertvoll. So fühlt man sich gedrängt, allen seinen gegenwärtigen und künftigen Verlegern und Kommentatoren diskret dies eine zu wünschen: Ach, respektiert in Sade wenigstens den Skandal.

Zum Glück weiß Sade sich zu wehren. Undurchdinglich bleibt nicht allein sein Werk, sondern auch sein Denken – und das, obwohl theoretische Erörterungen in ihm überaus zahlreich sind, obwohl er sie mit entwaffnender Geduld wiederholt, obwohl seine gedanklichen Schlüsse klar und ganz logisch sind. Er hat Geschmack an Gedankensystemen, ja eine Leidenschaft für sie, die ihn hinreißt. Er erklärt, behauptet, beweist; er kommt hundertmal auf dasselbe Problem zurück (und hundertmal ist noch wenig), er sieht es von allen Seiten an, er prüft alle Einwürfe, gibt seine Erwiderung, erfindet neue Einwürfe, gibt neue Erwiderungen. Und da für gewöhnlich recht einfach ist, was er sagt, und seine Sprache zwar breit, doch präzis und sicher, dürfte, so scheint es, nichts leichter sein, als hier den ideologischen Anteil herauszuhören, der bei Sade mit den Leidenschaften verbunden bleibt. Und trotzdem, was ist denn der Kern des Sade'schen Denkens? Was hat er, genau genommen, gesagt? Worin besteht die Grundordnung seines Systems, womit beginnt er, wo führt es hin? Gibt es in der Verfahrensweise dieses Denkens, das von Beweisen geradezu heimgesucht ist, überhaupt mehr als nur den Schatten eines Systems? Und warum gelingt es so vielen und gut miteinander verknüpften Grundsätzen nicht, ein vollkommen eindeutiges Ganzes zu bilden, das sie doch eigentlich bilden müßten, ja dem Anschein nach tatsächlich sind? Auch das wird nicht recht deutlich. Solcherart ist die erste Eigenschaft Sades, die er mit niemand teilt. Ununterbrochen setzt sein theoretisches Denken irrationale Kräfte frei, mit denen es eng verbunden ist: diese Kräfte beleben und stören es gleichzeitig durch einen Druck, dem das Denken hier Widerstand leistet, dort nachgibt, dessen es Herr zu werden versucht, was ihm tatsächlich auch gelingt – doch nur indem es andere dunkle Gewalten freisetzt, die es aufs neue mit sich fortreißen, ablenken und verderben. Daraus folgt, daß zwar alles, was gesagt wird, im einzelnen klar ist, doch abzuhängen scheint von einem Etwas, das nicht gesagt worden ist – ein wenig später zeigt sich dann freilich, was sich erst nicht hat sagen lassen, und wird nun von der Logik ergriffen, gehorcht aber seinerseits dem Bewegungsgesetz einer noch verborgenen Kraft, und zum Schluß ist zwar nichts mehr verborgen und alles zur Sprache gekommen, doch alles ist auch wieder ins Dunkel unfertiger Gedanken und nicht formulierbarer Gesichtspunkte getaucht.

Das Unbehagen des Lesers vor diesem Denken, das nur klar wird unter dem Druck anderer Gedanken, die ihrerseits

nicht zur selben Zeit klar sein können, ist oftmals erheblich. Und das um so mehr, als die grundsätzlichen Thesen Sades, das was man seine Fundamentalphilosophie nennen kann, anscheinend überaus einfach sind. Bei dieser Philosophie handelt es sich um die des persönlichen Vorteils, um die des totalen Egoismus. Jeder soll tun, was ihm gefällt; nur *ein* Gesetz gilt für jeden: die eigene Lust. Diese Moral basiert auf der Grundtatsache der absoluten Einsamkeit. Auf alle Weise hat Sade es wieder und wieder gesagt: zur Welt kommen ließ die Natur uns als Einzelwesen, keinerlei Beziehung gibt es von Mensch zu Mensch. Einzige Verhaltensregel ist also die, daß ich mich für das entscheide, was ein Glücksgefühl in mir auslöst, ohne mich um die Folgen zu kümmern, die diese Entscheidung für andere nach sich ziehen könnte. Der größte Schmerz der andern ist in jedem Fall weniger wichtig als mein Vergnügen. Was liegt daran, wenn ich den schwächsten Genuß mit einer unerhörten Häufung von Freveln erkaufen muß; der Genuß tut mir wohl, ist in mir – das Ergebnis des Verbrechens jedoch berührt mich nicht, ist außerhalb meiner selbst.
Diese Grundsätze sind klar. Tausendfach erörtert, sind sie in zwanzig Bänden wiederzufinden. Sade ist hier unermüdlich. Er hat ein unendliches Vergnügen daran, sie mit den Modetheorien seiner Zeit in Verbindung zu setzen: den Theorien der Gleichheit der Individuen vor der Natur und vor dem Gesetz. Dabei schlägt er Gedankengänge vor von folgender Art: da alle Wesen vor der Natur gleichwertig sind, gibt mir diese Gleichwertigkeit das Recht, nichts für die Erhaltung der andern zu tun, wenn ihr Verderben für mein Glück unerläßlich ist. Oder er formuliert eine Art Erklärung der erotischen Menschenrechte, mit folgender Maxime als Grundprinzip, die für die Frauen wie für die Männer gilt: jeder Begierde sich hingeben, sich nehmen, wen man begehrt. »Was tue ich denn für ein Übel, welche Sünde begehe ich denn, wenn ich einem schönen Geschöpf begegne und sage: Leih mir den Teil deines Körpers, der mir für einen Augenblick Befriedigung schaffen kann, und erfreue dich, wenn du Lust hast, an dem Teil meines Körpers, der dir Genuß bringen kann?« Derartige Ansichten scheinen Sade unwiderlegbar. Über lange Seiten hin beruft er sich auf die Gleichheit der Individuen, die Gegenseitigkeit aller Rechte,

ohne sich klarzumachen, daß seine Gedankengänge, weit entfernt, dadurch gestützt zu werden, allmählich ins Sinnlose gleiten. »Duch keine Handlung kann ein freies Wesen in Besitz genommen werden«, heißt es bei ihm. Doch was schließt er daraus? Nicht etwa, daß es verboten ist, jemand Gewalt anzutun und ihn gegen seinen Willen zum Objekt der Lust zu machen, sondern daß niemand, um sich einem anderen zu verweigern, eine Einzelbindung, ein Recht auf »Besitz« vorschützen kann. Die Gleichheit aller Menschen ist das Recht, in gleicher Weise über alle zu verfügen, Freiheit die Vollmacht, jeden den eigenen Wünschen gefügig zu machen.

Wenn man sieht, wie solche Formeln sich aneinanderreihen, möchte man meinen, Sades Verstand sei lückenhaft, sei mit einem Fehler, mit einem Wahn behaftet. Man hat das Gefühl, es handele sich um ein Denken, das zutiefst regellos ist, auf bizarre Weise über dem Leeren schwebend. Doch plötzlich siegt die Logik, die Einwände werden ausgesprochen, und das System zeichnet sich langsam ab. Justine, die bekanntlich in dieser Welt die Tugend repräsentiert, zäh, demütig, stets unterdrückt und im Unglück, doch niemals bereit, ihre Irrtümer einzusehen, erklärt auf einmal in sehr vernünftiger Weise: Eure Grundsätze ruhen auf der Gewalt; bestünde mein Glück nur darin, mich nie um den Vorteil der anderen zu kümmern, ihnen Böses zu tun, wie es eben anfällt, so käme mit Notwendigkeit auch ein Tag, da der Vorteil der andern verlangt, mir Böses zu tun; welches Recht hab ich dann, mich dagegen zu verwahren? »Kann der Mensch, der sich absondert, gegen alle kämpfen?« Wie man sieht, der klassische Einwand. Der Mensch des Marquis de Sade gibt, mittelbar und unmittelbar, vielfache Erwiderungen, die uns nach und nach in die Mitte der Welt führen, die Sade sich aufgebaut hat. Ja, sagt er zu Anfang, mein Recht ist das Recht der Gewalt. In der Tat besteht die Menschheit bei Sade hauptsächlich aus einigen wenigen allmächtigen Menschen, die über die Energie verfügen, sich über Gesetze und Vorurteile hinwegzusetzen, die sich der Natur für ebenbürtig halten kraft der abweichenden Leidenschaften, die sie ihnen verlieh, und die diese Leidenschaften mit allen Mitteln zu befriedigen suchen. Diese Ausnahmemenschen gehören im allgemeinen den höchsten

Schichten an: da sind Herzöge, Könige, da ist der Papst, der selbst dem Adel entstammt; sie genießen die Vorrechte ihres Standes ihres Vermögens, der Straffreiheit, die ihre Stellung ihnen verschafft. Ihrer Geburt verdanken sie die Privilegien der Ungleichheit, und sie finden Genüge daran, mit unerbittlichem Despotismus diese Privilegien immer vollkommener zu machen. Sie sind die Stärkeren, weil sie zu einer starken Klasse gehören. »Volk nenne ich«, sagt einer von ihnen, »jene häßliche und verächtliche Klasse, die nur durch Mühsal und Schweiß zu leben vermag; alles was atmet, muß sich zusammenschließen gegen diese Klasse des Auswurfs.«

Indessen handelt es sich ganz ohne Zweifel, wenn diese Fürsten der Ausschweifung zum eigenen Besten alle Ungleichheit der Klassen in sich vereinen, nur um eine historische Situation, die für die Werturteile Sades keine Rolle spielt. Er hat durchaus klar erkannt, daß in der Epoche, in der er schreibt, Macht eine soziale Kategorie ist, daß sie in der Organisation der Gesellschaft beschlossen liegt, so wie diese vor und nach der Revolution existiert; aber er glaubt auch, daß Macht (Einsamkeit übrigens auch) nicht nur einen Zustand darstellt, sondern ein durch Entscheidung Errungenes, daß mächtig nur der ist, der es zu werden versteht kraft seiner Energie. Tatsächlich kommen seine Helden aus zwei entgegengesetzten Milieus: von ganz oben und ganz unten, aus der am meisten begünstigten Klasse und aus der unglücklichsten, aus dem Kreise der Großen dieser Welt und aus der Kloake, aus der Hefe des Volks. Die einen wie die andern haben als Ausgangspunkt ein Extrem, das sie begünstigt: das äußerste Elend ist als Triebfeder ebenso stark wie der Taumel des Reichtums. Wenn man eine Dubois oder eine Durand ist, lehnt man sich gegen die Gesetze auf, weil man zu tief unter den Gesetzen steht, um sich ihnen fügen zu können, ohne zu scheitern. Und ist man Saint-Fond oder der Herzog von Blangis, steht man zu hoch über den Gesetzen, als daß man sich ihnen beugen könnte, ohne herunterzukommen. Das ist der Grund, warum sich in den Werken Sades die Apologie des Verbrechens auf widersprüchliche Prinzipien beruft: die Ungleichheit ist für die einen naturgegeben; gewisse Menschen sind notwendig Sklaven und Opfer, sie haben keine Rechte, sind nichts, al-

les ist ihnen gegenüber erlaubt. Daher jene wilden Lobreden auf die Tyrannei, jene politischen Einrichtungen, die dem Schwachen jede Genugtuung, dem Armen jede Bereicherung für immer unmöglich machen sollen. »Halten wir daran fest,« sagt Verneuil, »daß es nach dem Willen der Natur zwangsläufig eine Klasse von Individuen gibt, die der anderen Klasse ein für allemal durch Schwäche und Geburt untergeordnet ist.« – »Nicht um des Volkes willen ist das Gesetz gemacht ... Das Entscheidende ist für jede kluge Regierung, daß das Volk ohne Einfluß bleibt auf die Autorität der Großen.« Und Saint-Fond: »Das Volk soll in einer Sklaverei gehalten werden, die es außerstande setzt, jemals danach zu trachten, den Besitz der Reichen zu kontrollieren oder anzutasten.« Oder an anderer Stelle: »Alle sogenannten Verbrechen der Libertinage sind strafbar nur innerhalb der versklavten Kasten.«
Hier haben wir, scheint es, die überspannteste Theorie des absolutesten Despotismus vor uns. Aber plötzlich wechselt die Perspektive. Was sagt die Dubois? »Von Natur aus sind wir alle auf gleicher Stufe geboren; wenn es dem Schicksal gefällt, diese Grundabsicht der allgemeinen Gesetze zu stören, so ist es an uns, seine Launen zu korrigieren und die Anmaßung der Mächtigen durch unsre Geschicklichkeit auszugleichen ... Solange unsre Gutgläubigkeit, unsre Geduld nur die Verdoppelung unserer Ketten bewirken, sind unsre Verbrechen Tugenden, und wir wären rechte Tölpel, auf sie zu verzichten, wenn es gilt, das Joch ein wenig zu lockern, das man uns auferlegt hat.« Und sie fährt fort: allein das Verbrechen öffnet den Armen die Tore des Lebens; Ruchlosigkeit gleicht das Unrecht aus, wie etwa der Diebstahl die Rache des Besitzlosen ist. So läßt sich deutlich erkennen: Gleichheit, Ungleichheit, Freiheit zur Unterdrükkung, Auflehnung gegen den Unterdrücker sind nur ganz vorläufige Argumente, mit denen der Mensch bei Sade, je nach seiner sozialen Situation, sein Recht auf Macht behauptet. Rasch übrigens verwischt sich der Unterschied zwischen denen, die des Verbrechens bedürfen, um zu leben, und denen, die nur im Verbrechen ihr Leben genießen können. Die Dubois wird Baronin. Die Durand, eine Giftmischerin niederen Ranges, steigt über die Fürstinnen empor, die Juliette ihr bedenkenlos opfert. Grafen werden Bandi-

tenführer, Straßenräuber (wie in *Faxelange*) oder auch Gastwirte, nur um Tröpfe besser berauben und ermorden zu können. Demgegenüber entstammen die Opfer der Libertinage in ihrer Mehrheit dem Adel, sie sollen durchaus von edler Geburt sein, und keiner Geringeren als seiner gräflichen Mutter erklärt der Marquis de Bressac mit hochmütiger Verachtung: »Dein Leben ist in meiner Hand, das meine jedoch ist heilig.«

Wie nun? Ein paar Menschen sind mächtig. Einige waren es schon durch ihre Herkunft, doch sie haben sich der Macht würdig erwiesen durch ihre Art, sie zu mehren und zu genießen. Andre sind erst mächtig geworden, und es ist das Zeichen ihres Erfolgs, daß sie anfangs das Verbrechen zu Hilfe nahmen, um die Macht zu gewinnen, nun sich der Macht bedienen, um die Freiheit zu allen Verbrechen zu haben. So ist die Welt: einige wenige, die den höchsten Gipfel erklommen haben – und um sie herum, bis ins Unendliche, ein namenloser, unzählbarer Staub von recht- und machtlosen Individuen. Sehen wir zu, was nun aus dem Prinzip des unumschränkten Egoismus wird. Ich tue, was mir gefällt, sagt der Held bei Sade, ich kenne nur meine Lust, und um ihrer sicher zu sein, quäle und töte ich. Mit dem gleichen Schicksal bedroht ihr mich für den Tag, da ich einem begegne, dessen Glück meine Marter und meinen Tod erheischt. Doch gerade um mich dieser Drohung zu entziehen, habe ich Macht erworben. Schlägt Sade uns Antworten solcher Art vor, spüren wir deutlich, daß wir einer Seite seines Denkens entgegengleiten, die nur von den dunklen Gewalten lebt, die sich dahinter verbergen. Was ist das für eine Macht, die nicht den Zufall noch das Gesetz fürchtet, die sich voll Hochmut den schrecklichen Gefahren einer Regel aussetzt, die lautet: Ich werde euch so viel Böses antun, wie mir beliebt, tut mir so viel Böses an, wie ihr könnt, – wobei sie vorgibt, daß diese Regel ihr immer zum Vorteil gereicht? Eine einzige Ausnahme nun genügt, so stellen wir fest, um diese Grundsätze umzustoßen: wenn der Mächtige auf seiner ausschließlichen Suche nach Lust einmal nur Unglück hat, wenn er in der Ausübung seiner Tyrannei einmal nur Opfer wird, ist er verloren, das Gesetz der Lust erweist sich als Schwindel, und die Menschen beginnen, anstatt in Ausschreitungen zu triumphieren, wieder ein

mittelmäßiges Leben, bestimmt von der Sorge um das kleinere Übel.
Es ist Sade, der das sagt. »Und wenn das Blatt sich wendet?« fragt Justine. Also muß er noch tiefer in sein Gedankensystem hinuntersteigen und nachweisen, daß dem Menschen, der sich mit Energie dem Bösen verbindet, niemals ein Übel zustoßen kann. Hier liegt das entscheidende Thema seines Werkes: der Tugend alle Mißgeschicke, dem Laster das Glück eines dauerhaften Erfolgs. Zuweilen erscheint, besonders in den ersten Fassungen der *Justine*, diese Behauptung als eine bloße künstliche These, die mangels besserer Belege nur durch eine geschickt aufgebaute Erzählung bewiesen wird, die der Verfasser nach seinem Belieben lenkt. Man hat den Eindruck, daß Sade sich mit Phantasmen zufrieden gibt, daß er sich allzu wohlfeil auf eine schwarze Vorsehung stützt, deren Sache es ist, für die Diener des Bösesten alles zum Besten zu wenden. Doch in der *Nouvelle Justine* und in *Juliette* wird alles anders. Ohne Frage ist Sade zutiefst davon überzeugt: der Mensch des unumschränkten Egoismus kann niemals dem Unglück verfallen; noch mehr, er wird auf dem Gipfel des Glückes stehn, und zwar immer und ausnahmslos. Wahngedanke? Vielleicht. Aber in ihm ist dieser Gedanke mit so heftigen Kräften verbunden, daß diese zuletzt die von ihnen getragenen Ideen in seinen, Sades Augen unwiderleglich machen. Es ist wahr, die Übertragung dieser Gewißheit ins Theoretische stößt auf Schwierigkeiten. Sade nimmt seine Zuflucht zu mehreren Lösungen, er versucht sich rastlos an ihnen, wenngleich nicht eine ihn befriedigen kann. Die erste ist rein verbal: sie besteht in der Ablehnung des Gesellschaftsvertrags, der nach Sade die Schwachen schützt und für die Starken theoretisch eine ernste Drohung bedeutet. In der Praxis weiß der Mächtige allerdings eher wohl mit Hilfe des Gesetzes seine Willkür zu untermauern, doch dann beruht seine Macht auf dem Gesetz, und das Gesetz ist, theoretisch, die Verkörperung seiner Macht. Solange nicht Anarchie oder Kriegszustand herrscht, ist der Souverän nur ein gewöhnlicher Herrscher, denn selbst wenn das Gesetz ihm hilft, die Schwachen zu vernichten, so herrscht er doch nur kraft einer Autorität, die im Namen der Schwachen geschaffen wurde und eine vom Einzelmenschen ausgeübte Gewalt durch das

falsche Band eines Vertrages ersetzt. »Die Leidenschaften meines Nachbarn sind unendlich viel ungefährlicher als die Ungerechtigkeit des Gesetzes, denn die Leidenschaften des Nachbarn werden von meinen eignen im Zaume gehalten, während nichts die Ungerechtigkeit des Gesetzes aufhält oder bezwingt.« Nichts hält das Gesetz auf, weil nichts über ihm steht und weil ich von jeher ihm unterworfen bin. Deswegen lastet es auf mir, selbst wenn ich mich seiner bediene. Deswegen auch konnte Sade sich nur insofern mit der Revolution identifizieren, als sie, nur Übergang zwar von einem Gesetz zum andern, doch einige Zeit lang die Möglichkeit einer gesetzlosen Ordnung repräsentierte, wie er es in folgenden seltsamen Bemerkungen ausgedrückt hat: »Die Herrschaft der Gesetze ist der Anarchie unterlegen: der größte Beweis für diese Behauptung ist der, daß sich jedes Staatsgebilde selbst in die Anarchie stürzen muß, wenn es seine Verfassung erneuern will. Um seine alten Gesetze abzuschaffen, muß es ein revolutionäres Regime errichten, das selber gesetzlos ist: dieses Regime bringt schließlich neue Gesetze hervor, doch ist dieser zweite Zustand zwangsläufig weniger rein als der erste, da er aus diesem hervorgeht ...«

Gewiß, die persönliche Macht schickt sich in jedes Regime. Allen versagt sie die Autorität und schafft sich inmitten einer durch das Gesetz entstellten Welt eine Enklave, wo das Gesetz verstummt, einen abgeschlossenen Ort, wo die legale Herrschaft mehr ignoriert als bekämpft wird. Die »Gesellschaft der Freunde des Verbrechens« hat in ihren Statuten einen Artikel, der jede politische Tätigkeit untersagt. »Die Gesellschaft anerkennt die Regierung, unter der sie lebt, und wenn sie sich außerhalb der Gesetze stellt, dann nur, weil ihren Grundsätzen zufolge der Mensch gar nicht in der Lage ist, Gesetze zu schaffen, die denen der Natur zuwider laufen; doch dürfen sich alle Ordnungsverstöße ihrer Mitglieder nur im Innern der Gesellschaft abspielen und weder bei den Regierten noch bei den Regierungen jemals Anstoß erregen.« Und wenn es in Sades Werk vorkommt, daß die persönliche Macht eine politische Aufgabe übernimmt und sich mit Revolution abgibt, wie im Falle Borchamps, der im Bund mit der Loge des Nordens die schwedische Monarchie stürzen will, so haben doch die Motive seines Handelns nichts mit der Absicht zu tun, das Gesetz von der Krone zu befreien. »Aus welchen Gründen verabscheuen Sie den schwedischen Despotismus?« wird einer der Verschworenen gefragt. – »Aus Eifersucht, Ehrgeiz, Stolz, weil beherrscht zu werden mich in Verzweiflung versetzt und weil ich selber die andern tyrannisieren will.« – »Spielt das Glück der Völker in Ihren Plänen irgendeine Rolle?« – »Es geht mir nur um mein eignes.«

Streng genommen kann die persönliche Macht immer behaupten, daß sie von Seiten der gewöhnlichen Menschen nichts zu befürchten hat – sie sind schwach– und nichts zu befürchten von Seiten des Gesetzes, dessen Legitimität sie nicht anerkennt. Das eigentliche Problem ist das der Beziehungen zwischen Macht und Macht. Diese Ausnahmemenschen, die von ganz oben oder ganz unten kommen, begegnen sich zwangsläufig: ihre verwandten Neigungen führen sie zueinander; die Tatsache, das sie die Ausnahme sind, die sie von den anderen trennt, bringt sie zusammen. Aber welche Beziehung ist zwischen Ausnahme und Ausnahme möglich? Diese Frage hat Sade gewiß häufig beschäftigt. Wie immer geht er von einer Lösung zur andern,um schließlich, im Grenzbereich seiner Logik, über dies Rätsel das *eine* Wort zu sagen, das für ihn entscheidend ist. Wenn er eine geheime Gesellschaft erfindet, die von strengen Konventionen beherrscht wird, deren Ziel es ist, die eigenen Ausschreitungen zu mäßigen, kann er sich mit der herrschenden Mode entschuldigen, lebte er doch in einer Zeit, da die Freimaurerei der Libertinage, und Freimaurerei überhaupt, im Schoße einer verfallenen Gesellschaft zahlreiche kleine Gesellschaften, geheime Kollegien, entstehen ließ, die sich auf gemeinsame Leidenschaften und wechselseitige Verehrung gefährlicher Ideen gründeten. Die »Gesellschaft der Feunde des Verbrechens« ist ein Versuch dieser Art. Ihre Statuten, Gegenstand langer Analysen und Untersuchungen, verbieten den Mitgliedern der Gesellschaft, sich untereinander grausamen Leidenschaften zu überlassen – nur in zwei Serails können sie diesen frönen, deren Insassen den tugendhaften Klassen entstammen müssen. Zwar müssen die Mitglieder untereinander »sich allen Gelüsten zur Verfügung stellen und bei allem mittun«, aber nicht, sagt Sade, wenn es sich um grausame Leidenschaften handelt. Der Grund ist klar: um jeden Preis muß verhindert werden, daß diejenigen, die aus dem Bösen nur Genuß ziehen sollen, sich begegnen, wo das Böse ihnen zum Unglück ausschlagen könnte. Die Libertins höherer Ordnung verbinden sich zwar, doch stoßen sie nicht aufeinander.

Ein Kompromiß dieser Art kann Sade nicht befriedigen. Auch bleibt bezeichnenderweise die Möglichkeit des Verrats unvermindert groß, obwohl die Helden seiner Bücher ihre Verbindung stets durch Übereinkünfte regeln, die ihrer Macht feste Grenzen ziehen und die Unordnung einer Ordnung unterstellen: die Spannung der Komplicen untereinander wächst unaufhörlich, so daß sie sich schließlich weniger durch den Eid, der sie vereint, als vielmehr durch das entgegengesetzte Bedürfnis verbunden fühlen, das Bedürfnis nämlich, diesen Eid zu verletzen. Ebendiese Situation macht den ganzen Teil der *Juliette* überaus dramatisch. Juliette hat Grundsätze. Sie achtet die Libertinage; und trifft sie einen vollendeten Bösewicht, so veranlaßt sie die Perfektion des Verbrechens, als dessen Urheber sie ihn kennenlernt, die Macht der Zerstörung, die er in sich vereint, nicht nur sich ihm zu verbinden, sondern selbst wenn diese Verbindung für sie gefährlich wird, ihn nach Möglichkeit zu verschonen. Obwohl ihrerseits in Gefahr, von dem Scheusal Minski getötet zu werden, lehnt sie es dennoch ab, ihn ermorden zu lassen. »Dieser Mann ist der Menschheit zu schädlich, als daß ich die Welt von ihm befreien dürfte.« Und eine andre Person, die Meisterwerke der Wollust erfindet, wird zwar zuletzt von Juliette geopfert, doch nur weil diese festgestellt hat, daß sie sich zum Abschluß der blutigen Orgien gewohnter Weise zu seelischer Reinigung in eine Kapelle begab. Kann also der perfekte Verbrecher je vor den Leidenschaften sicher sein, denen er selber sich hingibt? Gäbe es ein Prinzip, ein höchstes Prinzip, wonach der Libertin nie Gegenstand oder Opfer der eigenen Libertinage werden kann? »Hundertmal hast du mir versichert«, sagte Madame de Donis zu Juliette, »daß die Wüstlinge untereinander sich keinen Schaden zufügen; wirst du diesen Grundsatz verleugnen?« Die Antwort ist klar: Juliette verleugnet ihn; Madame de Donis wird geopfert; nach und nach fallen die am meisten geliebten Komplicen, die angesehensten Gefährten der Ausschweifung der eigenen Treue,

dem eigenen Meineid, dem Überdruß oder der Glut der Gefühle zum Opfer. Nichts kann sie retten, nichts entschuldigt sie. Kaum hat Juliette ihre besten Freunde in den Tod gestürzt, so wendet sie sich schon neuen Verbündeten zu und tauscht mit ihnen Schwüre ewigen Vertrauens. Schwüre, deren sie selber spotten, so genau wissen sie, daß sie die Ausschweifungen nur darum begrenzen, um die Lust zu genießen, diese Grenze zu überschreiten.
Die folgende Unterhaltung zwischen einigen Meistern des Verbrechens faßt die Lage recht gut zusammen. Einer von ihnen, Gernand, sagt über seinen Vetter Bressac: »Schaun Sie, er ist mein Erbe; trotzdem, ich wette, macht meine Lebensdauer ihn nicht ungeduldig; ich habe die gleichen Neigungen, die gleiche Denkungsart, er ist sicher, in mir einen Freund zu finden.« Gewiß, sagt Bressac, nie werde ich Ihnen das mindeste Übel zufügen. Derselbe Bressac jedoch bemerkt, daß ein anderer seiner Verwandten, d'Esterval, der sich darauf gelegt hat, Passanten die Kehle durchzuschneiden, ihn beinah ermordet hätte. »Wohl,« sagt d'Esterval, »als Verwandter, nie als Genosse der Ausschweifung.« Aber Bressac bleibt skeptisch, und tatsächlich ist man sich einig, daß diese Rücksicht d'Estervals Frau Dorothée um ein Haar vor nichts mehr zurückgehalten hätte. Was antwortet nun diese Dorothée? »Der Richtspruch über dich ist zugleich deine Auszeichnung. Meine schreckliche Gewohnheit, die Männer hinzuschlachten, die mir gefallen, schrieb dein Todesurteil neben meine Liebeserklärung.« Das ist immerhin deutlich. Was aber wird unter diesen Bedingungen aus der These Sades, daß das Böse Glück schenkt, was wird aus jener Gewißheit, daß der Mensch immer glücklich sei, wenn er alle Laster, doch unglücklich werden müsse, wenn er auch nur eine einzige Tugend hat? Tatsächlich ist Sades Werk übersät mit den Leichen von Libertins, die das Schicksal traf auf dem Gipfel ihres Glanzes. Nicht allein an Justine hängt sich das Unglück an, sondern auch an die Clairwill, Sades stärkste, energischste Heldin, auch an Saint-Fond, den Noirceuil ermordet, an die hemmungslose Borghese, die in den Schlund eines Vulkans gestoßen wird, an Hunderte von perfekten Verbrechen. Seltsame Katastrophen, sonderbare Triumphe dieser perversen Menschen! Wie kann Sades entfesselter Verstand die Augen verschließen vor so vielen

Fällen, in denen er sich selber widerlegt? Doch gerade diese Widerlegungen sind für ihn Beweise, und zwar aus folgendem Grunde:

Liest man *Justine* nur oberflächlich, fällt man der Täuschung anheim, eine recht plumpe Geschichte vor sich zu haben. Man sieht, wie dies tugendhafte Mädchen unaufhörlich vergewaltigt, geschlagen, gefoltert wird, Opfer eines Geschicks, das auf Justines Verderben erpicht ist; und liest man *Juliette*, so sieht man ein lasterhaftes Mädchen von einem Vergnügen zum andern eilen. Eine solche Handlung kann uns schwerlich recht überzeugen. Ihren wichtigsten Aspekt jedoch hat man außer acht gelassen: aufmerksam auf die Trauer der einen, auf den Genuß der anderen, hat man vergessen, sich klarzumachen, daß die Geschichte der beiden Schwestern im Grunde ein und dieselbe war, das alles was Justine begegnete, auch Juliette widerfuhr, daß jede von ihnen die gleichen Ereignisse durchstand, die gleichen Prüfungen litt. Auch Juliette wird eingekerkert, krumm und lahm geschlagen, der Marter überantwortet, ohne Ende gefoltert. Wahrhaft entsetzlich ihr Leben, aber sieh da: diese Leiden machen ihr Freude, diese Qualen entzücken sie. »Es ist köstlich, unter Verbrechen zu leiden, die man liebt.« Und wir sprechen nicht einmal von jenen besonderen Martern, die für Justine so schrecklich sind und für Juliette so genußreich. In einer Szene, die sich im Schloß eines üblen Richters abspielt, sieht man die unglückliche Justine wahrhaft abscheulichen Foltern ausgeliefert; ihre Leiden sind unerhört; man ist ratlos vor so viel Unrecht. Und was geschieht? Ein durch und durch lasterhaftes Mädchen, das der Szene beiwohnt, verlangt, von dem Schauspiel entflammt, daß es auf der Stelle der gleichen Folter ausgesetzt werde. Und sie empfindet dabei unendliche Wonnen. Also ist es doch wahr, daß die Tugend die Menschen unglücklich macht; allerdings nicht, weil die Tugend sie unglücklichen Ereignissen aussetzt, sondern weil nach Ablegung der Tugend das, was vorher Unglück war, Gelegenheit zum Genuß und Folter Wollust wird.

Für Sade kann dem souveränen Menschen das Übel nichts anhaben, weil niemand ihm Übles zuzufügen vermag; der souveräne Mensch ist der Mensch aller Leidenschaften, und seine Leidenschaften finden an allem Gefallen. Als Ausdruck eines Paradoxes, das mehr geistreich als wahr ist, hat man zuweilen Jean Paulhans Formulierung behandelt, wonach hinter Sades Sadismus eine durchaus entgegengesetzte Neigung zum Vorschein kommt*. Aber es zeigt sich, daß dieser Gedanke im Zentrum des Ganzen liegt. Nur der ist Mensch des totalen Egoismus, der jeden Ekel in Lust, jeden Widerwillen in Reiz zu verwandeln weiß. Wie der Philosoph im Boudoir versichert er: »Ich liebe alles, genieße alles, will alle Lüste vereinen.« Deswegen auch nahm sich Sade in den *120 Journées* die gigantische Arbeit vor, sämtliche Anomalien, alle Verirrungen, alle menschlichen Möglichkeiten auf diesem Gebiet vollständig aufzuzählen. Alles muß er erfahren, damit nichts ihn bemeistern könne. »Gar nichts kennst du, wenn du nicht alles kennst, und wenn du aus Schüchternheit bei der Natur stehenbleibst, wird sie dir für immer entgleiten.«

Man versteht, warum der Einwurf der trübseligen Justine »Und wenn das Blatt sich wendet?« die Verbrecherseele nicht beirren kann. Das Blatt kann sich wenden, die Chance zum Mißgeschick werden, und doch wird sie nur eine neue Chance sein, genauso begehrt, so lustvoll wie die andre. Aber ihr lauft Gefahr, aufs Schafott zu kommen! Ihr sterbt vielleicht den schmächlichsten Tod! – Das ist mein innigster Wunsch, antwortet der Libertin. »O Juliette,« sagt die Borghese, »ich möchte, daß meine Verirrungen mir dasselbe Schicksal bereiten, wie ihr Sittenverfall den niedrigsten Kreaturen. Das Schafott selbst wäre für mich der Thron der Wollust, dort würd ich dem Tode trotzen, glücklich vor Lust, als Opfer meiner Frevel den Geist aufgeben.« Und andere: »Der echte Libertin liebt sogar den Makel, den sein abscheulicher Lebenswandel ihm einbringt. Gab es nicht einige, die selbst die Martern liebten, die die Rache der Menschen ihnen bereitete, und die sie mit Freude erlitten, für die das Schafott ein Thron des Ruhmes war und die es empört hätte, dort mit minderem Mute sterben als mit dem, der sie bei der scheußlichen Ausübung ihrer Frevel beseelte? Erst so erreicht der Mensch den letzten Grad bewußter Verderbtheit.« Was vermag das Gesetz über diese Art von Macht? Es behauptet, sie zu bestrafen, und belohnt sie

* Sade: *Les infortunes de la vertu.* Einleitung von Jean Paulhan.

noch, es verherrlicht sie in ihrer Erniedrigung. Und was vermag dementsprechend der Libertin gegen seinesgleichen? Eines Tages verrät und opfert er ihn, doch dieser Verrat schenkt dem ein wildes Vergnügen, der dessen Opfer ist, der dadurch all seinen Argwohn bestätigt sieht und in der Wollust stirbt, Ursache eines neuen Verbrechens gewesen zu sein (von anderen Freuden abgesehen). Eine der eigentümlichsten Heldinnen Sades heißt Amélie. Sie wohnt in Schweden; eines Tages trifft sie Borchamps, den schon erwähnten Verschwörer; dieser hat eben, in Hoffnung auf eine Massenhinrichtung, dem Herrscher alle Mitglieder der Verschwörung ausgeliefert, und dieser Verrat hat die junge Frau in Begeisterung versetzt. »Ich liebe deine Grausamkeit«, sagt sie zu ihm. »Schwöre mir, daß auch ich eines Tages dein Opfer sein werde; seit ich fünfzehn Jahre alt bin, entflammt mich der Gedanke, als Opfer der grausamen Leidenschaften der Libertinage zu enden. Sicher, ich will nicht morgen sterben; so überspannt bin ich nicht; doch sterben will ich einzig auf diese Art: das Leben aushauchend Ursache eines Verbrechens werden– dieser Gedanke macht mir den Kopf schwindeln.« Seltsamer Kopf, durchaus würdig der folgenden Antwort: »Ich bin in deinen Kopf vernarrt, und ich glaube, wir werden zusammen noch unerhörte Dinge ausführen.« – »Zugegeben, sie ist durch und durch verderbt und verkommen!«

So fängt alles an, sich zu klären: für den totalen Menschen, der alles Menschliche in sich umfaßt, gibt es kein mögliches Übel. Welche Wollust, wenn er anderen Übles zufügt! Welch Genuß, wenn die andern ihm Übles tun! Die Tugend ist seine Lust, weil sie schwach ist und er sie zermalmt, das Laster aber, weil er Genuß aus der Unordnung zieht, die es schafft, und wäre es auf eigene Kosten. Lebt er, so gibt es kein Ereignis in seinem Dasein, das er nicht als glücklich zu empfinden vermöchte. Stirbt er, so findet er im Tode ein noch größeres Glück und im Bewußtsein seiner Zerstörung die Krönung eines Lebens, dem allein der Drang zu zerstören Berechtigung gibt. So ist er für die andern unantastbar. Nichts kann ihm Eintrag tun, nichts trübt sein Vermögen, er selber zu sein und sich selber zu genießen. Dies ist der erste Sinn seiner Einsamkeit. Sogar wenn er nach außen hin seinerseits Opfer und Sklave wird – die heftigen Leidenschaften, die er zu sättigen weiß in jeder beliebigen Lage, versichern ihn seiner Souveränität, lassen ihn fühlen, daß er in jeder Situation, in Leben und Tod, allmächtig bleibt. Eben deswegen scheint es trotz analoger Beschreibungen richtig, Sacher Masoch die Vaterschaft des Masochismus zu überlassen und Sade die des Sadismus. Nie trübt bei den Helden Sades die Lust an Erniedrigung ihre Meisterschaft, und die Verworfenheit führt sie zu höchster Entfaltung; all jene Gefühle, die Scham, Gewissensbisse, Lust an Bestrafung heißen, bleiben ihnen fremd. Als Saint-Fond ihr erklärt: »Mein Stolz ist so groß, daß ich nur auf den Knien bedient werden möchte und nur durch Dolmetscher zu dem verächtlichen Lumpenpack sprechen, das man das Volk nennt«, fragt ihn Juliette (ganz ohne Ironie): »Aber mindern die Launen der Libertinage nicht solche Hoheit?« – »Für Köpfe von unserer Achtung,« antwortet Saint-Fond, »kommt diese Erniedrigung dem Hochmut köstlich zustatten.« Und Sade merkt an: »Das ist leicht zu verstehn; man tut, was kein anderer tut; also ist man einzig in seiner Art.« Auf geistigem Gebiet derselbe befriedigte Hochmut in dem Gefühl, von der Menschheit geächtet zu sein: »Zittern muß die Welt, wenn sie das Verbrechen erfährt, das wir begangen haben. Zwingen muß man die Menschen zu erröten, daß sie zur selben Gattung zählen wie wir; ich fordere die Errichtung eines Denkmals, das die Welt an dieses Verbrechen erinnern soll, und daß wir unsere Namen mit eigenen Händen auf dieses Denkmal setzen.« Einzigartig sein, einzig in seiner Art – erst das ist das Zeichen der Souveränität, und wir werden sehen, welche extreme Bedeutung Sade diesem Begriff gegeben hat.

Alles fängt an, klarer zu werden; doch an dem Punkt, den wir erreicht haben, fühlen wir auch, daß alles sehr dunkel zu werden beginnt. Jene Wendung, mit der der Einzigartige der drohenden Hand des anderen entgeht, ist weit entfernt, durchsichtig zu sein. In gewisser Hinsicht handelt es sich um eine Art stoischer Fühllosigkeit, die vorauszusetzen scheint, daß der Mensch der Welt gegenüber vollkommen selbständig ist. Doch gleichzeitig handelt es sich ganz um das Gegenteil, denn unabhängig zwar von den andern, die ihm nie schaden können, behauptet der Einzigartige ihnen gegenüber alsbald ein Verhältnis unumschränkter Herrschaft; und nicht weil die andern nichts über ihn vermögen, bleibt er unberührt von Dolch, Folter und Praktiken der Erniedrigung, sondern weil er alles über die andern vermag, schenkt ihm selbst der Schmerz, der ihm von den anderen kommt, den Genuß der Macht und hilft ihm, seine Souveränität zu beweisen. Nun ergeben sich für diese Situation große Schwierigkeiten. Von dem Augenblick an, da »Herr meiner selbst sein« heißt »Herr der anderen sein«, von dem Augenblick an, da ich unabhängig nicht kraft meiner Selbständigkeit, sondern durch die Abhängigkeit der andern von mir bin, bleibe ich sichtlich mit den andern verbunden, ja ich bedarf ihrer, und wäre es nur, um sie ins Nichts zu stoßen. Oft, wenn von Sade die Rede ist, hat man auf diese Schwierigkeiten hingewiesen Es ist nicht sicher, ob auch Sade sie empfand, und vielleicht liegt hier der Grund für eine besondere Originalität dieses »Ausnahmedenkens«: wenn man nicht Sade ist, liegt hier ein entscheidendes Problem, denn es schalten sich die Beziehungen gegenseitiger Solidarität zwischen Herr und Knecht ein; aber wenn man Sade heißt, gibt es hier gar kein Problem, dann ist es sogar unmöglich, hier ein Problem zu sehen.

Wir können hier nicht, wie es nötig wäre, auf all die sehr zahlreichen Texte eingehen (bei Sade ist immer alles in unendlicher Menge da), die sich auf diese Situation beziehn. Tatsächlich sind Widersprüche in Fülle vorhanden. Manchmal erscheint die Grausamkeit der Libertinage gleichsam gestört zu werden durch den Widerspruch ihrer Genüsse. Keine größere Freude kennt zwar der Libertin als das Hinschlachten seiner Opfer, doch diese Freude zerstört sich selbst, zerstört sich, indem sie den eigenen Ursprung vernichtet. »Das Vergnügen, eine Frau zu töten,« sagt einer der Libertins, »ist nur von kurzer Dauer; sie fühlt nichts mehr, wenn sie tot ist; die Wonne, sie leiden zu lassen, erlischt mit ihrem Leben . . . Die da wollen wir (mit dem glühenden Eisen) zeichnen und brandmarken; unter dieser Schmach wird sie leiden bis zum letzten Moment ihres Lebens, und unsere Wollust, unendlich verlängert, wird um so köstlicher sein.« Ebenso wünscht Saint-Fond, unzufrieden mit zu einfachen Martern, für jedes Opfer eine Todesart von unendlicher Dauer; deshalb auch stellt er sich vor, mithilfe eines unbestreitbar ingeniösen Systems könne er sich der Hölle bedienen, und trifft seine Maßnahmen, um schon in dieser Welt zum Schaden seiner Auserwählten über diesen unerschöpflichen Vorrat von Qualen zu verfügen. Fraglos wird hier deutlich, welche verworrenen Beziehungen die Unterdrükkung schafft zwischen Unterdrücktem und Unterdrücker. Der Mensch des Marquis de Sade speist sein Dasein aus dem Tode, den er anderen zufügt, und manchmal, wenn er sich ein ewiges Leben wünscht, träumt er von einem Tod, den er ewig zufügen kann, derart, daß Henker und Opfer, auf ewig einander gegenübergestellt, beide mit der gleichen Kraft ausgerüstet sind, mit der gleichen göttlichen Eigenschaft ewigen Daseins. Daß ein Widerspruch dieser Art zu Sades Wesen gehört, läßt sich schwerlich bestreiten. Doch öfter noch kommt es vor, daß er weitergeht, aus Gründen, die uns viel tieferen Aufschluß geben über die Welt, die die seine ist. Clairwil macht Saint-Fond zum Vorwurf, was sie seine unverzeihlichen Überspanntheiten nennt, und gibt ihm, um ihn wieder auf den rechten Weg zu bringen, folgenden Rat: »Die Wollust-Idee, die dir den Kopf erhitzt – die Idee, die Martern der Todgeweihten ins Unendliche zu verlängern –, ersetze sie durch eine größere Menge von Morden; töte nicht ein und dasselbe Individuum über längere Zeit hin, denn das ist unmöglich, sondern ermorde recht viele von ihnen, was sich leicht ausführen läßt.« Die große Zahl ist wirklich eine viel richtigere Lösung. Der quantitative Gesichtspunkt, angewandt auf die Menschen, tötet diese vollständiger als die physische Gewalt, die sie vernichtet. Vielleicht verbindet sich der Verbrecher mit dem, den er tötet, auf unauflösliche Weise. Der Libertin aber, der beim Hinschlachten seines Opfers nur das Bedürfnis empfindet, noch tausend andre zu opfern, scheint jeder Verbindung mit dem Opfer seltsam ledig zu sein. In seinen Augen existiert es nicht durch sich selbst, ist kein einmaliges Wesen, sondern nur ein elementares Etwas, unendlich auswechselbar in der großen erotischen Gleichung. Liest man Erklärungen wie diese: »Nichts unterhält, nichts macht den Kopf so heiß wie die große Zahl«, dann versteht man besser, warum die Idee der Gleichheit Sades Gedankengänge so oft beschäftigt. Alle Menschen sind gleich, das heißt, kein Geschöpf gilt mehr als ein andres, eins kann an die Stelle des andern treten, jedes bedeutet nur so viel wie eine einstellige

Zahl in einer unendlichen Rechnung. Vor dem Einzigartigen sind alle Wesen gleich in ihrer Nichtigkeit, und der Einzigartige, der sie vernichtet, macht damit nur das Nichts offenbar.
Das ist es, was die Welt des Marquis de Sade so befremdlich macht. Szenen der Grausamkeit folgen auf Szenen der Grausamkeit. Die Wiederholungen gehen ins Unendliche, ja ins Unglaubliche. Es kommt häufig vor, daß bei einer einzigen Zusammenkunft jeder Libertin vier- oder fünfhundert Opfer foltert und tötet; am nächsten Tage dann fängt er von neuem an; am Abend schon die nächste Veranstaltung; die Anordnung wird ein wenig geändert, man fängt wieder Feuer, und Hekatombe schließt sich an Hekatombe. Einerlei! Wer ist sich nicht klar darüber, daß bei diesen gigantischen Blutbädern die Totgeweihten nicht mehr die mindeste Realität besitzen, daß sie nur darum so wunderbar leicht aus der Welt zu schaffen sind, weil sie schon vorher durch einen Akt totaler und absoluter Zerstörung dem Nichts überantwortet wurden? Sie sind nur da und sterben nur, um Zeugnis abzulegen von jener Urkatastrophe, jener Zerstörung, die nicht nur für sie, sondern für alle andern zugleich gilt. Erstaunlich: die Welt, in der der Einzigartige lebt, ist eine Wüste; die Wesen, die er dort trifft, sind nicht einmal Dinge, nicht einmal Schatten, und wenn er sie quält und zerstört, so bemächtigt er sich nicht ihres Lebens, sondern bestätigt ihr Nichts, macht sich zum Herrn ihrer Nichtexistenz und aus ihrer Nichtexistenz seinen größten Genuß. Was sagt doch am Anfag der *120 Tage* der Herzog von Blangis zu den Frauen, die zum Vergnügen der vier Libertins versammelt sind? »Betrachtet eure Situation, was ihr seid, was wir sind, und zittert, wenn ihr sie erkennt. Ihr seid außerhalb Frankreichs, tief in einem unbewohnbaren Wald, jenseits steiler Gebirge, deren Übergänge sofort nach euerm Durchzug zerstört wurden, ihr seid gefangen in einer unzugänglichen Zwingburg, kein einziger weiß, daß ihr hier seid, ihr seid euern Freunden, euern Eltern genommen, *für die Welt seid ihr schon tot.*« Das muß im wörtlichen Sinne verstanden werden: schon tot sind sie, vernichtet, gefangen in der absoluten Leere einer Bastille, in die kein Leben mehr dringt und wo ihr eigenes Leben nur noch den Sinn dieses »schon tot« fühlbar macht und damit verschmilzt.

Beiseite lassen wir die Episoden der Nekrophilie, die zwar bei Sade recht zahlreich sind, doch den »normalen« Möglichkeiten seiner Helden nicht eben nah zu sein scheinen. Übrigens wäre anzumerken, daß diese, wenn sie ausrufen: »Ach, welche schöne Leiche!« und sich an der Fühllosigkeit des Todes erhitzen, den größten Teil der vorausgehenden Zeit erst einmal Mörder waren; und was sie mit allen Mitteln über den Tod hinaus ausdehnen wollen, sind die Ergebnisse dieser aggressiven Gewalt. Unleugbar, die Lust, sich mit der reglosen und erstarrten Existenzform des Leichnams zu vereinen, ist nicht charakteristisch für die Welt des Marquis de Sade, genausowenig wie die Bemühung, sich hinübergleiten zu lassen zur Passivität einer Form, die die Abwesenheit der Form repräsentiert, einer durchaus wirklichen, aber vor der Veränderlichkeit des Lebens bewahrten Realität, die dadurch die Irrealität par excellence verkörpert. Ganz im Gegenteil, die Mitte der Sade'schen Welt ist Forderung nach Souveränität, die sich behauptet mittels maßloser Negation. Diese Negation, die in der immer größeren Zahl ihre Erfüllung findet, die kein Einzelfall befriedigen kann, hat zum Wesen die Grundtendenz, über den Bereich des menschlichen Daseins hinauszugehn. Mag der Mensch des Marquis de Sade sich der anderen bemächtigen, mit Hilfe seiner Fähigkeit, sie zu zerstören: wenn er den Eindruck macht, niemals von ihnen abhängig zu sein, nicht einmal in seinem Zwange, sie zu vernichten, wenn er stets fähig scheint, sich ihrer zu entschlagen – dann nur, weil er auf einer Höhe steht, wo man ihn nicht mehr mit ihnen vergleichen kann, und weil er sich ein für allemal auf diese Höhe gestellt hat, die seinem zerstörerischen Projekt einen Horizont gibt, der über die Menschen und ihr bißchen Leben unendlich hinausgeht. Mit anderen Worten: wenn der Sade'sche Mensch erstaunlich frei zu sein scheint hinsichtlich seiner Opfer, von denen seine Lust allerdings abhängt, so nur, weil seine Gewaltsamkeit in ihnen auf etwas anderes als auf sie selber zielt, also weit über sie hinausgeht und in jedem einzelnen Fall, rasend und ohne Ende, einzig den allgemeinen Akt der Zerstörung bestätigt, durch den er Gott und Welt zunichtegemacht hat.

Ganz offensichtlich ist bei Sade der Geist des Verbrechens verbunden mit einem Traum der Sehnsucht nach Transzendenz, den die schwachen praktischen Möglichkeiten nur immer wieder entwürdigen und entehren. Das schönste Verbrechen hienieden ist nur eine elende Sache, die den Libertin rot werden läßt. Kein einziger ist unter ihnen, der nicht, wie der Mönch Jérôme, vor der Mittelmäßigkeit seiner Frevel ein Gefühl der Scham hat und der nicht nach einem Verbrechen sucht, das allem, was der Mensch auf dieser Welt tun kann, überlegen ist – »und unglücklicherweise«, sagt er, »find ich es nicht; alles was wir tun, ist nur ein Bild dessen, was wir zu tun wünschen.« »Ich möchte,« sagt die Clairwil, »ein Verbrechen finden, das unaufhörlich fortwirkt, auch unabhängig von mir, so daß es keinen Augenblick meines Lebens gäbe, nicht einmal wenn ich schlafe, da ich nicht Ursache einer Unordnung bin – einer Unordnung solchen Ausmaßes, daß sie zu allgemeiner Verderbnis führt, zu so eindeutiger Zerrüttung, daß auch über mein Leben hinaus sich ihre Wirkung noch fortsetzt.« Darauf gibt Juliette jene Antwort, die dem Verfasser der *Nouvelle Justine* sehr zusagen mußte: »Versuch es mit dem geistigen Verbrechen, indem du schreibst.« Sade läßt zwar in seinem System den intellektuellen Wollüsten möglichst wenig Raum und hat die Erotik der Phantasie fast gar nicht erwähnt (denn sein eigner erotischer Traum besteht ja darin, auf Personen, die selber nicht träumen, sondern ganz real handeln, die irreale Regung seiner empfundenen Lust zu projizieren: Sades Erotik ist eine Traumerotik, da sie sich meist nur in der Fiktion verwirklicht; doch je ausschließlicher die Erotik dem Traum angehört, desto strenger fordert sie eine Fiktion, aus der der Traum verbannt ist, eine Fiktion, in der die Ausschweifung Leben und Wirklichkeit wird) – wenn aber trotzdem Sade, freilich nur ausnahmsweise, die Phantasiewelt verherrlicht hat, dann deshalb, weil er ganz genau weiß, daß all die unvollkommnen Verbrechen auf einem unmöglichen Verbrechen basieren, von dem allein die Phantasie Zeugnis ablegen kann. Darum läßt er Berlmor auch sagen: »O Juliette, wie köstlich sind die Freuden der Phantasie. Die ganze Erde ist unser in diesen Augenblicken der Wonne; kein einziges Wesen leistet uns Widerstand, man verwüstet die Welt, man bevölkert sie wieder mit neuen Objekten, die man wiederum tötet; wir haben die Möglichkeit zu allen Verbrechen, aller Dinge bedienen wir uns, wir verhundertfachen die Greuel.«

In seinem Essayband, der die bedeutsamsten Gedanken nicht nur über Sade enthält, sondern auch über alle Probleme, die ihrerseits durch Sades Existenz erhellt werden können, legt Pierre Klossowski den äußerst komplexen Charakter der Beziehungen dar, die das Sade'sche Bewußtsein mit Gott und dem Nächsten unterhält*. Er zeigt, daß diese Beziehungen negativ sind, doch daß die Negation, je realer sie ist, die Begriffe wieder zur Geltung bringt, die sie selber verbannt: der Gottesbegriff und der Begriff des Nächsten sind, sagt Klossowski, dem Bewußtsein der Libertins unentbehrlich. Man kann darüber bis ins Unendliche streiten, weil das Werk des Marquis de Sade ein Chaos von klaren Gedanken ist, darin zwar alles gesagt, jedoch auch alles verborgen wird. Indessen möchten wir Sades ursprünglichste Seite in der ungemein intensiven Absicht erblicken, die Souveränität des Menschen auf sein transzendentes Negationsvermögen zu gründen, Vermögen, das in nichts von den Objekten seiner Zerstörung abhängt, das, um sie zu zerstören, nicht einmal ihre vorherige Existenz in Rechnung stellt, weil es im Augenblick, da es sie zerstört, sie von jeher, schon im voraus, für nichtig gehalten hat. Nun findet diese Dialektik ihr bestes Beispiel und zugleich womöglich ihre Rechtfertigung in der Art und Weise, wie der Allmächtige Sades sich angesichts der göttlichen Allmacht behauptet.

Maurice Heine hat die außergewöhnliche Intensität des Sade'schen Atheismus hervorgehoben**. Doch dieser Atheismus ist, worauf Pierre Klossowski mit tausendfacher Berechtigung hinweist, durchaus nicht kaltblütig. Sowie in der ruhigsten Erörterung der Name Gottes erscheint, beginnt die Sprache alsbald zu brennen, der Ton wird heftig, der Schwung des Hasses reißt die Worte hin, stört sie auf. Gewiß nicht in den Wollustszenen gibt Sade Beweise von Leidenschaft, sondern Heftigkeit und Verachtung und glühender Stolz und Taumel von Macht und Begierde erwachen unverzüglich jedesmal dann, wenn der Einzigartige auf seinem Weg ein paar Spuren Gottes bemerkt. Der Gottesgedanke ist in gewisser Hinsicht die unsühnbare Schuld des Menschen, seine Erbsünde, der Beweis seiner Nichtigkeit,

* Pierre Klossowski: *Sade mon prochain.*

** Sade: *Dialogue entre un Prêtre et un Moribond*, mit einem Vorwort von Maurice Heine.

das was das Verbrechen rechtfertigt und autorisiert, denn einem Wesen gegenüber, das bereit ist, sich selbst vor Gott für nichtig zu erklären, können die Mittel, zu denen man greift, um es zu vernichten, gar nicht energisch genug sein. Sade schreibt: »Der Gottesgedanke ist der einzige Irrtum, den ich dem Menschen nicht vergeben kann.« Entscheidendes Wort – und einer der Schlüssel seines ganzen Systems. Der Glaube an einen allmächtigen Gott, der den Menschen zum Strohhalm macht, zu einem Atom des Nichts, verpflichtet den totalen Menschen dazu, jene übermenschliche Macht an sich zu reißen und selber, im Namen des Menschen und über die Menschen, das souveräne Recht auszuüben, das diese Gott zuerkannt haben. Wenn der Verbrecher tötet, ist er Gott auf Erden, weil er seinem Opfer gegenüber das Überlegenheitsverhältnis verwirklicht, in dem dieses die Definition der göttlichen Souveränität erblickt. Sowie ein echter Libertin die mindeste Spur religiösen Glaubens entdeckt, und wäre es selbst im Geist des verderbtesten Wüstlings, verurteilt er ihn alsbald zum Tode: dieser falsche Libertin hat sich selber zerstört, als er sich in Gottes Hände befahl; er selber hält sich für nichts, so daß, wer ihn tötet, nur eine Situation in Ordnung bringt, die der äußere Anschein nur unvollkommen entstellt.

Der Mensch des Marquis de Sade negiert die Menschen, und diese Negation erfüllt sich über den Gottesbegriff. Für Augenblicke macht er sich selbst zum Gott, damit die Menschen sich vor ihm demütigen und erkennen, welch Nichts ein Wesen vor Gott ist. »Nicht wahr, Fürst? Sie lieben die Menschen nicht?« fragt Juliette. – »Ich verabscheue sie. Jeden Augenblick bin ich erfüllt von dem heftigsten Willen, ihnen zu schaden. Wirklich, es gibt keine Gattung, die entsetzlicher wäre ... Welche Niedertracht, wie gemein, wie ekelerregend!« – »Doch ihr,« unterbricht Juliette, »glaubt ihr tatsächlich, daß ihr Menschen seid? O nein, nein – wenn man mit soviel Energie über sie herrscht, ist es unmöglich, von ihrer Gattung zu sein.« – »Sie hat recht,« sagt Saint-Fond, »jawohl, wir sind Götter.«

Die dialektische Bewegung jedoch kommt nicht zum Stillstand: der Mensch des Marquis de Sade, der sich das Vermögen angemaßt hat, über den Menschen zu stehen, das diese in ihrem Wahn Gott zugeschrieben haben, vergißt keinen Augenblick, daß es ausschließlich ein Vermögen der Negation ist: Gott sein kann nur eins bedeuten – die Menschen auslöschen, die Schöpfung vernichten. »Die Büchse der Pandora möchte ich sein,« sagt wiederum Saint-Fond, »damit alle Übel aus mir hervorgehn und sämtliche Wesen zerstören, eins nach dem andern.« Und Verneuil: »Gäbe es wirklich einen Gott – wären wir nicht seine Rivalen, wenn wir seine Schöpfungen auf diese Weise zerstören?« So bildet sich nach und nach eine doppeldeutige Konzeption der Allmacht heraus, über deren letzten Sinn man jedoch kaum im Zweifel sein kann. P. Klossowski unterstreicht die Theorien jenes Saint-Fond, an dessen Äußerungen wir eben erinnert haben und der unter allen Helden Sades der einzige ist, der an ein höchstes Wesen glaubt; nur ist dieser Gott, an den er glaubt, nicht sehr gut, sondern »überaus rachsüchtig, barbarisch, bösartig, ungerecht, grausam«; das höchste Wesen ist er in dem Sinne, daß er das böseste ist, der Gott der Untaten. Sade hat aus dieser Idee viele brillante Gedankengänge entwickelt. Er stellt sich ein Jüngstes Gericht vor und beschreibt es mit jenem grausamen Humor, der ihm eigen ist. Da hört man, wie Gott die Guten mit folgenden Worten anfährt: »Wenn ihr gesehn habt, daß alles auf Erden lasterhaft und verbrecherisch war, warum habt ihr euch dann auf die Wege der Tugend verirrt? Das unaufhörliche Unglück, womit ich das All überschüttete – mußte es euch nicht beweisen, daß ich nur die Unordnung liebte und daß man mich kränken mußte, um mir zu gefallen? Gab ich euch nicht jeden Tag das Beispiel der Zerstörung – warum habt ihr nicht zerstört? Dummköpfe! anstatt es zu machen wie ich!«

Doch auch angesichts dieser Tatsache ist die Konzeption eines infernalischen Gottes offensichtlich nur ein Moment der Dialektik, innerhalb deren Sades Übermensch zuerst in der Rolle Gottes den Menschen negiert, dann jedoch Gott selbst gegenübertritt und nun auch ihn negiert im Namen der Natur, um schließlich die Natur zu negieren, indem er sie mit dem Geiste der Negation gleichsetzt. Im bösen Gott ruht sich die Negation, nachdem sie eben den Begriff des Menschen getilgt hat, sozusagen einen Augenblick aus, ehe sie sich selber zum Gegenstand nimmt. Saint-Fond hat, indem er Gott wurde, zugleich Gott genötigt, Saint-Fond zu werden, und das höchste Wesen, unter dessen Händen der Schwache sich selber aufgab, um auch den Starken zur Selbstaufgabe zu bringen, behauptet sich nur mehr als der gigantische Zwang einer ehernen Transzendenz, die jeden nach Maßgabe seiner Schwäche zermalmt. Der Haß gegen die Menschen ist hier hypostasiert und auf seinen Höhepunkt gebracht. Aber der Geist der Negation, kaum daß er absolute Existenz erlangt hat und sich so der eignen Unendlichkeit bewußt geworden ist, muß sich nun gegen die Behauptung dieser absoluten Existenz wenden als gegen das einzige noch vorhandene Objekt, das einer unendlich gewordenen Negation entspricht. Der Haß gegen die Menschen hatte sich in Gott inkarniert. Nun befreit der Haß gegen Gott den Haß selber von Gott. Haß von solcher Kraft, daß er immerzu die Realität aus dem zu vertreiben scheint, was er negiert, um sich noch mehr zu behaupten und zu rechtfertigen. »Wenn es ihn wirklich gäbe – nämlich Gott –, so muß ich gestehn«, sagt die Dubois, »allein das Vergnügen, ihn fortwährend zu erzürnen, wäre die köstlichste Entschädigung für die Notwendigkeit, ihm irgendeine Art von Glauben entgegenzubringen.« Bezeugt aber ein so brennender Haß, wie es Klossowski zu meinen scheint, einen Glauben, der nur seinen Namen vergessen hat und zur Lästerung greift, um Gott zu zwingen, aus seinem Schweigen herauszutreten? So scheint es uns nicht. Alles weist im Gegenteil darauf hin, daß dieser so mächtige Haß sich nur darum vorzüglich an Gott geheftet hat, weil er in ihm Vorwand und Nahrung fand, besser als irgendwo anders. Gott ist für Sade offenbar nur der Angriffspunkt seines Hasses. Sein Haß ist zu groß, als daß irgendein Objekt für ihn wöge; da er unendlich ist, da er immer all seine Grenzen überschreitet, findet er schließlich an sich selber Gefallen und wird von dieser Unendlichkeit entzückt, der er den Namen Gott gibt (»Dein System«, sagt Clairwil zu Saint-Fond, »hat seinen Ursprung allein in dem tiefen Abscheu, den du Gott gegenüber empfindest«). Aber nur der Haß ist wirklich, und er wendet sich zuletzt gegen die Natur, und zwar mit derselben Verwegenheit wie gegen den nichtexistierenden Gott, den mit soviel Abscheu bedachten.

In der Tat, wenn die Dinge der Religion, wenn der Name Gottes, wenn die »Gottesmacher«, die Priester, die wildesten

Leidenschaften Sades entfesseln, so sind die Worte Gott und Religion in der Lage, fast alle Formen seines Hasses in sich zusammenzufassen. In Gott haßt er die menschliche Nichtigkeit, die sich einen solchen Herrn und Meister gemacht hat, und der Gedanke an diese Nichtigkeit erzürnt und entflammt ihn so sehr, daß ihm nichts übrig bleibt, als zur Bestätigung dieser Nichtigkeit mit Gott zusammenzuwirken. Ferner haßt er in Gott die Allmacht Gottes, in der er die eigne erkennt, und Gott wird Antlitz und Körper seines unendlichen Hasses. Schließlich haßt er in Gott das Elend Gottes, die Nullität einer Existenz, die trotz aller Behauptungen ihres Daseins und Schöpfertums nichts ist, denn groß, ja alles ist nur der Geist der Zerstörung.
Dieser Geist der Zerstörung wird in Sades System eins mit der Natur. Hier hat sein Denken lange im Dunkeln getappt, denn er mußte sich in der Tat erst von den atheistischen Modellphilosophien befrein, die ihm an sich nur sympathisch sein konnten und seinem Verstand, der immer gierig nach Argumenten suchte, unerschöpfliche Quellen erschlossen. Doch je mehr er sich von der Ideologie der Naturphilosophen zu lösen vermochte, je weniger ihn äußere Analogien bestachen, desto deutlicher zeigt er uns, daß in ihm die Logik bis zum Äußersten ging und vor den eigenen dunklen Stützen nicht die Augen verschloß. Natur ist eines der Worte, das er wie viele Schriftsteller seiner Zeit besonders gern niederschreibt. Im Namen der Natur führt er den Kampf gegen Gott und alles, was damit zusammenhängt, vor allem die Moral. Verweilen wir nicht weiter dabei, die Fülle der Äußerungen Sades über dieses Thema ist schwindelerregend. Diese Natur ist für ihn in erster Linie das allumfassende Leben, und über hunderte von Seiten hin ist der Hauptinhalt seiner ganzen Philosophie, daß die unmoralischen Triebe gut sind, denn es sind Fakten der Natur, und die Natur ist erste und letzte Instanz. Anders gesagt: nicht die Moral, das bloße Faktum regiert. Dann aber stört ihn, daß er tugendhaften Trieben und bösen Regungen wohl oder übel gleichen Wert zugestehen muß, und er versucht, eine neue Stufenleiter der Werte zu schaffen, deren höchster das Verbrechen sein soll. Sein Hauptargument besteht wiederum darin, daß das Verbrechen mehr dem Geist der Natur entspricht, denn es ist Bewegung, und das heißt Leben; die

Natur, die schaffen will, so sagt er, bedarf des Verbrechens, das zerstört: all das wird bis ins einzelne auseinandergesetzt, mit unendlichen Längen und dann und wann mit ein paar ganz erstaunlichen Beweisen. Doch dieses ständige Reden über die Natur, der Umstand, sich immer auf diese unumgänglich souveräne Autorität beziehen zu müssen, versetzt den Menschen des Marquis de Sade allmählich in Zorn, und bald macht ihm sein Haß die Natur so unerträglich, daß er sie mit Verfluchungen und Verneinungen überschüttet. »Ja, mein Freund, ja, ich verabscheue die Natur.« Diese Auflehnung hat zwei tiefe Beweggründe. Einerseits scheint es ihm unerträglich, daß die in ihm vereinte unerhörte Zerstörungskraft keinen anderen Zweck haben soll, als der Natur die Vollmacht zum Schaffen zu geben. Andererseits fühlt er, je mehr er selber Teil der Natur ist, daß die Natur seiner Negation entgleitet: je mehr er ihr zuwiderhandelt, desto besser dient er ihr, und je mehr er sie vernichtet, desto mehr beugt er sich ihrem Gesetz. Daher das Haßgeschrei, die wahrhaft rasende Auflehnung. »O du blinde und blöde Kraft, hätte ich von der Erde alle Geschöpfe verjagt, die dort ihr Wesen treiben – mein Ziel hätt ich trotzdem verfehlt, denn ich hätte der Rabenmutter nur einen Dienst erwiesen; mir aber geht es allein darum, mich an deiner Dummheit oder Bosheit zu rächen, unter der du die Menschen leiden läßt – und ermöglichst ihnen doch nie, sich den abscheulichen Neigungen auszuliefern, die du ihnen einflößt.« Hier drückt sich ein elementares Grundgefühl aus: der Natur zuwiderzuhandeln, ist das tiefste Verlangen des Menschen; tausendmal stärker ist dieses Bedürfnis als jenes, Gott zu beleidigen. »Mit allem, was wir tun, beleidigen wir nur Götzen und Kreaturen, nicht aber die Natur, und ihr gerade möchte ich zuwiderhandeln; ihre Pläne stören; ihrem Lauf entgegentreten; das Rad der Gestirne anhalten; die Himmelskörper in Verwirrung bringen, wie sie im Raume treiben; zerstören, was ihr dient; begünstigen, was ihr schadet; mit einem Wort, ihrer spotten in ihren Werken – und hier ist mir jeder Erfolg versagt.« Und Sade macht es sich in diesem Abschnitt noch leicht und vermengt die Natur mit ihren großen Gesetzen, was ihm erlaubt, von einer Katastrophe zu träumen, die diese Gesetze zerstören könnte, doch seine Logik verwirft diesen Kompromiß; und während er an anderer Stelle sich einen Konstrukteur vorstellt, der eine Maschine zur Vernichtung des Weltalls erfindet, muß er eingestehn: keiner hätte sich um die Natur verdienter gemacht als dieser Konstrukteur. Sade fühlt durchaus, alle Dinge vernichten heißt nicht die Welt vernichten, denn die Welt ist nicht nur universale Bejahung, sondern auch universale Zerstörung, derart daß Totalität des Seins und Totalität des Nichts sie in gleicher Weise repräsentieren. Hier liegt der Grund, daß der Kampf gegen die Natur in der Geschichte des Menschen eine dialektische Etappe von weit höherer Bedeutung darstellt als der Kampf gegen Gott. Ohne das Denken Sades im geringsten zu modernisieren, kann man sagen, daß er in seinem Jahrhundert einer der ersten ist, der in der Idee der Welt den Begriff der Transzendenz erkannt hat, denn da die Idee des Nicht-Seins zur Welt gehört, kann man das Nicht-Sein der Welt nur denken innerhalb eines Ganzen, das immer noch die Welt ist.

Wenn das Verbrechen der Geist der Natur ist, gibt es kein Verbrechen gegen die Natur und demzufolge überhaupt kein Verbrechen. Eben das bestätigt Sade, bald mit der größten Genugtuung, bald mit der heftigsten Wut. Die Möglichkeit des Verbrechens zu negieren, erlaubt ihm, die Moral und Gott zu negieren und alle menschlichen Werte dazu, doch das Verbrechen negieren heißt auch, auf den Geist der Negation überhaupt verzichten, zugeben, daß dieser sich selbst aufheben könnte. Mit aller Energie lehnt er sich gegen diesen Schluß auf, was ihn nach und nach dazu bringt, der Natur alle Realität abzusprechen. In den letzten Bänden der *Nouvelle Justine* (besonders in den Bänden VIII und IX) sagt Juliette allen vorherigen Konzeptionen in folgenden Worten ab: »Törin, die ich war, in der Zeit vor unserer Trennung – ich hielt mich noch an die Natur; die neuen Gedankengänge, zu denen ich mich seither bekenne, lösen mich von ihr . . .« Die Natur, sagt sie, ist nicht wahrer, realer oder sinnvoller als Gott: »Ach! verrücktes Stück, du täuschst mich vielleicht wie ehemals die schändliche Gotteschimäre, der du angeblich untertan warst: von dir hängen wir so wenig ab wie von Gott; vielleicht haben die Ursachen mit den Wirkungen gar nichts zu tun . . .« So verschwindet die Natur, obwohl der Philosoph an ihr all sein Wohlgefallen hatte und mit Lust das allumfassende Leben zu einer furchtbaren Todesmaschine machte. Doch das bloße Nichts ist nicht sein Ziel. Ihm ging es um die Souveränität aus dem Geiste der Negation, der vor nichts haltmacht. Diese Negation hat er nacheinander an den Menschen, an Gott, an der Natur erprobt. Menschen, Gott, Natur – jeder dieser Begriffe empfängt im Augenblick, da sich die Negation seiner bemächtigt, anscheinend einen gewissen Wert, aber wenn man den Vorgang als Ganzes betrachtet, kommt diesen Augenblicken nicht die geringste Realität zu, denn die Eigenart des Vorgangs besteht gerade darin, sie zu zerstören und wechselseitig zunichtezumachen. Was sind die Menschen, wenn sie nichts sind vor Gott? Was ist Gott der Natur gegenüber? Was ist die Natur unterm Zwang, sich vor dem Menschen aufzulösen, der in sich das Bedürfnis trägt, ihr zuwiderzuhandeln? Und so schließt sich der Kreis. Von den Menschen gingen wir aus – nun sind wir wieder beim Menschen. Nur daß dieser nun einen neuen Namen trägt: er heißt der Einzigartige, der Mensch, einzig in seiner Art.

Sade, der entdeckt hatte, daß im Menschen die Negation eine Macht ist, wollte die Zukunft des Menschen gründen auf die zum Äußersten getriebene Negation. Um das zu erreichen, stellte er sich, unter Benutzung des Wortschatzes seiner Zeit, eine Grundkraft vor, die er wegen ihrer Mehrdeutigkeit wahrhaft mit Scharfsinn wählte. Diese Grundkraft ist die Energie. Tatsächlich ist die Energie ein Begriff von vollkommenem Doppelsinn. Sie ist zugleich Vorrat von Kräften und Verausgabung von Kräften; Bejahung, die sich nur in der Negation erfüllt; Macht, die Zerstörung ist. Außerdem ist sie Faktum und Gesetz, Gegebenheit und Wert. Es ist erstaunlich, daß Sade in dieser Welt aufbrausender Leidenschaft, weit entfernt die Begierde an erste Stelle zu setzen, sie vielmehr tief eingestuft und ihr mißtraut hat. Denn die Begierde negiert die Einsamkeit und führt dazu, die Welt des andern auf gefährliche Weise anzuerkennen. Doch wenn Saint-Fond erklärt: »Meine Leidenschaften, auf *einen* Punkt konzentriert, gleichen den im Brennglas vereinten Strahlen eines Gestirns: sie vernichten alsbald den Gegenstand, der sich im Brennpunkt befindet«, ersieht man vorzüglich, wie die Zerstörung als Synonym der Macht auftreten kann, ohne daß das zerstörte Objekt aus diesem Vorgang den mindesten Wert empfinge. Anderer Vorteil der

Energie als Grundkraft: sie erkennt dem Menschen eine Zukunft zu, ohne daß er einen transzendenten Begriff akzeptieren müßte. Dies ist eins der Verdienste Sades. Er war willens, die Moral des Guten zu Boden zu werfen, aber ein paar provokatorischen Behauptungen zum Trotz trug er große Sorge, sie nicht durch ein Evangelium des Bösen zu ersetzen. Wenn er schreibt: »Alles ist gut, wenn es maßlos ist«, kann man diesem seinem Grundsatz zwar Unschärfe vorwerfen, aber man kann nicht Klage erheben, er wolle die Souveränität des Menschen auf die Souveränität von Begriffen gründen, die über ihm stünden. Keine Art der Lebensführung gewinnt hier einen Vorrang: man kann seine Handlungen nach Belieben wählen; es kommt allein darauf an, daß man bei ihrer Ausführung fähig sei, die größte Zerstörung und die größte Bejahung zusammenfallen zu lassen. So geht es in den Romanen von Sade auch tatsächlich zu. Nicht von dem größeren oder kleineren Ausmaß von Tugend oder Laster hängt es ab, ob die Personen unglücklich sind oder glücklich, sondern allein von der Energie, die sie zeigen; denn, so heißt es bei Sade, »das Glück hängt von der Energie der Grundkräfte ab; es kann keins geben für den, der immerzu schwankt.« Juliette, der Saint-Fond einen Plan vorschlägt, zwei Drittel von Frankreich durch Hungersnot zu verheeren, zaudert und erschrickt: sofort ist sie in Gefahr. Warum? Sie hat Schwäche gezeigt, ihre Seele hat ihre Saiten gelockert, und die größere Energie Saint-Fonds schickt sich an, Juliette sich zur Beute zu machen. Noch deutlicher wird das im Fall der Durand. Die Durand ist eine Giftmischerin, der kleinsten Tugend unfähig, ihre Verderbtheit ist lückenlos. Doch eines Tags wird sie von der venezianischen Regierung ersucht, die Pest zu verbreiten. Der Plan entsetzt sie, nicht weil er unmoralisch ist, sondern weil sie fürchtet, selber dabei in Gefahr zu kommen. Und schon ist sie verloren. Es hat ihr an Energie gefehlt, sie hat ihren Meister gefunden, und dieser Meister heißt Tod. Bei einem gefährlichen Leben, sagt Sade, gilt es vor allem, es nie »an der nötigen Kraft fehlen zu lassen, um die letzten Schranken zu überschreiten«. Man kann sagen, diese seltsame Welt besteht nicht aus Individuen, sondern aus Kraftsystemen, aus Systemen von mehr oder minder großer Spannung. Wo sich ein Tiefstand der Spannung ergibt, wird die

Katastrophe unvermeidlich. Ja nicht einmal zwischen der Energie der Natur und der des Menschen ist ein Unterschied zu machen: die Wollust ist eine Art Blitz, so wie der Blitz der Orgasmus der Natur ist; der Schwache fällt beiden zum Opfer, der Starke entgeht ihnen siegreich. Justine wird vom Blitz erschlagen, Juliette nicht; die Vorsehung spielt dabei nicht die geringste Rolle. Justines Schwäche ruft den Blitz herbei, den Juliettes Energie auf sie ablenkt. Ebenso gerät alles, was ihr begegnet, Justine zum Unglück, weil alles sie schmälert, was ihr Gefühl berührt; alle ihre Neigungen waren, so wird uns gesagt, *tugendhaft, aber klein* – und das im wörtlichsten Sinne genommen. Alles hingegen, was Juliette ergreift, offenbart ihr die eigene Macht, und sie genießt es als Steigerung ihres Selbst. Deswegen würde ihr Tod, wenn sie stürbe, sie die totale Zerstörung als totale Verströmung ihrer riesigen Energie empfinden lassen und sie dadurch an die äußerste Grenze des Machtgefühls und der Begeisterung tragen.
Sade hat vollkommen begriffen, daß die Souveränität des energischen Menschen, die er gewinnt, indem er sich mit dem Geiste der Negation identifiziert, ein paradoxer Zustand ist. Der totale Mensch, der sich als Ganzes bejaht, wird auch als Ganzes zerstört. Er ist der Mensch aller Leidenschaften und zugleich empfindungslos. Er begann damit, sich selber zu zerstören, zuerst im Menschen, dann in Gott, dann in der Natur, und so ist er der Einzigartige geworden. Nun kann er alles, denn die Negation in ihm ist mit allem fertig geworden. Um seine innere Struktur zu erklären, greift Sade zu einer sehr seltsamen Konzeption, der er den klassischen Namen der Apathie gibt. Die Apathie ist der Geist der Negation bei dem, der die Souveränität gewählt hat. Sie ist, in gewisser Weise, Ursache und Grundkraft der Energie. Sade denkt, wie es scheint, etwa folgendermaßen: das heutige Individuum verfügt über eine gewisse Menge von Kraft; meistens vertut es seine Kräfte und veräußert sie jenen Götzen zuliebe, die da heißen: die andern, Gott, das Ideal; durch diese Veräußerung seine Möglichkeiten zu vergeuden und zu erschöpfen, ist falsch, noch irriger aber ist es, seine Lebensführung auf die Schwäche zu gründen, denn wenn man sich für die andern verausgabt, dann doch nur weil man glaubt, ihre Unterstützung zu

brauchen. Verhängnisvolle Ohnmacht: man schwächt sich, indem man seine Kräfte umsonst verausgabt, und man gibt seine Kräfte aus, weil man sich schwach glaubt. Aber der wahre Mensch weiß, daß er allein ist, und er findet sich damit ab; alles in ihm, was sich auf die andern bezieht, Erbschaft von siebzehn Jahrhunderten Feigheit, weist er von sich; Gefühle, wie zum Beispiel Mitleid, Dankbarkeit, Liebe, zerstört er; durch ihre Zerstörung erlangt er all die Kraft zurück, die er diesen schwächenden Impulsen hat weihen müssen, und er zieht, was noch wichtiger ist, aus dieser Zerstörungsarbeit die erste wahrhafte Energie.

Wohlverstanden, die Apathie besteht durchaus nicht nur darin, die »parasitären« Empfindungen zu zerstören, sondern sie stellt sich auch der Spontaneität jeder beliebigen Leidenschaft entgegen. Der Lasterhafte, der sich unmittelbar seinem Laster hingibt, ist nur eine Mißgeburt, die zum Scheitern verdammt ist. Selbst Wüstlinge von Genie, mit allen Fähigkeiten begabt, um Ungeheuer zu werden, sind, wenn sie nur ihren Neigungen folgen, zur Katastrophe bestimmt. Sade verlangt: soll die Leidenschaft zur Energie werden, muß man sie unterdrücken, der Unmittelbarkeit berauben, indem man sie einen unerläßlichen Augenblick der Empfindungslosigkeit durchmachen läßt – danach erst wird sie die äußerste ihr mögliche Größe erreichen. In der ersten Zeit ihrer Laufbahn hört Juliette von Clairwil unaufhörlich den Vorwurf: sie begehe das Verbrechen nur in der Begeisterung, nur an der Fackel der Leidenschaften zünde sie die des Verbrechens an, die Wollust, der Sturm des Genusses gehe ihr über alles. Gefährliche Leichtfertigkeit. Das Verbrechen ist wichtiger als die Wollust; das kaltblütige Verbrechen ist größer als das in der Glut der Gefühle begangene; doch mehr als alles bedeutet das »in der Verhärtung des Gefühls begangene« Verbrechen, das finstere und geheime, weil es die Tat einer Seele ist, die alles in sich zerstört und dadurch riesige Kraft angesammelt hat, die aufgehn wird in der Bewegung totaler Zerstörung, zu der sie sich anschickt. Alle großen Libertins, die nur dem Genusse leben, sind groß, nur weil sie in sich jede Fähigkeit zum Genusse vernichtet haben. Deshalb auch geben sie sich schrecklichen Anomalien hin, sonst würde die Mittelmäßigkeit der normalen Wollüste ihnen genügen. Aber sie haben

sich fühllos gemacht: sie trachten danach, ihre Fühllosigkeit zu genießen, die negierte, vernichtete Welt ihres Gefühls, und sie werden grausam. Grausamkeit ist nur die Negation des eigenen Selbst, so weit getrieben, daß sie sich verwandelt in eine zerstörende Explosion; die Fühllosigkeit läßt ein Wesen bis in die Tiefen erschauern, sagt Sade; »die Seele geht über in eine Art Apathie, die sich bald in Lustgefühle verwandelt, die tausendmal göttlicher sind als jene, die man den Schwächen verdankt.«
Verständlich ist, daß in dieser Welt Grundsätze eine große Rolle spielen. Der Libertin ist »nachdenklich, verschlossen, unfähig jeder Erregung, woher sie auch rühren möge«. Er ist einsam, verträgt weder Lärm noch Gelächter; nichts darf ihn zerstreun; »Apathie, Sorglosigkeit, Stoizismus, innere Einsamkeit – das ist der Ton, auf den man seine Seele zwangsläufig stimmen muß«. Eine solche Verwandlung, ein solches Zerstörungswerk an sich selbst ist durchführbar nur mit äußersten Schwierigkeiten. *Juliette* ist eine Art *Bildungsroman*, in dem wir den langsamen Werdegang einer energischen Seele kennenlernen. Dem Anschein nach ist Juliette von Anfang an vollständig verderbt. Aber in Wirklichkeit hat sie nur erst dieses und jenes Gelüst, ihr Kopf ist noch unberührt; eine gewaltige Anstrengung liegt noch vor ihr, denn *nicht wer will, ist zerstört*, wie Balzac gesagt hat. Sade stellt fest, daß es auf diesem mühsamen Wege zur Apathie äußerst gefährliche Augenblicke gibt. Es kommt zum Beispiel vor, daß die Fühllosigkeit den Wüstling in einen solchen Zustand inneren Ausgelöscht-Seins versetzt, daß er in diesem Augenblick durchaus zur Moral zurückkehren kann: er glaubt sich verhärtet, dabei ist er nur schwach, leichte Beute für die Reue – nun genügt eine einzige Regung der Tugend, um seine ganze Macht zugrundezurichten und die Welt von Mensch und Gott wieder in Geltung zu setzen; wie hoch er auch stehe, er stürzt, und dieser Zusammenbruch ist für gewöhnlich sein Tod. Wenn er jedoch in diesem Zustand des Ausgelöscht-Seins, in dem er vor den schlimmsten Exzessen nur einen lustlosen Widerwillen verspürt, einen letzten Kraftzuwachs findet, um seine Fühllosigkeit durch Erfindung neuer Exzesse zu steigern, die ihm noch größeren Widerwillen einflößen, dann wird er vom Ausgelöscht-Sein zur Allmacht hinüberwechseln, von der

Verhärtung zur äußersten Wollust, und er wird, »zutiefst aufgewühlt«, souverän und jenseits aller Grenzen sich selber genießen.
Eine der überraschendsten Seiten an Sade und seinem Schicksal ist die, daß er und alles, was sein Denken kühn und anstößig macht, uns so lange unbekannt blieb, obgleich der Skandal kein bessres Symbol hat als ihn. Unnötig, die Fragestellungen aufzuzählen, die er entdeckt hat, Themen, an die die freisten Geister der folgenden Jahrhunderte alle ihre Kühnheit setzten, um sie neu zur Geltung zu bringen: wir haben sie im Vorbeigehen kennengelernt, und noch dazu haben wir uns darauf beschränkt, das Bewegungsgesetz dieses Denkens allein durch Betrachtung seiner Hauptpunkte aufzufinden. Ebensogut hätten wir seine Konzeption des Traumes erörtern können, in dem er die Arbeit des wieder Trieb gewordenen und der Tagesmoral entzogenen Geistes erblickt – oder all die Gedanken, in denen er Freud vorwegnimmt, wie etwa diesen: »Schon im Mutterleib bilden sich die Organe, die uns unausweichlich für unsere spätere Gelüste empfänglich machen; die ersten Gegenstände, die man uns zeigt, die ersten Gespräche, die wir hören, determinieren unsere Triebrichtung endgültig; die Erziehung ist machtlos, sie ändert gar nichts mehr.« In Sade steckt auch ein Moralist von reinster Tradition, und es ließe sich leicht eine Auswahl von Maximen zusammenstellen, neben denen die von La Rochefoucauld schwach und unschlüssig wirkten. Man wirft ihm vor, er schriebe schlecht, und tatsächlich schreibt er oft hastig und mit einer Weitschweifigkeit, die zur Ungeduld reizt; doch auch eines sonderbaren Humors ist er fähig, und zuweilen ist sein Stil von fast eisiger Jovialität und zeigt in seinen Übertreibungen eine Art kalter Unschuld, die man aller Ironie Voltaires vorziehen möchte und die sich bei keinem anderen französischen Schriftsteller findet. Alle diese Verdienste sind ungewöhnlich, aber sie waren umsonst: bis zu dem Tage, da Apollinaire, Maurice Heine, da André Breton mit seiner Divinationsgabe für verborgene historische Kräfte uns den Weg zu ihm freigemacht haben; und später selbst, bis hin zu den letzten Essays von George Bataille, Jean Paulhan und P. Klossowski, hatte Sade, der Meister der großen Themen modernen Denkens und Fühlens, auch weiterhin nur den Glanz eines leeren Namens.

Warum? Sein Denken ist Werk eines Wahns und richtet sich nach dem Modell einer Verderbtheit, vor der die Welt sich beiseiteschlich. Mehr noch, es gibt sich als Theorie entsprechender Gelüste, es ist ihr genauer Abdruck, es trachtet danach, die widerwärtigste Anomalie zu umfassender Weltsicht zu machen. Zum ersten Male hat sich Philosophie ganz offen als Produkt einer Krankheit verstanden*, und frech hat sie als universales logisches Denkergebnis ein System aufgestellt, dessen einzige Bürgen die Gelüste eines perversen Individuums sind.
Auch hierin liegt eine Stärke Sades. Man kann sagen, daß er seine eigene Analyse durchgeführt hat – schrieb er doch einen Text, in dem er alles verzeichnet, was seine Zwangsvorstellungen angeht, und dem Zusammenhang und der Logik nachspürt, die sich in seinen zwanghaften Aussagen geltend machen. Andererseits jedoch hat er als erster mit Stolz bewiesen, daß aus einer bestimmten persönlichen, selbst monströsen Lebensführung mit vollem Recht eine Weltsicht ableitbar war, bedeutend genug, daß die größten Geister, denen es ausschließlich um den Sinn des menschlichen Daseins ging, die Hauptperspektiven dieser Weitsicht nur bestätigen, ihre Gültigkeit nur hervorheben konnten. Sade hatte die Kühnheit zu behaupten, er gebe, indem er seine eigenen abwegigen Gelüste unerschrocken bejahe und sie zum Ausgangspunkt und zur Grundlage allen Denkens mache, der Philosophie die zuverlässigste Basis, die er entdecken könne, und setze sich so instand, das menschliche Los als Ganzes auf tiefe Weise zu deuten. Ein solcher Anspruch kann uns zweifellos nicht mehr erschrecken; aber, nicht wahr, wir fangen trotzdem erst an, ihn ernst zu nehmen, und lange Zeit hindurch hat er bereits genügt, selbst diejenigen von Sades Gedankenwelt abzubringen, denen Sade nicht gleichgültig war.
Wie sah man Sade zuerst? Als monströse Ausnahme, die unbedingt außerhalb der Menschheit stand. »Das Besondere Sades«, sagte Nodier, »besteht darin, ein so monströses Delikt auf sich geladen zu haben, daß es sich nur mit Gefahr näher bezeichnen ließe«. (Was in gewisser Weise tatsächlich

* Sade erkennt ohne Verlegenheit an: »Der Mensch, der abwegige Neigungen hat, ist krank.«

eines der Ziele Sades war: unschuldig zu sein vor Schuld; durch sein Übermaß für immer die Norm zu brechen, das Gesetz, das ihn hätte richten können.) Ein anderer Zeitgenosse, Pitou, schreibt in ziemlich erschreckendem Ton: »Die Justiz hatte ihn in eine Kerkerecke verbannt und jedem Inhaftierten die Erlaubnis gegeben, sich dieser Last zu entledigen.« Hat man auch später in ihm das Beispiel einer Anomalie erkannt, die auch ein paar andern zu eigen ist, so setzte man ihn doch eilig mit dieser unnennbaren Abweichung gleich, der eben kein anderer Name zukommen konnte als der seine allein. Selbst in der Folgezeit, als man diese Anomalie zu Sades Verdiensten schlug, als man in ihm einen Mann sah, der frei genug war, um einen neuen Wissensbereich zu erschließen, einen in jeder Hinsicht außergewöhnlichen Mann, sowohl durch sein Schicksal wie durch seine Meinungen – als man endlich im Sadismus eine Möglichkeit sah, die die ganze Menschheit betraf: selbst da hat man dennoch die eigentliche Gedankenwelt Sades unbeachtet gelassen, so als sei man sicher, daß der Sadismus ursprünglich und authentischer sei als die Art, wie Sade selber ihn zu deuten vermochte. Bei genauerer Betrachtung ergibt sich nun, daß diese Gedankenwelt von entscheidender Wichtigkeit ist, und daß sie uns inmitten der Widersprüche, zwischen denen sie lebt, über das durch Sade berühmt gewordene Problem bedeutsamere Aufschlüsse bringt, als alle jene es waren, die die geübteste und aufgeklärteste Reflexion bislang unsrer Einsicht darbot. Wir behaupten nicht, diese Gedankenwelt sei ein Weg. Aber sie zeigt uns eins: unter jenen beiden, dem normalen Menschen, der den Sade'schen Menschen in eine Sackgasse sperrt, und dem Sade'schen Menschen, der diese Sackgasse in einen Ausweg verwandelt, ist es der letztere, der über Wahrheit und Logik seiner Situation besser Bescheid weiß und der die tiefere Einsicht darüber besitzt – so daß er dem normalen Menschen helfen kann, sich selbst zu verstehen, indem er ihm hilft, die Voraussetzungen allen Verstehns zu verändern.

Klaus Laermann

Georges Bataille – Das Auge als Fetisch

Une bonne part de l'érotisme est sur le papier.
M. Merleau-Ponty: *Signes*

I

Die Literaturwissenschaft hat sich zwar in den letzten Jahren bereitgefunden, zuvor von ihr vernachlässigte Gebiete zu untersuchen, aber mit einer beängstigenden Prüderie spart sie die erotische Literatur aus ihrem Gesichtsfeld aus. Sinnlichkeit ist für sie nur insoweit von Interesse als sie reibungslos und unbefragt zum Material ihrer Gedankenarbeit wird. Sperrt sie sich dagegen, wird sie als bedrohlich empfunden. Als ungeheuerlich gar gilt das Obszöne. Ihm gegenüber versagt eine Neutralisierungsstrategie, die es Wissenschaftlern zur methodischen Pflicht macht, ihr persönliches Betroffensein von literarischen Texten als ein persönliches, nicht aber als ein wissenschaftliches Problem anzusehen. Entziehen sie sich bereits einer wissenschaftlichen Reflexion ihrer privaten Erfahrungen, so verstärkt sich ihr Widerstand angesichts des Erotischen. Mit Wut oder Verachtung vollends reagieren sie auf das Obszöne. Zugelassen scheint ihnen die terminologisch saubere Methode einer psychoanalytischen Interpretation bestimmter sexueller Erfahrungen in Werken, die sie anderer Qualitäten wegen zu schätzen behaupten. Die Psychoanalyse läuft dabei Gefahr, in der Arbeitsteiligkeit gegeneinander indifferenter Methoden zu einer reduktionistischen und rein biographisch orientierten Symbollehre zu werden. Ihr Anspruch, gerade das Nichtprivate privater Erfahrungen wissenschaftlich zu untersuchen, wird aufgegeben.
Die Beschäftigung mit dem Obszönen erscheint in der heutigen literaturwissenschaftlichen Produktion als anrüchig und fast schon unzulässig. Denn das Obszöne ist schmutzig. Selbst durch die Verwendung psychoanalytischer Terminologie ist es nicht einfach zu neutralisieren. Wer sich mit ihm befaßt, zieht den Vorwurf auf sich, selbst schmutzig zu sein. Und von diesem Vorwurf bleibt allemal etwas hängen.

Die Angst vor der kontaktmagischen Wirkung des Schmutzigen garantiert eine saubere Wissenschaft. Aber eben auch eine langweilige. Denn sie entzieht sich der Irritation von Erfahrungen, die nicht einfach als privat abgetan werden können.

Schmutz ist der Bodensatz aller Kultur. Sie bringt ihn hervor mit dem regelhaften Zwang ihrer Naturverarbeitung und definiert zugleich sich selbst im Gegensatz zu ihm. Sie will von ihm nichts wissen und empört sich über die Zumutung, bei seinem Anblick ihrer eigenen Gestehungskosten gewahr zu werden.

Angesichts des Obszönen ist solche Empörung nicht ohne Wert. Denn in ihr bekommt die allgemeine Abwehrreaktion gegen den Schmutz »diagnostische Kraft« und bringt »eine vorher verdeckte Übereinkunft allererst ans Licht«[1]. Zweck einer solchen Übereinkunft ist es, unter Androhung psychischer und sozialer Sanktionen einen als abnorm definierten Bereich menschlichen Verhaltens aus dem allgemeinen Bewußtsein auszugrenzen. Dieses Verfahren ist desto wirksamer, je weniger es einer Legitimation zu bedürfen scheint. Legitimationsunbedürftig soll es sein, weil es von sich mit Recht meint behaupten zu können, normal zu sein. Die Entrüstung über das Obszöne aber verweist auf die Brüchigkeit des Normalbewußtseins. Auf die Frage nach seiner Legitimation, die das Obszöne nachdrücklich stellt, pflegt es mit dem Ruf nach juristischen Sanktionen zu antworten.

Das herrschende Bewußtsein lehnt es ab, im Obszönen unterdrückte Entwicklungsstufen seiner selbst anzuerkennen. Es will sich nicht fragen müssen, ob der Preis seiner Herrschaft die fortgesetzte Anstrengung der Unterdrückung wert ist. Das herrschende Bewußtsein ist nicht bereit, sich die Gestehungskosten seiner Herrschaft vorrechnen zu lassen.

Gegen seinen Widerstand wird diese Rechnung in Batailles Roman aufgemacht.

II

Bilder bestimmen die rasche Folge der kurzen Kapitel der *Histoire de l'oeil*[2]. Die Handlung ist soweit von ihnen durchsetzt und auf sie hin angelegt, daß sie ohne sie bloß trivial wäre. In umwegloser Direktheit beziehen die Bilder die Handlungsmomente aufeinander. Die Erzählung hält sich nicht damit auf, sie zu motivieren. Personen, Räume und Zeiten wechseln mit traumhafter Unvermitteltheit. In diesem Wechsel konstituiert sich eine Bildfolge, die den Leser in ihren Bann schlägt. Entsetzt sieht er, daß die Bilder aufeinander verweisen und ihrerseits zu einer den Roman strukturierenden Metaphernkette sich vereinigen. Aber er versteht sie nicht. Sie bleiben in ihrer unvermittelten Direktheit rätselhaft wie die Bildfolge eines Traums. Gleichwohl kommt er nicht von ihnen los. Ihr ekelhafter Reiz hält ihn gefangen.

Dieses Moment des bildhaften Banns ist der pornographischen Phantasie eigentümlich. In ihrem Widerstand gegen die als unsinnlich empfundene Diskursivität des Sprechens und der Sprache regrediert sie innerhalb der Sprache auf eine ontogenetisch frühe Stufe der Sinnlichkeit, auf das Visuelle. Bereits im diskursiven Gang einer Erzählung wittert sie das Moment erzwungener Abstraktion, das durch das sprachliche Nacheinander einer Handlungsführung erfordert wird, in der eins aufs andere ordentlich folgt. Bilder dagegen bringen, gleichsam unterhalb des intellektuellen Zwangs der diskursiven Sprache, in ihrer Rätselfolge eine Erkenntnis in Gang, die stets schon meint die Lösung zu wissen, aber sich immer aufs neue dabei ertappt, sich an sie nicht erinnern zu können. Der Widerstand gegen sie verstellt ihr den Blick. »Die infantile Qualität der erotischen Bilder ist ihre Unlesbarkeit, ihre blitzartige Intuitivität – im Unterschied zur bloßen Metapher, die das Bild intellektualisiert«[3].

Einfach freilich macht es sich, wer in den Bildern immer nur das eine sieht. Roland Barthes hat in einem Aufsatz[4] über Batailles Roman die Irritation und das Entsetzen des Lesers zu neutralisieren versucht. Seine Interpretation vermittelt den Eindruck, die Ungeheuerlichkeiten der *Histoire de l'oeil* dadurch mildern zu wollen, daß sie ein (terminologisch als solches nicht ausgewiesenes) Analogiemodell zwischen die Erzählung und den Leser schiebt. Die methodische Indifferenz dieses Modells gegenüber den Inhalten, die in es eingehen, wird von diesen an Grausamkeit nicht über-

troffen. In dem Bestreben, sich und den Leser gegen die Wirkung des Romans zu immunisieren, geht Barthes so weit, alle Handlungsmomente außer acht zu lassen.
Dem überaus anstößigen Werk spricht er den freudlosen Reiz eines Glasperlenspiels zu. Daß in Batailles Roman Augen, Eier und Hoden in eine bildhafte Beziehung zueinander treten, liest sich bei Barthes, als handele es sich um eine beliebige Folge runder Objekte, die sinnreich zu einer Metaphernkette verbunden werden. Das Schicksal der einzelnen Bildelemente ist in seiner strukturalistischen Theorie so blind wie diese selbst. Sie werden nur erwähnt, um gleich wieder vor dem Allgemeinen einer Struktur zu verschwinden, die angeblich in ihnen waltet. Seine Interpretation nivelliert die entscheidenden qualitativen Unterschiede in der metaphorischen Verwendung von Augen, Eiern und Hoden. Der Skandal, daß sie in einem Roman aufeinander bezogen werden, gibt ihm nicht zu denken. Er sieht ihn zwar, aber er versteht ihn nicht. Denn ihm ist im Grunde alles eins.

III

Der Anfang des Romans überfällt den unvorbereiteten Leser. Er zeigt eine ebenso harmlose wie raffinierte Verführung nach einer atemberaubenden sexuellen Spannung. Es ist die erste sexuelle Erfahrung des kaum sechzehnjährigen Ich-Erzählers und der gleichaltrigen Simone. Beide werden von einer ungeheuren Angst vor der Sexualität befallen, als sie zum ersten Mal allein im Haus sind. Sie wagen es nicht, sich zu berühren. Simone überwindet ihre Angst, indem sie auf einen im Flur stehenden Teller mit Milch für die Katze zugeht.
»– Les assiettes, c'est fait pour s'asseoir, dit Simone. Paries-tu? Je m'assois dans l'assiette.
– Je parie que tu n'oses pas, répondis-je, sans souffle. Il faisait chaud. Simone mit l'assiette sur un petit banc, s'installa devant moi et, sans quitter mes yeux, s'assit et trempa son derrière dans le lait. Je restai quelque temps immobile, le sang à la tête et tremblant, tandis qu'elle regardait ma verge tendre ma culotte. Je me couchai à ses pieds. Elle ne bougeait plus; pour la première fois, je vis sa ›chair rose et

noire‹ baignant dans le lait blanc. Nous restâmes longtemps immobiles, aussi rouge l'un que l'autre«[5].

Eingeleitet wird die Verführung durch das unübersetzbare Spiel mit dem Wort »assiette«, das zugleich »Sitzfläche« und »Teller« bedeutet. Die Banalität, daß eine Sitzfläche zum Hinsetzen da ist, legitimiert spielerisch das Außerordentliche, das die ängstliche Erregung beider noch weiter steigert. Indem Simone sich auf den Milchteller setzt, durchbricht sie die Handlungshemmung, die die sexuelle Spannung zwischen ihnen unerträglich macht. Aber sie durchbricht sie in einer Weise, daß die gehemmte Erregung in beiden sich zunächst potenziert. Ihre psychische und sexuelle Energie, die ganz in ihrer Berührungsangst gebunden war, entlädt sich schließlich. Aber die Angst hat sich zuvor bei beiden von der gegenseitigen sexuellen Berührung ausgedehnt auf jede andere Berührung. Jede Vermischung der Sphären, jede Durchbrechung der Sauberkeitsschranken steht jetzt ein für die eine Berührung, die sie sich aus Angst versagen. In der symbolischen Verschiebung auf ein Kleinstes[6], auf eben jene ungewöhnliche und an sich eher belanglos lächerliche Berührung mit dem Milchteller, kommt ihre durch zwanghafte Angst gehemmte sexuelle Energie schließlich zur Entladung.

Es ist gerade das Moment der Zwanghaftigkeit, das nach dieser ersten Durchbrechung ihrer Hemmungen den weiteren Verlauf ihrer Beziehung bestimmt. An einer später abgeschwächten Stelle heißt es in der ersten Fassung: »Nous ne manquions nullement de pudeur, au contraire, mais quelque chose d'impérieux nous obligeait à la braver ensemble aussi impudiquement que possible«[7].

Dieser gebieterische Zwang, gerade aus einem Gefühl der Scham heraus jeder Scham zu trotzen, läßt nicht eigentlich Liebe zwischen ihnen entstehen, sondern ein immer weiter potenziertes fleischliches Entsetzen, eine verzweifelt gehemmte Zärtlichkeit und einen stummen Schauder vor der unstillbaren Hemmungslosigkeit ihrer Körper.

Indiz dieser gehemmten Hemmungslosigkeit ist die Vermeidung des Gesprächs zwischen ihnen, soweit es nicht der Planung und Vorbereitung neuer Exzesse dient, die Vermeidung des Blicks auf den anderen außer in jenen Momenten der »crispation muette, absolue«[8] ihrer Ekstasen und endlich die lange Zeit hindurch aufrechterhaltene Vermeidung des Genitalverkehrs. Ihre polymorph-perverse Sexualität ist ein Vermeidungshandeln. Die scheinbar vollständige Enthemmung, der sie verfallen, ein Symptom der Hemmung. Diese wiederum Symptom ihrer ungeheuren Sexualangst.

IV

Stabilisiert wird die so merkwürdig gehemmte Hemmungslosigkeit ihrer Beziehung durch das Hinzutreten Marcelles, von der es heißt, sie sei »la plus pure et la plus touchante de nos amies«[9]. Marcelle spielt im Verhältnis des Erzählers zu Simone die Rolle eines notwendig zu diesem Verhältnis gehörenden Dritten. Sie tritt nicht als herrschende, nicht als Differenzen ausgleichende und auch nicht als wechselnde Verbindungen ermöglichende Person in diese Beziehung ein. Ihre Rolle ist differenzierter als eine bloß formal gefaßte soziologische Bestimmung des Dritten[10] erwarten läßt. Denn Marcelle wird von den beiden anderen in einem dem Leser zunächst schwer verständlichen Maß als unerläßlich für die Entwicklung ihrer Beziehung angesehen. Da eine solche Dreierbeziehung, die alles andere als eine menage à trois ist, auch in anderen Romanen Batailles, etwa im *Abbé C'*, auftritt, muß sie in ihrer Funktion für den Ablauf der *Histoire de l'oeil* näher bestimmt werden. –

Freud und Sartre haben unter je verschiedenen Aspekten eine Theorie des Dritten entwickelt, die für eine solche Bestimmung fruchtbar gemacht werden kann. Freuds Analyse gilt der normativen Stellung eines Dritten im Hinblick auf eine bestehende sexuelle Beziehung zweier Menschen. Als Grundvoraussetzung nimmt er an, »daß die sexuelle Liebe ein Verhältnis zwischen zwei Personen ist, bei dem ein Dritter überflüssig oder störend sein kann«[11]. Seine Ablehnung äußert sich als Schamgefühl oder Eifersucht. Soweit allerdings die Kultur im strikten Gegensatz zur selbstgenügsamen Sexualität der Zweierbindung steht, wird sie selbst zu diesem Dritten und ist bestrebt, »der Sexualität ... Energie zu entziehen«[12] und in verschiedenen kulturell erzwungenen »Identifizierungen und zielgehemmten Liebesbeziehungen«[13] zu binden, die die Zweierbeziehung übergreifen.

Neben diese durch den jeweils Dritten ermöglichte kulturelle Leistung aufgrund einer nützlichen, aber erzwungenen Zielgehemmtheit der sexuellen Bestrebungen tritt bei Freud eine andere Rolle des Dritten: »Wenn der zärtliche, also persönliche Faktor der Liebesbeziehung völlig hinter dem sinnlichen zurücktritt, wird der Liebesverkehr eines Paares in Gegenwart anderer ... wie bei einer Orgie möglich. Damit ist aber eine Regression zu einem frühen Zustand der Geschlechtsbeziehung gegeben, in dem die Verliebtheit noch keine Rolle spielte, die Sexualobjekte einander gleichwertig erachtet wurden«[14]. Dient also im ersten Fall der jeweils Dritte einer Hemmung der sexuellen Energie durch Ablenkung eines mehr oder weniger großen Energiequantums auf kulturell lizenzierte Identifizierungen, so dient er im zweiten Fall gerade der Enthemmung. Seine Anwesenheit hat dann eine Durchbrechung der Schamgrenzen zur Folge sowie eine Entsublimierung des Sexualverhaltens in Richtung einer Vergleichgültigung der Partnerwahl. –

In der *Histoire de l'oeil* scheint auf den ersten Blick ausschließlich diese zweite Handlungsdimension die Anwesenheit einer dritten Person zu motivieren. Der Leser wird schockiert durch die scheinbar vollständige Enthemmung der Leidenschaften in der Gewitterszene am Ende des ersten Kapitels, in der Marcelle in den Roman eintritt. Sein Schock verführt ihn möglicherweise dazu, nicht zu bemerken, daß es sich in dieser Szene nicht um eine der Darstellungen des Triolismus handelt, wie sie in der erotischen Literatur so überaus häufig sind. Denn beim Auftreten Marcelles verfallen zwar der Erzähler und Simone einer weitgehenden sexuellen Enthemmung. Die aber hatte zum einen schon begonnen, bevor Marcelle auftritt, und sie ist zum anderen ihrerseits in einer bestimmten Weise gehemmt. Denn sie ist nicht in dem Sinne »sexuell«, wie es ein erregter oder entrüsteter Leser sich in seiner Phantasie vielleicht ausmalt. Ein solcher Leser wird, seinen eigenen Wunschvorstellungen stärker als dem Text folgend, möglicherweise übersehen, daß in dieser Szene gerade das keinen Platz hat, was er gemeinhin unter Sexualität versteht, die genitale. An ihr findet die Enthemmung der drei ihre Grenze. Denn sie geben sich ausschließlich prägenitalen Triebregungen hin. Die Durchbrechung der Schamgrenzen geschieht also hier nicht auf Veranlassung Marcelles, der zu zweien hinzutretenden Dritten. Und sie geschieht vor allem nicht zum Zwecke der Befriedigung genitaler Bedürfnisse. Die Funktion Marcelles besteht demnach zunächst darin, den beiden anderen Gelegenheit zu jener »Regression zu einem frühen Zustand der Geschlechtsbeziehungen« zu geben, von der Freud spricht. Im Gegensatz zu Freuds Auffassung vollzieht sich aber diese Regression hier nicht primär in Richtung einer Vergleichgültigung der Partnerwahl im Vollzug des Geschlechtsaktes, sondern sie dient zunächst gerade dessen Vermeidung. Trotz der im zweiten Kapitel geschilderten Orgie gewinnt die Partnerwahl nicht den Grad an Beliebigkeit und Vergleichgültigung der Liebesobjekte, den Freud annimmt. Vielmehr erhält sich in Simone sowohl wie im Erzähler ein fast zärtliches Interesse an dem weiteren Schicksal Marcelles. Sie befreien sie aus dem Irrenhaus, in das sie nach jener Orgie eingesperrt wurde, obwohl gerade sie den Ausbruch des Wahnsinns bei ihr verschuldet haben. Woher nun stammt ihr Interesse an Marcelle? Warum ist es nicht durch eine beliebige andere Person in der Rolle des Dritten zu befriedigen?

Marcelle ist das Modell des reinen und in seiner Reinheit rührenden Mädchens. Gerade darum aber erfüllt sie die erste der beiden von Freud genannten Bedingungen des Dritten. Denn ihre Unberührtheit und willenlose Naivität verbieten es, sie zum Objekt sexueller Sinnlichkeit werden zu lassen. Den herrschenden Normen entsprechend, die in der bürgerlichen Gesellschaft eine *Allgemeinste Erniedrigung des Liebesleben*s[15] durch dessen Aufspaltung in eine tierische und eine himmlische Liebe erzwingen, kann sie nur und ausschließlich zum Objekt sublimierter Zärtlichkeit werden. Angesichts solcher Wesen erfordert die herrschende Sexualmoral eine Zielgehemmtheit erotischer Bestrebungen, die jeden Gedanken an genitale und vollends gar an prägenitale Sexualität ausschließt. Zugleich aber erzwingt sie von Frauen dieses Typus die Übernahme des Stereotyps ihrer völligen Asexualität in ihre Selbstdefinition. Sie verleugnen dann gleichsam ihre Geschlechtsrollenidentität, möchten sich selbst als sexuelle Neutra, also als ›Kindchen‹ ansehen und werden, wenn sie sich der Sexualität unvermittelt konfrontiert finden, von einer ungeheuren Angst befallen.

Es ist nun gerade diese Gehemmtheit und Angst, die Marcelle für Simone und für den Ich-Erzähler so attraktiv werden läßt. Denn in ihr steht ihnen ihre eigene Sexualangst in übersteigerter Form vor Augen und sie können sich mit ihr gerade dadurch identifizieren, daß sie sie zerstören. Aufgrund ihrer Verführbarkeit und Gehemmtheit ist Marcelle für sie das Identifikationsmodell, das sie in ihrer gehemmten Hemmungslosigkeit bestärkt. Hin- und hergerissen zwischen Lust und Angst führt sie ihnen ihre eigene Erregung vor Augen. Sie ist »une incarnation de la tristesse et des colères qui, sans fin, donnaient nos corps à la débauche«[16].
Marcelle ist der überfallene und mithineingezogene Zuschauer. In ihrem Erröten veranschaulichen und erhöhen sie sich ihre eigene Lust. –
Sartre hat in der Mitseinsanalyse seines Buches *Das Sein und das Nichts* die Rolle des Dritten als Zuschauer auf der Grundlage einer Phänomenologie des Blicks untersucht[17]. Unter dem Blick eines zu zweien hinzutretenden Dritten verändert sich, wie er zeigt, deren Beziehung zueinander grundlegend. Ließ die vorsprachliche Unmittelbarkeit des Blicks in der ursprünglichen Situation einer Zweierbeziehung nur die Wahl zwischen einem Für-Andere-sein des Ich und einem Für-mich-sein des Anderen, wobei jeweils einer sich den Anderen in spiegelbildlicher Verkehrung verfügbar machte und ihm seinerseits verfügbar wurde, so entsteht durch den Blick eines Dritten eine völlig neue Situation. In dem Moment nämlich, in dem der Dritte die beiden ersten anblickt, fallen deren Herrschaftsansprüche gegeneinander in sich zusammen. Beide erfahren sich im Blick des Dritten als zusammengehörig. Die vollständige Fremdheit zwischen ihnen, die sich auf der Ebene ihrer spiegelbildlichen Verfügung übereinander herstellte, erweist sich als etwas ihnen Gemeinsames, das sie durch den Blick des Dritten nicht mehr trennt, sondern eint. Jeder von beiden erfährt sich »als draußen im Anderen verstrickt« und den Anderen als draußen in sich verstrickt[18]. Dadurch wird er sich noch tiefer entfremdet als es zuvor unter dem Blick des Anderen der Fall war. Hatte dessen Blick ihn gezwungen, sich selbst in dem ihm fremden Bild des Anderen von ihm anzuerkennen und diesen zugleich durch den eigenen Blick sich zu entfremden, so sieht der Dritte nicht nur, was jeder

für den Anderen ist, sondern er sieht die Ganzheit einer Situation, die keiner von beiden ist, obwohl jeder »einen ihrer integrierenden Bestandteile bildet«[19]. Durch ihn erst wird beiden die Erkenntnis vermittelt, auf die Sartres Analyse letztlich zurückgeht, daß in dieser Konstellation das »Tun des Einen ... ebensowohl *sein Tun,* als das *Tun des Anderen«* ist[20] und daß beide sich im spiegelbildlichen Handlungszwang einer Situation durch den Blick des Dritten doppelt entfremdet finden.

Obwohl Sartres Untersuchung allein das wechselseitige Herrschaftsverhältnis der Blicke und seine relativierende Auflösung im Blick eines Dritten berücksichtigt und auf die situationsabhängigen Handlungsmomente nicht eingeht, die sich aus seiner Analyse ergeben, ist sie für die Interpretation der *Histoire de l'oeil* nicht ohne Belang. Denn sie vermag einen weiteren Hinweis darauf zu geben, warum und in welcher Weise Simone und der Erzähler eines teilnehmenden Zuschauers bedürfen.

Beide, so hatten wir gezeigt, unterliegen selbst in den Exzessen ihrer polymorph-perversen Sexualität dem Zwang ihrer Hemmung voreinander, der sie vor einer Vereinigung im Blick, im Gespräch und in der Liebe zurückschrecken läßt. Während die herrschende Vorstellung von der Liebesverbindung zweier Menschen darauf vertraut, daß jeder von beiden in der selbstvergessenen Hingabe an die eigene Erregung in der Erregung des Anderen eine Antwort findet, die ihn in der Lust des Orgasmus zur höchsten Befriedigung gelangen läßt, vermögen sie solches Vertrauen nicht zu teilen. Die Erfahrung des langen Blicks, »der in einem Zeitvorbei, Raumvorbei« sich in den Augen des Anderen verliert[21], kennen sie ebensowenig wie sie Sartres Philosophie kennt. Vielmehr erfahren sie die Fremdheit des Anderen, die Sartre in der Dimension des Blicks diagnostiziert, in der gehemmten Hemmungslosigkeit ihrer prägenitalen Sexualität, die es ihnen nicht erlaubt, über ihre obsessive Bindung aneinander hinauszugelangen zu einer genitalen Vereinigung. Sie leben in der Einsamkeit ihrer spiegelhaft aufeinander angewiesenen Körper, die sie zu immer neuen Ausschweifungen treiben, »satisfaits étrangement de nos présences réciproques, l'une pareille à l'autre dans l'isolement commun de l'impudeur, de la lassitude et de l'absurdité«[22]. Ihre eigentliche

Lust besteht nicht in der Vereinigung mit dem jeweils Anderen, sondern in der Aufrechterhaltung einer Spannung, die erst durch die Anwesenheit des Anderen entsteht und durch das Hinzutreten Marcelles sich als überflüssig werdende Hemmung erweisen soll.

»Un jour je tentai de forcer Simone.

– Tu es fou! cria-t-elle. Mais, mon petit, cela ne m'intéresse pas, dans un lit, comme une mère de familie! Avec Marcelle . . .

– Comment? dis-je déçu, mais au fond d'accord avec elle.

Affectueuse, elle revint et d'une voix de rêve dit encore:

– . . . quand elle nous verra faire l'amour . . . elle fera pipi (. . .)

Souvent l'envie douloureuse nous prenait de faire l'amour. Mais l'idée ne nous venait plus de ne pas attendre Marcelle dont les cris n'avaient pas cessé d'agacer nos oreilles et demeuraient liés à nos troubles désirs. Notre rêve dans ces conditions n'était qu'un long cauchemar. Le sourire de Marcelle, sa jeunesse, ses sanglots, la honte qui la faisait rougir (. . .) tout cela déformait, déchirait nos désirs sans fin«[23].

Weil sie an den regelmäßigen Zwang einer Erfüllung ehelicher Pflichten erinnert, lehnt Simone die genitale Sexualität ab. Die einzige Bedingung, unter der sowohl ihr wie dem Erzähler der Geschlechtsakt Lust bereitet, ist die Anwesenheit Marcelles. Erst in ihrem Blick, im Entsetzen ihres Körpers vermögen sie ihre Hemmungen voreinander zu überwinden und zu einer genitalen Vereinigung zu gelangen. Die Befriedigung, die sie erreichen, ist davon abhängig, daß sie das Entsetzen in den Augen Marcelles sehen.

Darin steckt ein exhibitionistischer Zug. Denn »im Gegensatz zu der Ansicht des Laien, daß der Exhibitionist auf seine Genitalien fixiert sei und diese zur Schau stellen wolle, ist er in Wahrheit auf die Augen fixiert, und zwar auf die Augen des Menschen, der ihn anblickt«[24].

Marcelle spielt für Simone und den Erzähler die Rolle des optisch beschmutzbaren Dritten. Erst durch ihre Reaktion überwinden sie die »gemeinsame Isolierung« voneinander und erfahren sich »als draußen im Anderen verstrickt« und den Anderen als draußen in sich verstrickt[25]. Nur Marcelle sieht das Ganze der Situation zwischen ihnen und definiert es durch ihre hilflose Entrüstung. Beider Ziel ist also nicht eine sexuelle Vereinigung, sondern eine sexuelle Vereinigung in dieser Entrüstung. Allein die optische Beschmutzbarkeit Marcelles garantiert ihnen, daß, was sie tun, nicht etwa nur schmutzige Ausnahme eines im übrigen moralisch unzweifelhaften Alltagsverhaltens ist. Nach diesem Modell pflegt der Bürger seine Sexualität als Ausfallerscheinung des Normalbewußtseins zu praktizieren. Sie dagegen wollen sich ganz der Ausschweifung hingeben. Sie wollen selbst der Schmutz *sein*, den sie vor anderen darstellen.

»Je n'aimais pas ce qu'on nomme ›les plaisirs de la chair‹, en effet parce qu'ils sont fades. J'aimais ce que l'on tient pour ›sale‹. Je n'étais nullement satisfait, au contraire, par la débauche habituelle, parce qu'elle salit seulement la débauche et, de toute facon, laisse intacte une essence élevée et parfaitement pure. La débauche que je connais souille non seulement mon corps et mes pensées mais tout ce que j'imagine devant elle«[26].

Der Reiz Marcelles besteht darin, daß in ihr die »essence élevée et parfaitement pure« beschmutzt wird. Ihre Unfähigkeit, sich dagegen zur Wehr zu setzen, beweist Simone und dem Erzähler die kontaktmagische Wirkung des Schmutzes, den sie vor ihr zur Schau stellen. Diese Wirkung erfahren sie in ihrer Exhibitionsphantasie als ihre eigene Macht. Sie verheißt ihnen eine universale Beschmutzbarkeit aller Objekte ihrer Umgebung. Denn Marcelle reagiert auf die sexuelle Erregung, die sie in ihr wachrufen, mit einer sprachlosen Mischung aus Angst und Lust. Bereits in der Orgie, die das zweite Kapitel beschließt, erweist sie sich als das ideale Sexualobjekt des Exhibitionismus[27]. Unfähig, ihrer Angst oder ihrer Lust nachzugeben, überantwortet sie sich ihrem Harnzwang und beschmutzt sich selbst und alles um sie herum.

Sie nimmt damit zu einem Konversionssymptom ihre Zuflucht, das einen merkwürdigen Kompromißcharakter trägt. Die urethralerotischen Regungen, die sich in ihm äußern, treten an die Stelle genitaler Triebtendenzen, die sich gegen den Willen des unterdrückenden Ichs keinen anderen Ausdruck verschaffen können. Der Harnzwang erscheint als eine Art ›Onanieersatz‹ und ist seiner psychischen Funktion nach ein Versuch, »die Onanielust ohne die Onanieschuld zu genießen«[28]. Zugleich ist er Symptom der Hilflosigkeit

Marcelles. Ihre Inkontinenz stellt eine Regression dar, in der sich unbewußt der Wunsch ausdrückt, daß ihr wieder die Zuwendung zuteil wird, auf die ein Säugling Anspruch hat.

Gerade die aber kann sie von den beiden Hauptpersonen am allerwenigsten erwarten. Nach ihrer Befreiung aus dem Irrenhaus wird sie von beiden faktisch in den Selbstmord getrieben. Im Erzähler, den sie in ihrem Wahn noch kurz zuvor hatte heiraten wollen, erkennt sie den »Kardinal, den Priester der Guillotine«, der sie während der Orgie in einen Schrank eingeschlossen hatte. Sie erhängt sich nun in eben diesem Schrank, in den sie sich damals zurückgezogen hatte, um sich zu befriedigen und ihrer Miktion freien Lauf zu lassen.

Vor den offenen Augen der Toten schlafen Simone und der Erzähler zum ersten Mal miteinander. Es ist dies eine der ungeheuerlichsten Szenen des Romans. Sie wird zwar an Grausamkeit, nicht jedoch an trostloser Trauer von der Schlußszene übertroffen. Denn nirgendwo tritt die unüberbrückbare Fremdheit zwischen beiden so nackt zutage wie hier. Die exhibitionistische Hoffnung, sich im entsetzten Blick der lebenden Marcelle liebend zu vereinigen, hatte bisher ihre Gedanken und Handlungen gelenkt; angesichts der offenen Augen der Toten erweist sie sich als absurd. Daß beide dennoch handeln, als folgten sie ihr, bezeugt eine verzweifelten Perversen eigentümliche Haltung, die sie dazu veranlaßt, bestimmte Ereignisse auch dann nicht zur Kenntnis zu nehmen, wenn sie ihnen unmittelbar vor Augen stehen. Ihr Versuch, im Geschlechtsakt zueinander zu finden, hat etwas Kindisches. Sie handeln, als könnten sie das »comique obstacle qu'est la mort«[29] einfach beiseiteschieben und die tote Marcelle durch eine ungeheure Provokation wieder zum Leben erwecken.

V

Welch große Bedeutung für die Struktur und Entwicklung der *Histoire de l'oeil* die Rolle des Dritten besitzt, zeigt sich daran, daß unmittelbar nach dem Tod Marcelles eine neue Figur diese Position einnimmt. Es ist Sir Edmond, »un richissime Anglais«[30], der zuvor nicht auftrat und nun fast übergangslos eingeführt wird. Ihm folgen Simone und der Erzähler nach Spanien, um Unannehmlichkeiten mit der Polizei aus dem Wege zu gehen. Wie Marcelle ist er für die Beziehung beider von Bedeutung, weil er ihnen als eine Art personifiziertes Auge erscheint. Als Voyeur findet er seine einzige Befriedigung in der Beobachtung des Sexualverkehrs anderer. Gelegentlich onaniert er dabei, im übrigen ist er impotent.

Das Verhältnis der beiden zu ihm ist distanzierter als das zu Marcelle. Im Gegensatz zu deren ebenso heftiger wie hilfloser Abwehr vermag seine kühle Reaktion auf ihre Exzesse ihnen keine Steigerung ihrer Lust zu verschaffen. Hatte gerade Marcelles Entsetzen ihnen Befriedigung verheißen, so finden sie bei Sir Edmond stets nur eine gleichmütige Billigung ihrer Pläne und Praktiken. Im Verlauf der zweiten Romanhälfte gerät er mehr und mehr in die Rolle eines Zeremonienmeisters und wird am Romanende auf eine schauerliche Weise selbst initiativ.

Mit der Ersetzung Marcelles durch Sir Edmond in der Rolle des Dritten gewinnt der Roman eine andere Qualität. Er wird grausamer, brutaler, erwachsener. Der Dritte ist nun nicht mehr das gleichaltrige unberührte und unberührbare Mädchen, dem die beiden Jugendlichen sich zugehörig fühlen, sondern es ist der um vieles ältere abgebrühte ›Scélérat‹, zu dem sie keinerlei emotionale Beziehung haben.

Bis zum Erscheinen Sir Edmonds besitzen Simone und der Erzähler »une irréductible gaminerie, à travers des tribulations impossibles à situer ailleurs que dans une période de *grandes vacances* aussi illimitées à tous égards que peuvent le proposer des rêveries tortueuses d'adolescence«[31]. Sie äußert sich in manchen abenteuerlich romantischen Szenen, so etwa wenn sie nachts nackt mit dem Revolver in der Hand in das dunkle Schloß einbrechen, aus dem sie die wahnsinnige Marcelle zu befreien versuchen. Sie äußert sich in ihrem Verhältnis zu den Eltern, die sie als wachsweiche oder senile Figuren, die über keinerlei Autorität verfügen, gelassen beiseiteschieben. Und schließlich äußert sie sich im Stil des Berichts, den der Erzähler von manchen Ereignissen gibt. Gelegentlich, so etwa zu Beginn der Schilderung der Orgie im zweiten Kapitel, herrscht in diesem Bericht ein pennäler-

haft-angeberischer Ton, der an die Übertreibungen in den Unterhaltungen Jugendlicher erinnert.
Der Traum, wenn es sich denn um einen solchen handelt, den Simone und der Erzähler mit Sir Edmond durchleben, ist ein Alptraum wie jener erste in der Beziehung zu Marcelle, aber er gehört nicht mehr in das Traumreich von Sechzehnjährigen, sondern eher in die perverse Vorstellungswelt Erwachsener.
Bezeichnend dafür ist die stärkere Objektivierung und Entemotionalisierung, die das Verhältnis zum Dritten in der Person Sir Edmonds erfährt. Es ist durch die Korrespondenz ihrer exhibitionistischen Bestrebungen mit seinem Voyeurismus spannungslos geworden und ermöglicht dadurch eine stärkere Integration der fetischistischen Perversion Simones in die Handlung.
Gegen Ende des Romans aber verändert sich dieses Verhältnis durch die Einführung einer zweiten Person in die Position des Dritten. In einer Kirche in Sevilla trifft Simone auf einen jungen Priester. Er übernimmt im Verlauf der Handlung Funktionen Marcelles, die Sir Edmond nicht zu erfüllen vermag. Er wird gleichsam dessen komplementäre Ergänzung. Die Funktionen des Dritten, auf den Simone und der Erzähler angewiesen sind, treten damit in zwei Personen auseinander.
Wie deutlich die Analogie zwischen Marcelle und dem Priester gezogen wird, zeigt nicht erst der Blick des Erzählers, der im Auge des Priesters Marcelles Auge erkennt, sondern bereits dessen erstes Auftreten. Er ist »blond, jeune encore et très beau, les joues maigres et les yeux pâles d'un saint«[32]. Den Blick in vergeblicher Erwartung einer himmlischen Vision an die Decke geheftet, steht er auf der Schwelle seines Beichtstuhls. Und dieser Beichtstuhl wird mit dem durchaus ungewöhnlichen, von der deutschen Übersetzung nicht beachteten Wort »armoire« (Schrank) bezeichnet, das an die Stelle des neutraleren »cabine« der ersten Fassung getreten ist. In einen Schrank aber hatte Marcelle sich zurückgezogen, um sich ganz ihrer verängstigten Lust hinzugeben und dann, nach ihrer Befreiung aus dem Irrenhaus, um sich zu töten.
Simone gibt dem Priester gegenüber vor, beichten zu wollen, unterbricht dann aber die Beichte und entblößt sich

»sous l'oeil de la guerite«[33]. Damit zwingt sie den Priester in die Rolle des in ängstlicher Empörung von seiner sinnlichen Erregung überwältigten Dritten, die zuvor Marcelle eingenommen hatte. Er ist optisch beschmutzbar wie sie, reagiert aber insofern anders, als er sich hinter der Fassade seiner Scheinheiligkeit verschanzt und vorgibt, die Exhibition Simones habe ihn unberührt gelassen. Gerade damit aber reizt er Simone und führt, ohne es zu wissen, die grauenhaften Schlußszenen des Romans herbei, in deren Verlauf er ermordet wird.

Es ist das Schicksal des Dritten in diesem Roman, geopfert zu werden. Während Marcelle das betrauerte Opfer ist, ist der Priester das verhöhnte. Beide sterben als Gestalten einer bornierten Normalität, die sich gegen den Angriff sexueller Perversion nicht zu behaupten vermag. –

Batailles Roman besitzt eine Auffassung des Triolismus, die ihn von den allermeisten Exemplaren der Gattung unterscheidet. Bildet der Triolismus »eine der häufigsten Situationen in der erotischen Romanwelt«[34], so bleibt seine Darstellung erstaunlich uniform. Seine Attraktion für die pornographische Phantasie scheint so groß zu sein, daß Autoren und Leser sich mit der immer gleichen Zahl von fünfzehn möglichen Koitalpositionen abfinden, die Friedrich Carl Forberg (1770–1848) bereits zu Anfang des 19. Jahrhunderts pedantisch katalogisiert hat[35]. In den mehr konventionellen Romanen der Gattung stellen zudem männliche Autoren den Triolismus meist in der Form dar, daß zwei Frauen mit einem Mann verkehren, und weibliche in der Form, daß zwei Männer mit einer Frau verkehren.

In der *Histoire de l'oeil* dagegen kommt zugleich beides und keines von beiden vor. Denn die Rolle des Dritten wird zwar zunächst von einer Frau, dann von zwei Männern übernommen, aber Bataille ist an der öden Sexualgymnastik und dem gleichförmigen Stellungsspiel, zu denen Schilderungen des Triolismus mittlerweile verkommen sind, nicht interessiert. Die Geometrie der gleichzeitigen Reizung möglichst vieler Körperöffnungen, die in den Romanen Sades zu »Turnerpyramiden«[36] sexuell instrumentalisierter Leiber geführt hatte, entspricht nicht seiner Intention. Bataille kommt es gerade nicht auf den Geschlechtsverkehr dreier Personen an.

Vielmehr isoliert er ein Moment des Triolismus: den Blick des einen auf die sexuellen Handlungen der beiden anderen. Schreibt die herrschende Verhaltensnorm es zwei Liebenden vor, beim Kuß und in der innigsten Vereinigung die Augen voreinander zu schließen, weil sie fürchten müssen, sich mit der Distanz, die der Blick zwischen ihnen aufreißt, um ihre Nähe zueinander zu betrügen, so dominiert im Triolismus die Distanz des Blicks auch da, wo er sich der größten Nähe meint versichert zu haben. Konstitutiv für die von Bataille dargestellte Form des Triolismus ist weniger die Sexualität, als vielmehr der sexualisierte Blick des Dritten. Er findet seine Erfüllung in einer wechselseitigen Verschränkung von Exhibitionismus und Voyeurismus, deren Objekte je einem von beiden zum Opfer fallen. –

Nur wenn im Blick des Dritten das sprachlose Entsetzen auftaucht, vermögen Simone und der Ich-Erzähler Befriedigung zu finden. Marcelle, deren extreme Willenlosigkeit und Beschmutzbarkeit sie zum prädestinierten Objekt ihrer Exhibition zu machen scheinen, endet aus Verzweiflung im Selbstmord. Noch bevor es zum Geschlechtsverkehr zwischen ihnen kommt, haben ihre eigenen Blicke sie in den Wahnsinn getrieben und getötet. Der Priester hingegen verbirgt sein Entsetzen angesichts der Exhibition Simones im Schweigen des Beichtstuhls. Dadurch erregt er den Zorn Simones, die seiner Entrüstung entgegengiert und sich zugleich als machtlos erfahren muß, sie herbeizuführen.

Bezeichnend, daß an diesem Punkt Sir Edmond, der impotente Voyeur die Initiative ergreift. Er bestraft den Priester dafür, auf die Exhibition Simones nicht mit der von ihr beabsichtigten Entrüstung reagiert zu haben und treibt ihn nachträglich zu dieser Reaktion, indem er ihn zwingt, sich in einem beispiellosen Sakrileg an dem zu vergehen, was ihm das Allerheiligste ist. Anschließend befiehlt er Simone, den Priester zu strangulieren und zugleich mit ihm zu koitieren.

Nicht mehr die Hoffnung auf eine Vereinigung im entsetzten Blick des Dritten lenkt in diesen grauenhaften Szenen die Handlung, sondern der hoffnungslos erregte Blick dessen, der seine größte Befriedigung darin findet, bei einer tödlich mißlingenden Vereinigung zuzuschauen. Der Roman endet »sous les yeux rouges« oder, wie es in der ersten

Fassung heißt, »sous les yeux à demi sanglants de Sir Edmond«[37].
Die *Histoire de l'oeil* ist die Geschichte vom Auge des Dritten, der, wie immer indirekt, durch Blicke getötet wird.

VI

Zentrum der *Histoire de l'oeil* ist Simones fetischistische Perversion. Doch gerade sie scheint sich jedem Verständnis zu entziehen. Sie übersteigt das Maß dessen, was der Leser an abweichendem Verhalten in der Literatur zu tolerieren gewillt ist. Ihm wird ihre Obszönität desto ungeheurer, je weniger sie nachvollziehbar ist. Die Faszination, die gleichwohl von ihr ausgeht, läßt sich nicht einfach goutieren, sondern bleibt rätselhaft.
Bataille scheint das gespürt zu haben. Denn unter dem Titel *Réminiscences* (*Coïncidences* in der ersten Ausgabe) hat er seinem Roman eine Art Auslegung beigegeben. In der Form eines autobiographischen Berichts soll sie die Assoziation von Auge, Ei und Hoden aus der Lebensgeschichte des Erzählers begründen. Aber gerade das gelingt ihr nur unzureichend. Die Schrecklichkeit der geschilderten Familienschicksale kann nicht darüber hinwegtäuschen, daß sie in einem vergleichsweise äußerlichen Verhältnis zur *Histoire de l'oeil* stehen. Der Versuch, der Erzählung ein autobiographisches Fundament zu geben, soll ihr offenbar »le poids et la qualité émotionelle du vécu«[38] verleihen, erreicht aber eher das Gegenteil. Denn die autobiographische Skizze ist ihrerseits in so hohem Maß ›literarisch‹, daß sie in der Fiktion aufgeht, die sie gegenüber der Realität entlasten soll. Die Geste der Entschuldigung, die in dem fingierten Verweis auf die Kindheit steckt, ist unangebracht. Der Roman hat sie nicht nötig. Daß, wer die Perversionen der *Histoire de l'oeil* niederzuschreiben vermag, eine schlimme Kindheit gehabt haben müsse, ist eine commonsense-Begründung, die weit schlechter ist als der Roman. Denn sie ist einfach nur wahr. Erklären kann sie ihn nicht.
Aufschlußreicher für die Selbstauslegung des Romans scheint eine in der zweiten Fassung unterdrückte Passage

der *Coïncidences* zu sein, in der der Erzähler sagt, er habe sich beim Schreiben auf eine Tiefenschicht seines Geistes konzentriert, »où coïncidaient des images élémentaires, toutes obscènes, c'est-à-dire les plus scandaleuses, celles précisément sur lesquelles glisse indéfiniment la conscience. incapable de les supporter sans éclat, sans abérration«[39]. Das Unverständnis des Lesers angesichts mancher Handlungselemente des Romans wäre demnach damit zu erklären, daß ihre Bilder dem Bewußtsein gerade wegen ihrer Obszönität unzugänglich sind.

Warum aber sind sie dann nicht chaotischer? Warum fällt die Bildwelt der erotischen Phantasie nicht in eine Vielzahl verschiedenartiger Formen auseinander? Warum, anders gefragt, stellt sich zwischen ihnen ein ebenso enger wie unverständlicher Zusammenhang her? Läßt er nicht doch auf eine Einheit schließen? Gewiß, aber worin ist sie zu suchen? –

Auffällig ist zunächst die ähnliche Lautfolge der Wörter »oeil« (Auge) und »oeuf« (Ei), die sie vor allem im Plural beinahe homonym erscheinen läßt. Ferner besteht zwischen beiden Objekten eine gewisse formale Analogie. Gefragt, woran sie bei dem Wort »Ei« denken müsse, antwortet Simone: »Un oeil de veau, en raison de la couleur de la tête, et d'ailleurs le blanc d'oeuf était du blanc d'oeil, et le jaune la prunelle. La forme de l'oeil, à l'entendre, était celle de l'oeuf«[40].

Daß sowohl die Wörter wie auch die durch sie bezeichneten Sachen »Ei« und »Auge« in eine enge assoziative Verbindung zueinander treten lassen, mag nun zwar einsichtig sein; nicht aber, was im Verlauf der Handlung daraus folgt, denn eine solche Assoziation vermag unmöglich zu erklären, warum Simone eine perverse Lust dabei empfindet, Eier zu zerdrücken.

Bereits zu Beginn des zweiten Kapitels wird erwähnt, daß sie der Manie verfällt »de casser des oeufs avec son cul. Elle se plaçait pour cela la tête sur le siège d'un fauteuil le dos collé au dossier, les jambes repliées vers moi qui me branlais pour la foutre dans la figure. Je plaçais alors l'oeuf au-dessus du trou: elle prenait plaisir à l'agiter dans la fente profonde. Au moment où le foutre jaillissait, les faisses cassaient l'oeuf, elle jouissait«[41].

Schwer nur kann man sich vorstellen, daß eine Perversion wie die hier geschilderte real existiert. Sie erscheint auf den ersten Blick konstruiert und wirkt zugleich so abstoßend, als sei sie es nicht. Zu ihrer Interpretation taugt eine biographische Reduktion auf die Kindheit des Erzählers ebensowenig wie die Annahme, das Zerbrechen des Eis verweise unumwunden auf etwas, was einem Auge angetan werden solle, aber nicht getan werden darf. Eine solche Annahme wäre ein triebdynamisch unbegründeter Analogieschluß, der sich zudem in der zitierten Textstelle auf keinerlei Evidenz berufen kann. Nicht ganz so abwegig mag die Vermutung erscheinen, das Ei werde, gleichsam als Parodie auf einen verbreiteten Volksglauben[42], zerdrückt, weil damit die in diesem Glauben zutage tretende Hoffnung auf Fruchtbarkeit durch das Opfer von Eiern verhöhnt werden solle. Eine Vermutung dieser Art läßt sich indes ebensowenig vom Text her rechtfertigen und läuft Gefahr, ihn symbolisch zu überfrachten.

Bei dem geschilderten Vorgang handelt es sich um einen Fall von Kompensationsfetischismus. Darunter ist eine Abweichung vom normalen Sexualverhalten zu verstehen, bei der die perverse Verhaltensweise sich auf ein lebloses Objekt richtet und bei der die Beschäftigung mit diesem Objekt zum Surrogat des Koitus geworden ist.

In ihrer hemmungslosen Gehemmtheit ist es Simone offenbar nicht möglich, sich ihrem Geliebten hinzugeben. Sie ersetzt den Geschlechtsverkehr durch das autoerotisch betonte Spiel mit dem Ei. Das Ei wird ihr dabei zum Fetisch. Sie zerdrückt es in genau dem Augenblick, in dem der Erzähler durch Onanie zum Orgasmus gelangt und erreicht dadurch ihrerseits die höchste Lust.

Doch die klinische Beschreibung vermag die Triebdynamik der Szene nicht zu erklären. Sie versieht das abstoßende Rätsel dieser Perversion mit einem Namen, aber sie läßt es ungelöst. Zu lösen ist es allein durch den Rückgriff auf Erfahrungen der Psychoanalyse. Nur mit ihrer Hilfe ist der Bann der perversen Bilder des Romans zu brechen.

Die Lösung, die sie anbietet, ist ebenso einfach wie verblüffend. Freud bringt sie auf die Formel: »Der Fetisch ist der Ersatz für den Phallus des Weibes (der Mutter)«[43]. Diese Formel knüpft an eine Vorstellung der infantilen Sexualtheorie an, derzufolge Kinder meinen, auch Frauen hätten einen Penis. Das Kind weigert sich nach Freuds Beobachtung, »die Tatsache seiner Wahrnehmung, daß das Weib keinen Penis besitzt, zur Kenntnis zu nehmen. Nein, das kann nicht wahr sein, denn wenn das Weib kastriert ist, ist sein eigener Penisbesitz bedroht, und dagegen sträubt sich das Stück Narzißmus, mit dem die Natur vorsorglich gerade dieses Organ ausgestattet hat«[44]. »Der Kastrationsschreck beim Anblick des weiblichen Genitales«[45] kann nun freilich auf sehr verschiedene Weise verarbeitet werden. Die übergroße Mehrzahl überwindet ihn, während eine Minderheit ihn zu lösen versucht, indem sie sich einen Fetisch schafft. Mit ihm indes hat das Kind »den Glauben an den Phallus des Weibes (nicht) unverändert gerettet ... Es hat ihn bewahrt, aber auch aufgegeben; im Konflikt zwischen dem Gewicht der unerwünschten Wahrnehmung und der Stärke des Gegenwunsches ist es zu einem Kompromiß gekommen, wie er nur unter der Herrschaft der unbewußten Denkgesetze ... möglich ist. Ja, das Weib hat im Psychischen dennoch einen Penis, aber dieser Penis ist nicht mehr dasselbe, das er früher war. Etwas anderes ist an seine Stelle getreten, ist sozusagen zu seinem Ersatz ernannt worden und ist nun das Erbe des Interesses, das sich dem früheren zugewendet hatte. Dieses Interesse erfährt aber noch eine außerordentliche Steigerung, weil der Abscheu vor der Kastration sich in der Schaffung dieses Ersatzes ein Denkmal gesetzt hat.«[46]

Der Fetisch *ist* also der weibliche Penis und er *ist* es zugleich *nicht*. Der Gegensatz von Glauben und Wissen ist in ihm aufgehoben; denn er ist eine Kompromißbildung zwischen beiden. Simone behandelt in der zitierten Passage das Ei so zärtlich, als sei es unmittelbar ihr Penis und stelle ihn nicht nur dar. Sie findet ein anders unverständliches Vergnügen daran »à l'agiter dans la fente profonde« und bringt ihm späterhin eine feierliche Verehrung entgegen, die kaum eine andere Deutung zuläßt, als daß es sich bei diesem lächerlich deplacierten Objekt um das handelt, was für sie die allergrößte Bedeutung besitzt.

Warum aber, so wird man einwenden, ist sie dann bereit, es zu zerstören? Einfach deswegen, weil der zärtlich verehrte Fetisch nicht das *ist*, was er ihrem unbewußten Verlangen entsprechend sein soll, sondern es nur darstellt. Die Uneinlösbarkeit des in ihm verkörperten Versprechens nährt die Aggression, die ihn vernichtet. Denn als allgemeines unpersönliches Objekt bezeichnet er unwiderlegbar das Fehlen eines bestimmten persönlichen Objekts, dessen Vorhandensein er gleichwohl behauptet. Das Etwas, das im Fetisch vor Augen tritt, »zeugt von der Bedeutsamkeit des Nichts, das Freud den mütterlichen Penis genannt hat«[47]. Aus dieser grundlegenden Ambivalenz entwickelt sich die »Zärtlichkeit und die Feindseligkeit in der Behandlung des Fetisch, die der Verleugnung und der Anerkennung der Kastration gleichlaufen«[48].

So zerdrückt Simone das Ei im Augenblick ihrer höchsten Lust und anerkennt damit ihre Kastration, die das Ei als Fetisch gerade hat verleugnen sollen. Und sie anerkennt sie, indem sie sie symbolisch wiederholt. Im Französischen wie im Deutschen bedeuten »Eier« in dem wegwerfenden Jargon, den die Hochsprache der Sexualität einräumt, die Hoden. Das Zerdrücken des Eis wäre also einer Zerstörung der Hoden gleichzusetzen. Zugleich aber (und das erhöht den Schock dieser Perversion) erinnert es unmißverständlich an eine Ejakulation. Kastration und Ejakulation fallen also im Bild des zerdrückten Eis unmittelbar zusammen. Beide sind ebenso unwirklich wie wirklich.

Dieser verwirrende Realitätsmodus des Fetisch erzeugt seine Rätselhaftigkeit. Er ist sichtbar, ein Objekt unter Objekten, und doch ist seine Fetischqualität nur dem Eingeweihten wahrnehmbar. Sobald dieser ihn »beseelt«, wird er aufgrund einer besonderen Deplazierung von anderen Objekten getrennt. Sie läßt ihn augenblicklich zum unleserlichen Bild erstarren. Nichtfetischisten verfallen bei diesem Anblick dem Bann, dem der Fetisch seinen Ursprung verdankt. Es dürfte zur größten Leistung von Bataills Roman gehören, daß es ihm gelingt, den Leser auf den Punkt zu führen, an dem seine Wahrnehmung der ursprünglichen Reaktion des Fetischisten gleicht: er sieht etwas bildhaft vor sich, was sich zur Zwangsbefürchtung für ihn selbst auswächst und daher so nicht geschehen sein *darf*. Zugleich weiß er ebensowenig wie der Fetischist es wußte, worauf diese Befürchtung sich richtet. Denn auch der Kastrationsschreck beim Anblick des weiblichen Genitales führte beim Fetischisten nicht zu einer vom Bewußtsein ohne Schwierigkeit einholbaren Furcht, sondern zu einer unbewußten Angst. Ähnlich reagiert der Leser auf jene »images élémentaires, *toutes obscènes,* celles précisement sur lesquelles glisse indéfiniment la conscience«[49]. Er wird in ihnen nicht Fetische erkennen, sondern Bilder einer Realität, die sein Bewußtsein in ihren Bann schlagen. Und dies umso mehr, als sie nicht übersetzbar sind.

Denn der Fetisch ist ganz nur Bild und sperrt sich gegen eine Auflösung in der kognitiven Sprache. Daß er sprachlos macht, ist das fortwirkende Erbe des Schreckens, dem er entspringt. Das harmlos scheinende Wohlwollen, das Bildern in unserer Zivilisation zuteil wird, läßt nur am Fetisch noch erahnen, wie sehr die Macht der Bilder der der Worte widerstrebt. Von ihr spürten die einst mehr, die die Bilder verboten haben, um nicht in Sprachlosigkeit zurückzufallen.

Als erstarrtes Bild verleugnet und verdrängt der Fetisch »die signifikanten Sequenzen, die zu ihm führen«[50]. Man sieht dem Fetisch nicht an, daß er als Ding ein bestimmtes Verhältnis der Menschen zueinander meint. Sowenig man am Warenfetisch erkennt, daß er »den Menschen die gesellschaftlichen Charaktere ihrer eigenen Arbeit als gegenständliche Charaktere der Arbeitsprodukte selbst, als gesellschaftliche Natureigenschaften dieser Dinge zurückspiegelt« und daß »es nur das bestimmte gesellschaftliche Verhältnis der Menschen selbst (ist), welches hier für sie die phantasmagorische Form eines Verhältnisses von Dingen annimmt«[51], sowenig erkennt man am Sexualfetisch, daß er »das Zeichen des Triumphes über die Kastrationsdrohung und der Schutz gegen sie« ist[52].

Leugnet der Sexualfetisch als totes Objekt den Unterschied des Lebendigsten, der Geschlechter, so leugnet der Warenfetisch die Lebendigkeit der ausgezeichneten Ware Arbeitskraft, die als einzige unter den Waren andere Waren schafft.

VII

Trotz der geläufigen Assoziation, die von den »Eiern« auf die Hoden verweist und obwohl diese selbst an zentraler

Stelle der *Histoire de l'oeil* auftauchen, sind nicht sie der Fetisch, um den es Simone wirklich geht, sondern es ist das Auge.

Das mag befremdlich finden, wer sich nicht klarmacht, daß der Fetisch weder nach dem Gesetz der Kontiguität assoziativ an den Phallus gebunden, noch seiner Form nach phallisch sein muß. Wichtiger als das ist,daß er sichtbar ist. Seine Form ist der notwendigen Bedingung der Sichtbarkeit gegenüber von untergeordneter Bedeutung. Denn der Fetisch entsteht gerade aufgrund der Unsichtbarkeit dessen, was der Fetischist zu sehen erwartet. Darum muß bei seiner Schaffung mehr als auf alles andere darauf Wert gelegt werden, daß er zu sehen ist.

Erst in der Schlußszene setzt der Roman das Auge als Fetisch ein. Zuvor wird es in dieser Rolle durch andere Objekte, meist durch Eier vertreten. Nach der Darstellung der obszönen Spiele mit Eiern heißt es am Ende des Simone-Kapitels: »Rien de ce genre n'eut lieu depuis lors entre nous; *à une exception près,* nous avens cessé de parler des oeufs. Si nous en apercevions, nous ne pouvions nous voir sans rougir, avec une interrogation trouble des yeux. La fin du récit montrera que cette interrogation ne devait pas rester sans réponse, et que la réponse mesura le vide ouvert en nous par nos amusements avec les oeufs«[53]. Die Frage, die sich ihnen aufdrängt und die sie nicht auszusprechen, sondern einander nur mit errötendem Blick zu stellen wagen, findet erst im Auge als dem zentralen Fetisch ihre Antwort. Die Ausnahme, von der hier die Rede ist, bilden zweifellos die Vorgänge im Granero-Kapitel, bei denen freilich von Eiern gerade nicht gesprochen wird, sondern von den Hoden des getöteten Stiers, die an ihre Stelle treten und eine besondere Beziehung zum Auge herstellen.

Daß mehrere Fetische füreinander einstehen, ist keine rein literarische Konstruktion. Im Gegensatz zur landläufigen Meinung gibt es beim Fetischismus klinisch durchaus die Möglichkeit, daß eine Reihe von Fetischen nebeneinander verwandt wird. Ungewöhnlich dürfte im Vergleich dazu eher sein, daß Bataille sie nach der Ähnlichkeit ihrer Form zusammengestellt hat; denn dieses assoziative Moment spielt, wie wir sahen, gegenüber der Forderung nach Sichtbarkeit des Fetisch eine untergeordnete Rolle. Klinisch ist

durchaus das Nebeneinander von Fuß- und Korsettfetischismus bei ein und demselben Patienten möglich[54]. Gerade die Auswahl nahezu gleichförmiger Fetische erhöht literarisch deren Wirkung. Sie läßt ein für den Fetischismus konstitutives Moment in die Form des Romans eingehen: die Überdeterminiertheit des Fetischs. Klinisch wird sie spürbar in der Erregung, die den Fetisch beseelt, aber unverständlich bleibt, solange man nicht weiß, wie und warum er beseelt wird. Literarisch tritt die Überdeterminiertheit darin zutage, daß aufgrund der assoziativen Zusammenstellung der fetischistischen Objekte eine Vielzahl von Querweisen von einem Objekt zum anderen läuft. Auch aus ihr entsteht die Rätselhaftigkeit des Romans. Sie nährt freilich zugleich das von Barthes systematisierte Mißverständnis, die (von ihm nicht als solche erkannten) Fetische würden nach dem Gesetz der Analogie assoziativ auseinander gebildet. Daß dem nicht so ist, soll jetzt an dem zentralen Fetisch des Romans, am Auge gezeigt werden.
Die Ursprungssituation des Fetischismus ist der Blick auf das weibliche Genitale. Bei diesem Blick handelt es sich nicht um ein distanziertes und detachiertes Sehen, sondern um ein erwartungsvoll gespanntes. Es ist Ausdruck der kindlichen Schaulust, eines Partialtriebs, dessen Ziel ursprünglich das Ansehen der Genitalien und das Zusehen bei Exkretionsvorgängen ist. Es ist ein faszinierter Blick. Und das ist wörtlich zu nehmen. Im Lateinischen bedeutet ›fascinus‹ »gleichzeitig Bannung, ›böser Blick‹ und das männliche Glied«[55]. Die Sprache hat hier eine Erfahrung festgehalten, die exakt der der Ursprungssituation des Fetischismus entspricht.
Denn das Kind starrt gebannt auf die Stelle, an der es den mütterlichen Phallus zu sehen erwartet. Es ist ungeheuer enttäuscht, ihn nicht vorzufinden. Gleichzeitig erfährt es, daß seine Schaulust als böser Blick bezeichnet und mit Strafe bedroht wird. Es muß nun eine zweifache Angst verarbeiten. Zum einen ängstigt es sich, wenn es ein Junge ist, davor, vom Vater kastriert zu werden wie die Mutter; oder es bemerkt, wenn es ein Mädchen ist, mit Entsetzen, daß es selbst schon kastriert ist. Zum anderen ängstigt es sich vor der Bestrafung seiner Schaulust.
In dieser Situation kann gerade das Mädchen seine Kastra-

tionsangst auf das Auge verschieben. »Die Idee der Bestrafung für verbotenes Schauen«[56] durch den Verlust eines Auges wird dann genährt durch die bereits erfahrene Strafe, kastriert zu sein. Eine solche Verschiebung entspricht »der beim libidinösen Sehen vor sich gehenden Verwechslung von Subjekt und Objekt«[57]. Der Blick auf das Genitale der Mutter hatte an dessen Stelle einen Penis zu sehen erwartet. Diese Penisbedeutung wird nun »einem anderen Körperteil übertragen«[58] und zwar dem Auge, das allein sie wahrzunehmen vermochte, aber nicht wahrnehmen konnte.

Daß es sich bei dieser Verschiebung, die das Kernstück einer psychoanalytischen Interpretation der *Histoire de l'oeil* bildet, nicht um eine vage Hilfskonstruktion handelt, wird nur dem einleuchten, der primitive Formen der Wahrnehmung nicht aus seinem Bewußtsein verdrängt. Das kaum ausgebildete Ich versucht in ihnen, die Reize, die auf es einströmen, dadurch zu bewältigen, daß es das Wahrgenommene imitiert. »Apparently, perceiving and changing one's own body according to what is perceived were originally one and the same thing«[59]. Diese Wahrnehmung funktioniert nun aber so, daß das Ich den mimetischen Impuls, dem es folgt, nicht an sich selbst bemerkt, sondern dem wahrgenommenen Objekt zuschreibt. Nicht es selbst verändert sich und paßt sich den Objekten an, nein, sie sind es, die sich ihm anpassen. Weil es sie nun aber sieht und sich ihren Reizen entsprechend verändert, muß es annehmen, daß sie es ihrerseits sehen und sich seinen Reaktionen entsprechend verändern. Denn alles, was sichtbar ist, glaubt das Kind, kann seinerseits die Augen aufschlagen.

Der Schaulust des Kindes nun, das das mütterliche Genitale ansieht, bietet sich nichts dar. Weil die Vagina nicht sichtbar ist, sondern sich im Körper verbirgt, ist sie ein blinder Fleck. Man kann sie weder an sich selbst, noch an anderen sehen. Der Penis hingegen, den das Kind zu sehen verlangte, aber nicht sieht, kann, so meint es, selbst sehen, weil er sichtbar ist.

Die enttäuschte Erwartung der Schaulust, für die der Penis der Mutter unsichtbar bleibt, führt beim Kind zu einem ungeheuren Kastrationsschreck. Weil aber nun, was ihn aufzulösen vermag, zugleich sichtbar sein und sehen können muß, verfällt das Kind darauf, diese beiden für die Schau-

lust wichtigsten Penisbedeutungen in einer Inversion dem Auge zuzuschreiben, das diese Bedingungen erfüllt.
Es könnte sich hieraus für ein Mädchen eine »von ihrem ursprünglichen Ziel – dem Genitale – abgelenkt, ›nach oben verlegte‹ Schaulust«[60] entwickeln, die einen erotischen Reiz darin findet, fremden männlichen Personen in die Augen zu blicken.
Aber diesen normalen, zur Koketterie führenden Entwicklungsverlauf hat Simone nicht erfahren. Sie ist schaugehemmt nicht nur gegenüber anderen, sondern der bloße Anblick von Eiern läßt sie verstummen und erröten. In dieser Hemmung lebt das Zwangsmoment fort, das sich aus der Verschiebung nicht der Penisbedeutung, sondern der mit ihr verknüpften und von ihr nicht bewältigten Kastrationsangst ergibt. Gerade dieser unerledigten Angst wegen wird ihr das Auge zum Fetisch. Denn weil ihm die Penisbedeutung anhaftet, kann es, um Freuds Formel noch einmal zu zitieren, »das Zeichen des Triumphes über die Kastrationsdrohung und der Schutz gegen sie« werden[61]. In ihm wird der Glaube an die phallische Mutter (und damit der an den eigenen Phallus) bewahrt zugleich und aufgegeben und durch Verleugnung dennoch aufrechterhalten.

VIII

Wie stark die unbewußte Vorstellung, selbst einen Phallus zu besitzen, Simones Verhalten bestimmt, verrät auch ihr Exhibitionismus. Analysiert wurde er bisher nur im Blick auf das notwendige Hinzutreten des Dritten. Ungeklärt blieb die Frage nach seiner innerpsychischen Dynamik.
Der männliche Exhibitionist verfolgt unbewußt das Ziel, durch die Demonstration seines Penis andere dazu aufzufordern, ihm durch ihre Entrüstung dessen Vorhandensein zu bestätigen. Motiviert ist der Exhibitionismus wie der Fetischismus durch eine zwanghafte Kastrationsverleugnung. Die unbewußte Angst, kastriert worden zu sein, die auch bei ihm durch den Anblick des weiblichen Genitales hervorgerufen wurde, treibt den Exhibitionisten, sich immer erneut von anderen bestätigen zu lassen, daß er einen Penis besitzt.
Diese Erklärung der männlichen Exhibition aus der Kastra-

tionsangst kann für die weibliche offenkundig nur eingeschränkt gelten. Die Frau besitzt keinen Penis und kann sich durch Zurschaustellung dieses Mangels nur augenblicksweise über die Täuschung hinwegtäuschen, kastriert worden zu sein. Tatsächlich kommt manifeste genitale Exhibition, wie übrigens auch Fetischismus, bei Frauen selten vor.

Auch nicht bei Simone. Wenn sie sich exhibiert, geschieht das stets mit dem ganzen Körper, nie mit dem Genitale allein. Eine auf das Ganze des Körpers verschobene Zeigelust aber eignet sich »nicht zum angsterledigenden Sexualersatz, so daß eine orgasmusfähige Perversion sich nicht entwikkelt«[62]. Ihre Exhibitionsphantasien beziehen, soweit sie Marcelle betreffen, stets den Erzähler mit ein. Sie exhibiert nicht sich, sondern den Genitalverkehr mit ihm.

Anders verhält sie sich in dem Augenblick, in dem sie sich vor dem Priester entblößt und zu masturbieren beginnt. Ihr Ziel ist hier zwar, wie oben gezeigt wurde, ihn optisch zu beschmutzen; hinter diesem Ziel aber verbirgt sich ein anderes. Denn jeder Exhibitionist verbindet mit der Zurschaustellung seines Genitales die weitergehende Hoffnung »als Gegenleistung die Genitalien des anderen Teils zu Gesicht zu bekommen«[63]. »Hinter der manifesten Exhibition ist also eine latente Schaulust verborgen«[64]. Ihr gehorcht Simone, indem sie den Phallus des Priesters hervorzerrt. Sie bringt sich damit zu Gesicht, was ihre eigene Exhibition vermissen ließ, das männliche Genitale. Unbewußt dient ihr sein Anblick zu der beruhigenden Selbsttäuschung, daß auch sie über ein solches Organ verfügt. Es handelt sich dabei um eine Art ›magischer Geste‹[65] im Dienste ihrer zwanghaften Kastrationsverleugnung, mit der sie sich an einem anderen Menschen vorführt, was sie an sich selbst zu sehen wünscht.

Simones Exhibitionismus ist neben der Schaulust eine starke urethralerotische Komponente beigemischt. An mehreren Stellen des Romans uriniert sie vor anderen scheinbar wahllos und ohne jede Scham. So wird etwa die allgemeine Enthemmung während der Orgie im zweiten Kapitel dadurch eingeleitet, daß Simone wettet, auf das Tischtuch zu urinieren.

In dieser Szene nimmt Bataille ein Motiv der kindlichen

Urethralerotik auf, das darauf abzielt, einen »Wettbewerb in (der) Urinierfertigkeit« zu veranstalten[66]. Mädchen freilich sind von einem solchen Wettbewerb in der Regel ausgeschlossen. Neidvoll betrachten sie, wie Jungen miteinander wetteifern, über eine gewisse Distanz hinweg oder in rhythmisch differenzierten Linien zu urinieren. »Mädchen mit besonderer Betonung der Urethralerotik stehen fast stets unter der Herrschaft eines Penisneides, ihr Symptom gibt dem Wunsche Ausdruck, so zu urinieren, wie sie es an Knaben bewundern«[67].

In dem für das Verständnis des Romans ungemein wichtigen Kapitel, das ihren Namen trägt, entdeckt Simone jedoch eine besondere Möglichkeit, diesen Penisneid zu bewältigen. Sie hat, wie sie es häufiger zu tun pflegt, gemeinsam mit dem Erzähler Eier in die Toilette geworfen und betrachtet sie nun vom Beckenrand aus. »Enfin, à l'heure où le soleil oblique de six heures éclairait la salle de bains, un oeuf à demi gobé fut envahi par l'eau et, s'étant empli avec un bruit bizarre, fit naufrage sous nos yeux; cet incident eut pour Simone un sens extrême, elle se tendit et jouit longuement, pour ainsi dire buvant mon oeil entre ses lévres. Puis sans quitter cet oeil sucé aussi obstinément qu'un sein, elle s'assit attirant ma tête et pissa sur les oeufs flottants avec une vigueur et une satisfaction criantes. Je pouvais dès lors la considérer comme guérie. Elle manifesta longuement de sujets intimes, quand d'habitude elle ne parlait ni d'elle ni de moi«[68].

In dieser makabren Passage, die nur einer psychoanalytischen Interpretation ihren Sinn offenbaren dürfte, stellt sich die für Simone überaus bedeutsame Verbindung von Fetischismus und Urethralerotik her. Der Zufall, daß ein halb ausgeschlürftes Ei sich mit Wasser füllt und vor ihren Augen versinkt, führt sie zur Entdeckung einer für sie neuen und ebenso aufregenden wie entsetzlich folgenreichen Technik, ihr Fetischobjekt zu zerstören. In diesem Augenblick nämlich wird ihr klar, daß sie selbst diese Zerstörung nicht nur eher beiläufig und aus enttäuschter Erwartung vollziehen kann, wie sie es in der weiter oben zitierten Passage tat, wo sie das Ei einfach zerdrückte, sondern daß dessen Zerstörung ein ungemein lustbetonter Akt sein kann.

Durch diese Entdeckung gewinnt ihr Fetischismus eine

neue Dimension. Er wird selbstbewußter und aggressiver. In ihm dominiert jetzt nicht mehr die Verehrung des Fetischobjekts, sondern dessen Mißhandlung. Gerade »der aggressive Einschlag der Harntriebhaftigkeit«[69] ermöglicht Simone, sich nicht mehr nur in ihren fetischistischen Phantasien, sondern in ihrer urethralerotischen Praxis der Vorstellung hinzugeben, einen Phallus zu besitzen. Denn indem sie auf die Eier uriniert, bis sie versinken, erfüllt sich ihr unbewußtes Verlangen, ihre Miktion als zielgerichtetes, praktisch folgenreiches Handeln auffassen zu können. Solche Vorstellungen, in denen »die Urinflut gewaltige Wirkungen ausübt, finden sich namentlich bei Frauen mit stark betontem ›Männlichkeitskomplex‹«[70]. Motiviert sind sie durch das Nachleben infantiler Anschauungen, die den Exkretionsvorgängen die Bedeutung von Sexualfunktionen geben.
Damit aber wird die Wirkung verständlich, die die Verbindung ihres Fetischismus mit der Urethralerotik auf Simone hat. Sind nämlich ihre fetischistischen Praktiken ebenso wie ihre exhibitionistischen wesentlich nur Techniken der Versicherung gegen die Angst, kastriert zu sein, so gibt ihr das aggressive Moment der Urethralerotik die Möglichkeit zu Ersatzhandlungen, in denen scheinbar sie selbst kastriert.
Sie deuten sich im Verlauf der zuletzt zitierten Textstelle bereits an in Simones eigenartiger Fixierung auf das Auge des Erzählers. Diese Fixierung ist aggressiv, obwohl ihre Aggressivität noch fast ganz von Zärtlichkeit verdeckt wird. Kurz darauf jedoch offenbart sich, was es mit ihr auf sich hat: »Comme je lui demandais à quoi lui faisait penser le mot uriner, elle me répondit *Buriner*, les yeux, avec un rasoir, quelque chose de rouge, le soleil«[71]. Deutlich wird also die urethralerotische Zerstörungsabsicht von den Eiern auf die Augen verschoben. Zwar spielt Simone noch einmal mit beiden Wörtern »disant tantôt *casser un oeil*, tantôt *crever un oeuf*«[72] und beide scheinen noch gleichwertig zu sein, aber fortan spielen Eier als Fetischobjekte keine Rolle mehr.
Wohl aber die Augen. Am Ende der trostlosesten Szene des Romans, in der Marcelle sich erhängt und in der Simone vor ihrer Leiche zum ersten Mal mit dem Erzähler schläft, uriniert sie auf die offenen Augen der Toten. Diese Äußerung harntriebhafter Aggressivität ist so ungeheuerlich, daß man

nicht bereit sein wird, sie als Äußerung eines unbewußten Kastrationswunsches anzusehen. Die Pietät verlangt, die Augen der Toten zu schließen. Hier wird sie in einer Weise verletzt, die mit dem Ziel der Urethralerotik nichts mehr gemein zu haben scheint. Aber die Menschen, in deren Perversion »die verdrängte Schaulust eine dominierende Rolle spielt, sprechen in ihren Symptomen einen besonderen ›Dialekt‹«[73]. Für Simone ist »un jet d'urine ›un coup de feu vu comme une lumière‹«[74], und unbewußt muß ihr sofort evident sein, daß eine Mißhandlung der Augen die symbolische Bedeutung einer Kastration besitzt.[75] Das Auge des Dritten ist ihr der Fetisch, um dessen Macht und Verehrung sie sich durch den Selbstmord Marcelles betrogen fühlt und den sie deshalb zerstören will. Daß ihr das nicht gelingt, daß Marcelles Augen sich nicht wenigstens schließen, macht die äußerste Trauer der Szene aus.

Schwer nur wird man sich vorstellen können, daß ihre Abscheulichkeit einer Steigerung fähig ist. Und doch treibt die unerbittliche Konsequenz der fetischistischen Logik die Handlung zu immer neuen Exzessen. Ihr Ziel ist nicht, wie man vielleicht annehmen möchte, eine Tabudurchbrechung um ihrer selbst willen, der die Verletzung der Konvention reizvoller erscheint als die Einhaltung der Norm. Ein solches Prinzip würde zweifelsohne eine enzyklopädische Romanform hervorbringen, wie sie an einigen Werken Sades zu beobachten ist. Apollinaires Roman *Les onze mille verges*[76] hat zuletzt gezeigt, daß diese Form nur mehr parodistisch möglich ist. In der *Histoire de l'oeil* dagegen geht es um die stringente Entfaltung eines Triebziels, das erst mit dem Ende des Romans erreicht ist.

Die Handlung gehorcht in ihr einem Gesetz der abnehmenden Indirektheit der Fetischobjekte im Hinblick auf dieses Ziel bei gleichzeitig zunehmender Gewaltsamkeit seiner Realisierung. Werden zunächst nur Eier zerdrückt, so führt die Entdeckung der harntriebhaft aggressiven Zerstörungstechnik zu dem Versuch, nicht mehr nur diese Ersatzobjekte urethralerotisch zu zerstören, sondern den Augenfetisch selbst, für den sie einstanden. Da dieser Versuch mißlingt, wird das Triebziel des Fetischismus auf einem anderen, noch gewaltsameren Weg verfolgt.

Die Möglichkeit dazu ergibt sich Simone, als sie mit Sir Ed-

mond und dem Erzähler in Madrid an einer Corrida teilnimmt, bei der der berühmte Matador Granero auftritt[77]. Sie erfährt, daß es vor nicht allzulanger Zeit üblich war, daß sich Stierkampfbesucher beim Wärter der Arena die gerösteten Hoden des ersten Stiers bestellten, um sie auf ihren Plätzen im Rang zu verzehren, während sie den nächsten Stier sterben sahen. Simone erbittet sich bei Sir Edmond die Hoden des ersten Stiers, stellt aber die Bedingung, daß sie roh sein müssen. Man serviert ihr »sur une assiette les deux couilles nues; ces glandes, de la grosseur et de la forme d'un oeuf, étaient d'une blancheur nacrée, rosie de sang, analogue à celle du globe oculaire«[78]. Der Begleitkommentar der Erzählung zitiert hier zum ersten Mal die drei fetischistischen Objekte Auge, Ei und Hoden nebeneinander. Aber obwohl sie einander gleichgeordnet zu sein scheinen, ist es das Auge, auf das hin die Handlung sich bewegt. »Ce qui suivit eut lieu sans transition, et même apparament sans lien, non que les choses ne fussent liées, mais je les vis comme un absent. Je vis en peu d'instants Simone, à mon effroi, mordre l'un des globes, Granero s'avancer, présenter au taureau le drap rouge; puis Simone le sang à la tête, en un moment de lourde obscénité, dénuder sa vulve où entra l'autre couille; Granero renversé, acculé sous la balustrade, sur cette balustrade les cornes à la volée frappèrent trois coups: l'une des cornes enfonça l'oeil droit et la tête. La clameur atterrée des arènes coincida avec le spasme de Simone. Soulevée de la dalle de pierre, elle chancela et tomba, le soleil l'aveuglait, elle saignait du nez. Quelques hommes se précipitèrent, s'emparèrent de Granero. La foule dans les arènes ètait tout entière debout. L'oeil du cadavre pendait«[79].
Obwohl es dem Erzähler zuerst nicht so scheint, läßt die Gleichzeitigkeit der makabren Vorgänge keinen Zweifel daran aufkommen, daß sie inhaltlich zusammengehören. Die Szene ist, so unmittelbar sie wirken mag, konstruiert nach dem Muster einer Geometrie der fetischistischen Perversion. Simone sieht sich von dem väterlichen Sir Edmond mit zwei fetischistischen Objekten beschenkt, die sie in desto größere Erregung versetzen, als sie es in der Öffentlichkeit der Arena zunächst nicht wagt, sich ihrer fetischistisch zu bedienen. Deutlicher als zuvor die Eier verweisen diese Objekte auf ihren Ursprung in der Kastration; sie erscheinen

dadurch geeigneter, als Penisersatz zu fungieren. Symbolisch erfüllt sich für Simone die Wunschphantasie vieler Mädchen in der Phase der Verarbeitung ihres Kastrationskomplexes, vom Vater einen Penis geschenkt zu bekommen.[80] Aber es ist eine nachträgliche und nur symbolische Wunschvorstellung; denn auch die Hoden des Stiers sind nur Ersatz, eben Fetischobjekte.

Die Erregung, die sich ihrer bemächtigt, zwingt Simone, sie sich einzuverleiben. Man wird nicht fehlgehen in der Annahme, daß sie aus einer Hemmung angesichts der Peinlichkeit der Situation zunächst den »Mund zur Vertretung der Genitalöffnung«[81] wählt, um dieser dann, als ihre Erregung jede Hemmung übersteigt, den Fetisch direkt einzuverleiben.

Der geometrische Irrsinn der Situation entsteht nun dadurch, daß im gleichen Moment der Matador unter den Hörnern des Stiers zusammenbricht, getötet wird und sein Auge verliert. Der Vorgang ist von solcher Eindringlichkeit, daß Simone auf dem Gipfel ihrer entsetzten Lust das zufällige Zusammentreffen beider Ereignisse als notwendigen Zusammenhang auffaßt. Sie selbst versichert sich durch die Einverleibung des Fetischobjekts, nicht kastriert zu sein, und sieht zugleich, daß der Fetisch, den das einverleibte Objekt vertritt, kastrierbar ist und kastriert wird. Die potenzierte Lust, die aus der Gleichzeitigkeit von Verehrung und Zerstörung des Fetisch entsteht, führt zu einer symbolischen Verdichtung.

Traten die Fetischobjekte bisher stets in der Mehrzahl, zuletzt paarweise auf, wobei die zu beiden Seiten oberhalb der Nase liegenden Augen nach einer von Ferenczi entdeckten Symbolik des Unbewußten durch die Hoden zu beiden Seiten des Penis vertreten worden sein können[82], so konzentriert sich aufgrund der ungeheuren Steigerung der Lust, die durch das Zusammentreffen zweier voneinander unabhängiger Handlungsketten hervorgerufen wird, der Fetischismus Simones von nun an auf das *eine* Objekt, das Auge. Dieses Detail ist bedeutsam, denn »*das* Auge ersetzt ein Organ, das nur in der Einzahl vorhanden ist«[83].

IX

Im Singular besitzt das Auge eine bisher nicht erörterte symbolische Funktion, auf die Bataille ein Jahr nach Veröffentlichung der *Histoire de l'oeil* aufmerksam gemacht hat[84]. Der Sprachgebrauch des Deutschen sowohl wie des Französischen sieht in ihm eine Kontrollinstanz. Das ›Auge des Gesetzes‹, dem ›l'oeil de la police‹ entspricht, das ›innere Auge des Geistes‹, dem ›l'oeil de la conscience‹ verwandt, das ›Auge Gottes‹ schließlich – wo immer der einäugige Blick auftaucht, wird die Einhaltung von Normen kontrolliert und steht eine Strafandrohung im Raum. Es ist gewiß kein Zufall, daß die Konzentration des Fetischismus Simones auf das *eine* Auge zusammenfällt mit dem Auftreten des Priesters als Repräsentanten der kirchlichen Ordnung. Stets nämlich sind es Autoritätsinstanzen, denen die Sprache den einäugigen Blick zuweist. Die Psychoanalyse hat ihn denn auch als den drohend strafenden Blick des Vaters interpretiert.

Für den Fetischisten ist er deshalb von Bedeutung, weil die Hemmung seiner Schaulust beim Anblick des mütterlichen Genitales durch ihn wesentlich mitverursacht wird. In der hypothetischen Konstruktion einer fetischistischen Urszene ist der Blick des zum Kind und der Mutter hinzutretenden Dritten der sanktionsbereite Blick des Vaters. Die *Histoire de l'oeil* läßt nun einige Momente dieser Szene zu selbständigen Handlungen werden. Sie schreibt die optische Beschmutzbarkeit und das Entsetzen des Kindes Marcelle zu und seine um ihre Erfüllung betrogene Schaulust dem väterlichen Sir Edmond.

Daß eigene Erlebnisse anderen Personen zugeschrieben werden, ist ein in Träumen geläufiges Phänomen[85], das für das Verständnis der obszönen Rätsel des Romans von Bedeutung ist, weil es auch formal deren Nähe zu Formationen des Unbewußten zeigt. Eine projektive Zuordnung unangenehmer Erfahrungen hat dabei die Funktion einer Entlastung. Sie ermöglicht dem Träumenden, sich im Traum die Wunscherfüllung zu verschaffen, die ihm in der Realität versagt blieb.

So nimmt der Roman im Hinblick auf Sir Edmond eine interessante Umformulierung vor. Denn die Rolle des Vaters in der Konstruktion der fetischistischen Urszene ist nicht die des permissiven Dritten. Die unbewußte Phantasie, die nachdrücklich und egoistisch auf einer Wunscherfüllung besteht, macht ihn dazu. Sie versieht ihn mit dem Mangel, den das Kind einst an sich selbst empfunden hat, und stellt ihn als impotenten Voyeur dar. Gleichzeitig läßt sie sich von ihm für die entgangene Wunscherfüllung entschädigen. Er ist es, der Simone die beim Anblick des weiblichen Genitales vorenthaltene Lust ersetzt, indem er ihr zwar nicht den erhofften Phallus der Mutter schenkt, wohl aber dessen unmittelbaren Ersatz, den Fetisch.

Um diese Phantasie gegen die ihr widersprechende Realerfahrung abzusichern, wird nun der mit Bestrafung drohende Vater in die Rolle des Priesters versetzt. In dieser Rolle kann sein einäugiger Blick umso wirksamer verhöhnt werden, wenn er sich als sanktionsunfähig erweist, obwohl mit der Macht der kirchlichen Autorität die gesamte Ordnung der Väter hinter ihm steht.

Die Verdopplung der Rolle des Dritten gewinnt also ihren Sinn aus der Ambivalenz des Kindes gegenüber dem Vater. Seine Darstellung in zwei Figuren erlaubt es, die widersprüchliche Einstellung zu ihm widerspruchsfrei zum Ausdruck zu bringen. Das Kind in Simone akzeptiert den guten Vater und es straft den bösen. Seine Strafe trifft jetzt gerade das Organ, durch das es selbst seiner verpönten Schaulust wegen einst bestraft wurde: das Auge des Vaters. Das Kind rächt sich für den einäugigen Blick, der es um seine Lust gebracht hat, indem es die gute Vaterfigur der bösen das Auge herausschneiden läßt und sie dadurch im wörtlichen Sinn einäugig macht. Nimmt es die Verantwortung dafür indirekt noch auf sich (denn es selbst ist es ja, das den guten Vater um das Auge des bösen bittet), so macht es sich bei der Tötung des bösen Vaters zum ausführenden Organ des guten, um sich von Schuld zu entlasten. Zusätzlich handelt es sich dabei den Vorteil ein, aufgrund der von ihm nicht zu verantwortenden besonderen Form dieser Tötung zum Inzest mit dem bösen Vater gezwungen zu sein.

Nicht allein im tödlich endenden Inzest, sondern mehr noch in der brutalen Entfernung eines Auges tritt der aktive Kastrationswunsch der Tochter gegen den Vater hervor. Denn regelmäßig ist die Blendung »nur eine Ermäßigung für die

Strafe der Kastration«[86]. Das Verlangen nach ihr ergibt sich aus dem infantilen Wunsch, dem Vater den Penis wieder abzunehmen, den er der Mutter geraubt hat. Da Simone nun aber die Penisbedeutung fetischistisch auf das Auge verschoben hat, wird es zum Ziel ihres Kastrationswunsches. Die Reihe der fetischistischen Objekte, die für es eintraten, ist damit zu ihrem Ende gekommen.
Die Logik des Fetischismus kulminiert in dem Bild, mit dem der Roman schließt. Es gehört zu den erhabensten der erotischen Literatur. Dem Grauen und der Trauer, die von ihm ausgehen, wird man sich auch dann nicht entziehen können, wenn man nicht bereit ist, seine psychoanalytische Deutung zu akzeptieren.
»A la fin, Simone . . . prit l'oeil des mains de Sir Edmond et l'introduisit dans sa chair . . . je vis, dans la vulve velue de Simone, l'oeil bleu pâle de Marcelle me regarder en pleurant des larmes d'urine.«[87]
In diesen wenigen Zeilen treffen in einer ungeheuerlichen Verdichtung alle Elemente der *Histoire de l'oeil* zusammen: Simone empfängt aus der Hand des guten Vaters das strafende Auge des bösen, das ihr als Fetisch den eigenen Phallus vertritt. Sie bringt das Auge, wie zuvor schon den Hoden, unmittelbar an dessen Stelle. Es ist der sichtbar-sehende Phallus. Sie exhibiert ihn in zärtlicher Verehrung und versucht zugleich, weil er nicht der Phallus, sondern das weinende Auge des Dritten ist, ihn urethralerotisch zu zerstören.

X

Aber die Lösung des Rätsels, die dieses abstoßende Bild aufgibt, sagt nichts über seinen Wert. Man wird möglicherweise gewillt sein, sie zu akzeptieren, und doch die Zumutung weit von sich weisen, sich selbst in ›derlei Dingen‹ zu erkennen oder gar an ihnen teilzuhaben. Was dadurch als gewiß schreckliche, vielleicht ›interessante‹ Perversion zum bloßen Fall gemacht würde, verdiente indes nicht die Interpretation des Literaturwissenschaftlers, sondern des Therapeuten. Nun brauchen beider Bemühungen nicht notwendig im Gegensatz zueinander zu stehen, denn sie richten sich bei der Untersuchung einer problematischen Lebensgeschichte auf einen jeweils anderen Aspekt derselben. Gilt das Interesse des Therapeuten wesentlich dem Privaten dieser Geschichte, so gilt das des Literaturwissenschaftlers dem Nichtprivaten. Er muß seine Interpretation auf den Punkt führen, an dem die Einzelheiten des Einzelfalls aufhören, bloße Einzelheiten zu sein, und auf ein Allgemeines verweisen. Tut er das nicht, wird ihm die Psychoanalyse zu einer Technik des Rätselratens, deren Ergebnisse belanglos sind.

Wenn nun die *Histoire de l'oeil* konstruiert ist nach dem Muster einer Wunscherfüllungsphantasie, wird man fragen müssen, ob es wirklich nur die perversen Wünsche einer Fetischistin sind, die sich in ihr erfüllen, und nicht vielmehr die geheimen Wünsche vieler, wenn nicht gar aller Menschen. Eine Antwort auf diese Frage setzt voraus, daß man nicht, wie es das herrschende Bewußtsein tut, einen Schnitt macht zwischen sich und dem Andersartigen. Weiß sich das herrschende Bewußtsein, das sich schmeichelt ›normal‹ zu sein, nicht deswegen über jene abartigen Wünsche erhaben, weil es gelernt hat, sie zu unterdrücken oder auf kulturell nützliche Ziele hin zu sublimieren? Ist, um die Frage auf das zentrale Thema der *Histoire de l'oeil* zuzuspitzen, der in unserer Gesellschaft für ›normal‹ gehaltene Blick nicht das Ergebnis einer solchen Unterdrückung und Sublimierung? Wenn nun aber die Gestehungskosten dieses nicht nur »normalen«, sondern auch normativen Blicks einer Deformation der Schaulust gleichkommen, die so allgemein ist und als so selbstverständlich erscheint, daß sie sich nur an extremen Randstörungen des herrschenden Bewußtseins bemerkbar macht, kann dann nicht der Protest gegen sie sich nur vom äußersten Extrem des Obszönen oder Gewaltsamen her artikulieren?

Beinahe gleichzeitig mit Batailles Roman haben Buñuel und Dali in einer berühmten Sequenz ihres Films *Le chien andalou* das Auge eines jungen Mädchens von einem Rasiermesser durchschneiden lassen[88]. Die Parallelität mit der Schlußszene der *Histoire de l'oeil* mag zufällig sein, die Intention beider Produktionen jedoch richtet sich auf das gleiche Ziel: den gewaltsamen oder obszönen Protest gegen ein zur Norm gewordenes Sehen, das sich das Bewußtsein soweit unterworfen hat, daß dieses es als normativ kaum mehr erfährt.

In Batailles Roman findet sich die folgende Reflexion des Erzählers: »A d'autres l'univers paraît honnête. Il semble honnête aux honnêtes gens parce qu'ils ont des yeux châtrés. C'est pourquoi ils craignent l'obscénité«[89]. Diese Zeilen belegen nicht nur den Zusammenhang von Blendung und Kastration, sondern behaupten, beide seien keineswegs Kennzeichen eines perversen Bewußtseins, sondern des normalen. Gerade weil es geblendet und kastriert sei, fühle es sich durch das Obszöne bedroht und könne dessen Wahrheit weder ertragen, noch erkennen.

So absurd der Vorwurf klingt, der hier erhoben wird, er ist wahr. Allerdings in einem Sinn, der näherer Erläuterung bedarf und sich erst einer genaueren Untersuchung des Blicks erschließt, der unter den Bedingungen unserer Gesellschaft als ›normal‹ gelten darf.

Von allen Sinnen ist der Gesichtssinn derjenige, der am leichtesten vergessen läßt, daß er einer ist. Während eine Berührung nicht denkbar ist ohne die unmittelbare sinnliche Gewißheit, daß ich es bin, der da berührt wird oder berührt, erlaubt das Sehen eine Abstraktion vom eigenen Körper, die ihn als unberührt und unberührbar erfahren läßt[90]. Der Sehende meint, dem Gesehenen ›rein‹ rezeptiv gegenüberzustehen; er will von sich ›absehen‹. Und diese Selbstvergessenheit, die den kontemplativ entleerten, von den Dingen aufgesogenen und in ihrem Bann erstarrten Blick bestimmt, ist die erste Voraussetzung des Blicks, den Bataille den »kastrierten« nennt.

Die zweite besteht darin, daß der Sehende sich methodisch und absichtsvoll zu dieser Abstraktion zwingt, um durch sie eine auf Dauer gestellte Identifizierung und Stabilisierung von Objekten seiner Umwelt zu erreichen. Er muß jetzt stumm und ohne sie zu berühren vor den Dingen stehen, die er anblickt. Vor allem aber darf er sich seinen distanzierten und detachierten Blick nicht durch sinnliche Komponenten wie empfindungsbedingte Vorstellungen trüben lassen. Die Entsinnlichung des Sehens zu der er sich zwingen muß, verdrängt die ›nur‹ subjektiven Vorstellungsbilder und Empfindungsqualitäten aus der Wahrnehmung der Dinge. Mit ihr entsteht der einäugige Blick, die ihrer Sinnlichkeit beraubte, allein der visuellen Kontrolle der Objekte dienende Form des Sehens. Dieses Sehen kann sich buchstäblich nichts mehr vorstellen, weil es damit Gefahr läuft, sich etwas vorzumachen. Es ist das genaue Gegenteil des Blicks des Fetischisten. Denn der weigert sich, seine Wahrnehmung anzuerkennen, daß da *nichts ist*, wo bei Strafe der Beschädigung seiner Sinnlichkeit einer in ihm mächtigen Vorstellung zufolge *etwas sein muß*. Der Fetischist flüchtet aus diesem Widerspruch in den Kompromiß zwischen Wahrnehmung und Vorstellung, der es ihm erlaubt, ein für andere belangloses Objekt zu beseelen.

Das Opfer der Sinnlichkeit, das er sich zu bringen weigert, wird freilich einem ›normalen‹ Bewußtsein reichlich gelohnt; denn mit ihm wird die Form der Naturbeherrschung möglich, der wir unser Leben verdanken. Der einäugige Blick erlaubt eine scheinbar unumschränkte Herrschaft über die Natur. Einer verbreiteten Lehre zufolge sind seine Wahrnehmungen »leibhaftig (besitzen Objektivitätscharakter)«, sie »erscheinen im äußeren objektiven Raum«, sie sind »vollständig« und »konstant« sowie »unabhängig vom Willen«. Die Vorstellungen hingegen, die er bei Strafe seines Rückfalls in unkontrollierbare Sinnlichkeit zwanghaft aus sich ausschließen muß, sind »bildhaftig (besitzen Subjektivitätscharakter)«, »erscheinen im inneren subjektiven Vorstellungsraum«, sind »unvollständig« und »zerflattern«. Daß sie zudem in jedem Fall »abhängig vom Willen« sein sollen, paßt zwar in das hier zitierte Schema[91], nicht aber in unsere Erfahrung. Denn die lehrt uns, daß ein großer Teil unserer Vorstellungen, besonders soweit sie Personen betreffen, vom Willen unabhängig ist und unsere Wahrnehmungen entscheidend beeinflußt.

Das Schema indessen dürfte mächtiger sein als unsere Erfahrung. Denn die Trivialität, die es systematisiert, entspricht mit ihrem einfachen Gegeneinander von Innen und Außen einer Epistemologie des common sense. Die Frage, wie denn im Erkenntnisprozeß Subjektives sich mit Objektivem vermittelt, wo nach diesem Schema beides ständig aneinander vorbeiläuft und sich verfehlt, vermag sein Autor ebensowenig schlüssig zu beantworten wie die Frage nach der Rolle der Sinnlichkeit in Wahrnehmung und Vorstellung. Daß beide vollständig voneinander getrennt sind, wird dadurch möglich, daß sie nicht als sinnliche Vorgänge, sondern als trieblose Abbildungsprozesse aufgefaßt werden, von denen der eine dem Objekt, der andere dem Subjekt zugeteilt wird. Daraus entsteht dann eine subjektlose Wahrnehmung und eine objektlose Vorstellung.

Den unbestreitbaren Vorzügen des einäugigen Blicks wird also mit seiner Sinnlichkeit das Subjekt selbst geopfert. Es zwingt sich aus der Wahrnehmung heraus, begibt sich ans Ende der Welt (denn die liegt immer vor ihm, nie anderswo) und »möchte sich am liebsten durchstreichen.«[92] Die Durchsetzung des einäugigen Blicks führt, je gründlicher sie vollzogen wird, auf das Bestreben, den Menschen selbst loszuwerden. Übrig bleibt dem kastrierten Blick das Auge als Linse.

Vor ihm treten, auch wenn es selbst mit einem Instrument bekleidet ist, die Tatsachen nackt auf. Ihre Nacktheit jedoch ist nicht lustvoll anzuschauen, sondern lustlos zu beobachten. Nicht nur die ursprünglich in diesem Blick enthaltene Schaulust, sondern alle anderen Sinne hat er sich unterworfen. Ihre Empfindungen werden, wenn sie von Belang sind, auf den Instrumenten, die er benutzt, ins Optische übersetzt. In idealer Gleichzeitigkeit und Gleichförmigkeit nimmt er einen universalen, jederzeit wiederholbaren Raum wahr, in dem selbst die Zeit zur Figur erstarrt. Ihn beobachtet er mit dem ausschließlichen Ziel einer verfügenden, herrschaftsorientierten Kontrolle. Der Starre dieses Blicks stellt sich die Welt intersubjektiv unterschiedslos dar. Und gerade das scheint es möglich zu machen, ihn aus dem Bereich der Naturbeherrschung, wo er zu Recht Geltung beansprucht, auf den der Intersubjektivität zu übertragen, in dem er die Menschen voreinander erstarren läßt.

Diese Übertragung hat Sartre vorgenommen. Seiner berühmten Analyse des Blicks in *Das Sein und das Nichts* liegt die Erfahrung des einäugigen Blicks zugrunde. Weil er an der Identitätsstarre des wahrnehmenden Ich auch im Bereich der Intersubjektivität festhält, vermag er den Blick nicht anders denn als wechselseitigen, entsinnlichten Herrschaftsmechanismus zwischen dem Subjekt und einem Anderen zu fassen.

Charakteristisch ist, daß er das Auge ausdrücklich »nicht als Sinnesorgan für das Sehen« auffaßt, »sondern als Träger des Blicks.« Die »Auffassung eines auf mich gerichteten Blicks erscheint mir erst auf dem Grunde einer Zerstörung der Augen, die ›mich erblicken‹: wenn ich den Blick erfasse, nehme ich die Augen nicht mehr wahr: sie sind da, sie verbleiben in meinem Wahrnehmungsfelde als reine *Darbietungen*, aber ich mache von ihnen keinen Gebrauch, sie sind neutralisiert ... sie verbleiben im Zustand des ›Ausgeschaltetseins‹ ... Niemals kann man die Augen, die einen ansehen, schön oder häßlich finden, kann man ihre Farbe feststellen. Der Blick des Anderen verbirgt seine Augen, er scheint *vor ihnen* zu stehen«[93].

Die Zerstörung der Augen des Anderen ist also die Folge des einäugigen Blicks, mit dem er mich überfällt. In ihm erfahre ich mein Für-Andere-Sein, empfinde mich als Gegenstand, erfahre, daß ein Anderer sichtbar geworden ist, der mir die Welt gestohlen und mich auf seine Welt hin dezentriert hat, wobei er mich aller meiner Möglichkeiten entfremdet hat.

Aber auch ich erblicke den Anderen, mache ihn zum Gegenstand meines Blickens und identifiziere mich mit meinem Erblicktsein. Doch auch in diesem Ineinander-Ruhen der Blicke erreiche ich ihn sowenig wie er mich erreicht hat. Mir bleiben nur die beiden Grundhaltungen, die unüberbrückbar sind: Vergegenständlichung des Anderen für mich im Blick und Einverleibung, Assimilierung der Freiheit des Anderen, ohne sie dabei zu vernichten. Beide Haltungen sind nicht dialektisch aufeinander bezogen, sondern kreisförmig. Sobald ich das eine tue, muß ich das andere lassen, Ich kann mich nur seinem Blick aussetzen oder ihn mir blikkend unterwerfen.

Es ist dieser ziellose Kreislauf der wechselseitigen Herrschaft durch Blicke, der möglich wird durch die Entsinnlichung und Instrumentalisierung der intersubjektiven Wahrnehmung. Gegen sie protestiert die *Histoire de l'oeil*, indem sie nachdrücklich in Erinnerung bringt, daß das Sehen in Bezug auf die Dinge weder ein rein optischer, noch im Hinblick auf die Anderen ein bloß herrschaftsorientierter, sondern daß es vor allem ein sinnlicher Akt ist. Sie demonstriert es *ad oculos* in ihrem erhabenen Schlußbild, das jede bloße Wahrnehmung übersteigt und den Leser in eine Vorstellung versetzt, von deren bannend-quälender Wunscherfüllung er sich nichts hatte träumen lassen, die Vorstellung vom sinnlich sehenden Blick.

Peter Bulthaup

Die Metaphysik des Verrats · Zu den Werken von Jean Genet

Für Ingrid

Le rêveur que l'horreur de son logis réveille.
Baudelaire[1]

Das Vorurteil, das Homosexualität, Perversionen überhaupt, mit Kriminalität assoziiert, ist der Wahrheit näher als seine wissenschaftliche Widerlegung durch die Kriminologie. Lust, die sich nicht disziplinieren läßt, die sexuelle Praktik, die nicht einmal der Möglichkeit nach eine Funktion im biologischen Reproduktionsprozeß der Gattung hat, ist verworfen noch unter Verhältnissen, unter denen der Geburtenüberschuß eine der Garantien der Perpetuierung des Elends ist. Das sterile Glück folgenloser Erregung, die Verschleuderung der Potenz im Genuß erscheint als exterritorial zu verstehbaren Sinnzusammenhängen, die aus den Relationen von Zwecken und Mitteln konstituiert sind[2]. Was Max Weber noch als fiktives Modell idealtypischen Handelns vortrug, wurde seither offenkundig als das, was schon zu seiner Zeit Prinzip gesellschaftlicher Praxis war: Restriktion des Zulässigen auf die Funktion. Dem entspringt die Dämonisierung des Glücks, das dysfunktional ist wie der Diebstahl, die regelwidrige Aneignung der Resultate fremder Arbeit, in einer Gesellschaft, deren Prinzip die regelrechte Aneignung fremder Arbeitskraft durch das Kapital ist. Wenn Genet den Schwulen und den Dieben den Heiligenschein anheftet, so gibt es dafür zunächst die banale Erklärung, daß jene wie Heilige die gattungsgerechte Verwendung ihrer Potenz, die marktgerechte Verwertung ihrer Potentialität, ihrer Arbeitskraft, verweigern. Die Erkenntnis der Koinzidenz von Wüstling und Heiligem in einer Person ist, wenn auch durch die Darstellung als Wandlung verschleiert, älter als die bürgerliche Gesellschaft, in der erst die Asozialität des Heiligen offenbar wird. Dostojewskis Pseudomorphose des Asozialen in Transzendenz bedurfte noch der

erlösenden Gnade Gottes, die sich allerdings damals schon auf die Randgruppen beschränkte. Genet, um die Erfahrungen einer Fürsorgeerziehung genauer, benennt die Maskerade. Er hat nur noch Worte: »Aber wenn sich prunkvolle Worte mir anbieten – Worte, will ich sagen, in denen mehr Glanz als Sinn steckt – so hat das vielleicht zu bedeuten, daß das durch sie geschilderte Elend, das mein Elend war, zugleich eine Quelle von Wundern war. Ich möchte diese Zeit meines Lebens rechtfertigen, indem ich sie mit den edelsten Worten für alle Dinge erzähle. Mein Sieg liegt nur in den Worten, ich verdanke ihn der Pracht meines Ausdrucks«[3]. Diese Pracht stammt aus einem Einbruch in eine Devotionalienhandlung, in der die Kasse leer war. Die heilige Draperie dient jedoch nicht mehr, wie noch bei Dostojewski, der Verklärung des Elends zum Zunder tranzendenter Illuminationen, sie wird zur Artistengarderobe umgearbeitet.
Die artistische Naturbeherrschung, durch die rationalen Produktionstechniken funktionslos geworden, findet, soweit sie nicht im l'art pour l'art überlebte, im Dysfunktionalen ihre Funktion, in der Gewandtheit der Diebe, von der deren Existenz abhängt. »Das Gehen auf den Fußspitzen, die Stille, die Unsichtbarkeit, die wir sogar am hellen Tage benötigen, die tastenden Hände, die im Schatten Gebärden von ungewöhnlicher Kompliziertheit und Vorsicht gestalten – allein zum Drehen eines Türknopfs braucht es eine Vielzahl von Bewegungen, deren jede den Glanz einer Juwelenfacette besitzt – . . .«[4] Solche Präsenz und das Bewußtsein der Präsenz lassen den Dieb die Gegenstände als Materiatur seiner Sinnlichkeit erfahren. Die Bedrohung duch die unvermittelte Selbständigkeit der Gegenstände reflektiert die Wahrnehmung zur Selbstwahrnehmung. »On se sent vivre«[5]. Genets Darstellung der gespannten Aufmerksamkeit, der Sinnlichkeit des Diebes während des Diebstahls, ist zugleich bewußte Stilisierung. »Der Diebstahl – und was sich daran knüpft: Gefängnisstrafen mit der Schande, eine solche Tätigkeit auszuüben – war für mich eine selbstlose Tätigkeit geworden, eine Art ausgeführtes und gedachtes Kunstwerk, das der Sprache bedurfte, meiner eigenen Sprache«[6]. Die Unmittelbarkeit der Selbstwahrnehmung bedarf des vermittelnden Mediums, der Sprache. Sie ist als Resul-

tat der reflektierten Wahrnehmung nicht als Unmittelbarkeit zu fixieren, oder, sie gewinnt diese Unmittelbarkeit erst in der Stilisierung, die die Unmittelbarkeit als Schein erweist und zerstört. Wo Sprache ist, ist die Unschuld verderbt. »Wir wissen, unsere Sprache ist unfähig, auch nur den Widerschein jener versunkenen, fremden Zustände ins Gedächtnis zu rufen. Und Gleiches würde für dies Tagebuch gelten, wenn es Aufzeichnungen dessen sein wollte, was ich war ... Ich bin nicht auf der Suche nach der Vergangenheit; ich schreibe vielmehr ein Kunstwerk, dem mein früheres Leben als Vorwand dient«[7]. Genet ist der Antipode der gewaltlosen mémoire involontaire, ihm ist Erinnerung ein Vorwand der Stilisierung des Erinnerten zu Kunst. Deren Verhältnis zu ihrem Material ist im Unterschied zu dem der philosophischen Reflexion nicht ganz von den Gegenständen abzulösen. Die Stilisierung bedarf des zu Stilisierenden, das sie nicht bezeichnet, sondern beschwört. Sie schafft Präsenz, nicht Distanz, und sabotiert damit die Begrifflichkeit, mit der das Bewußtsein sich die Gegenstände vom Leibe hält. Sie irritiert die an die kategorial geordneten Gegenstände gewöhnten Sinne mit ihrer Unsinnlichkeit, mit der allein die Verwirrung durch Sinnlichkeit im Bewußtsein zu evozieren ist. Die artistische Kunst ist subversiv. Sie paktiert mit dem in ihr Unterdrückten und offenbart sich in der Pornographie, der Stilisierung, die in der sexuellen Erregung des Lesers für das Stilisierte unmittelbare Präsenz erwirkt.

Genets Protagonist ist der Dieb, der sich in dem komplizierten Geflecht der durch Tauschverhältnisse organisierten Gesellschaft bewegt wie in einem Dschungel. Nicht willens, oder, häufiger noch, nicht in der Lage, die Befriedigung seiner Bedürfnisse aufzuschieben, um sich später mit Gratifikationen für erbrachte Leistungen abfinden zu lassen, greift der Dieb zu, eignet er sich die Waren an, die nicht das Resultat der Arbeit Einzelner sind, sondern das der gesellschaftlich betriebenen Produktion, welche ohne Aufschub der Befriedigung von Bedürfnissen nicht möglich geworden wäre. Der Dieb nimmt die Waren als das, wofür sie gelten, als Gegenstände. »Nicht das erste Mal sind die Dinge Anstiftung einer Tat und tragen allein die furchtbare, wenn auch leichte Verantwortung für die Verbrechen«[8]. Als einziger sitzt der Dieb dem Fetischcharakter der Ware so gründlich auf, daß er ihn durchschlägt. Durch ihn wird die in den Waren incorporierte Herrschaft freigesetzt, die prompt den ganzen Apparat staatlicher Zwangsgewalt gegen ihn mobilisiert. Dabei ist der Diebstahl ökonomisch irrelevant. Die Zeiten des Handelskapitals, in denen der Reichtum im Schatz oder in sonstwie beweglicher Habe materialisiert war, sind längst vergangen. Heute, da der Reichtum in der Form von Eigentumstiteln auf akkumulierten Mehrwert erscheint, sind nur die Gebrauchsgüter, die jede kapitalistische Industriegesellschaft im Überfluß produziert, und Luxusartikel, die nur einen Preis haben, keinen Wert repräsentieren, dem Zugriff der Diebe nicht entzogen. Ein Konzern ist nicht zu klauen. Diebe sind aus einem anderen Grund gefährlich. Wenn sie fremde bewegliche Sachen sich umstandslos aneignen, so ignorieren sie die in diesen Sachen als Waren incorporierten Herrschaftsverhältnisse. Die ökonomische Mediatisierung von Gewalt zu einer Eigenschaft von Gegenständen, dem Preis, ist nur solange möglich, wie der wahre Charakter der ökonomischen Verhältnisse als Herrschaftsverhältnisse nicht offenbar wird, wie die Beziehungen von Menschen zu Eigenschaften von Waren fetischisiert werden. Da die kapitalistische Gesellschaft der ökonomischen Mediatisierung der Gewalt bedarf, weil ihr Regulativ, der Markt, nur so lange funktioniert, als auf ihm die Differenzen ausgehandelt und nicht gewaltsam ausgetragen werden, denunziert der Diebstahl, die gewaltlose Aneignung fremder beweglicher Sachen, die Gewalt, die der Aneignung fremder Arbeitskraft zu Grunde liegt. Er wird symbolisch verfolgt, stellvertretend für jene Erinnerung an die Gewalt, die in der vorgeblich nach dem bürgerlichen Recht gewaltfrei geordneten Sphäre das ordnende Prinzip ist. Die gewaltsame Verfolgung der Diebe macht diese zum Symbol der Gewalt, die sie durch ihre Geschicklichkeit unterlaufen, sie stilisiert die Diebe zu Kriminellen. Darauf reagiert Genet mit einem ironischen Reflex, mit der inversen Stilisierung der Diebe zu angebeteten Heiligen.

Die nach dem bürgerlichen Recht gewaltfrei geordnete Sphäre läßt sich beim Fortbestehen von auf Gewalt gegründeten Verhältnisse nur mit Gewalt gegen Störungen verteidigen. Eine solche Verteidigung liegt selbst außerhalb der Sphäre, die verteidigt sein will. Die Polizei ist asozial. »Welchem dunklen Wunsche gehorchte ich, indem ich (und mit welch glühendem Eifer) forderte, daß von meinen Freunden ein jeder sein Double in der Polizei besäße ... Nie war der eine der Schatten des anderen, vielmehr schien mir der eine wie der andere außerhalb der Gesellschaft zu stehen, ausgestoßen und von ihr verflucht«[9]. Die Bewahrung des Rechtszustandes fällt selbst nicht in den Rechtszustand, und die in den Rechtsstaaten üblichen Polizeiskandale, die zu vertuschen die Polizei zusammenhält wie eine kriminelle Vereinigung, sind Indiz der geheimen Komplizenschaft der aus der Rechtssphäre Geschleuderten. Die Polizei ist der Makel des Rechtszustandes, der von den Kriminellen denunziert wird. »Polizisten und Verbrecher sind die männlichsten Emanationen dieser Welt: man bedeckt sie mit einem Schleier. Sie sind Eure Schamteile, doch, ganz wie Ihr, nenne ich sie die edlen Teile«[10]. Als Repräsentanten der unmittelbaren Gewalt das Geflecht der ökonomischen Vermittlungen durchschlagend, werden die Polizisten und Verbrecher zu Repräsentanten der Unmittelbarkeit selber, zur geheimen Sehnsucht, der die Bürger im Kriminalroman frönen. Genet trägt zur Verdrängung der Einsicht in diese Verhältnisse bei, wenn er Kriminelle wie Kriminale zu Heiligen stilisiert, die alltägliche Gewalt so überhöht zur Einmaligkeit; und er wird zugleich durch Blasphemie dem Heiligen gerecht, indem er dessen objektives Interesse enthüllt, dem an Unmittelbarkeit, die im unmittelbar Gegebenen sich nicht vorfindet, die nur im Ausbruchsversuch gegenwärtig ist, und auch da induziert durch die Reaktion einer Gesellschaft, deren Reglement der Dieb sofort nach der Tat sich fügt, wenn er die geklauten Gegenstände wieder als Waren verhökert.

Das Moment des Ausbruchs zu fixieren, ohne ihn doch zum endlos Repetierbaren verfügbar zu machen, ist der Zweck der literarischen Anstrengung. Das Mittel ist die Reflexion der Distanz des Dichters zu den Gegenständen. »Der Aufwand an Mühe, die Pracht der Gegenstände, die aufgeboten wird, um den Menschen die Gegenstände näher zu bringen, läßt mich ermessen, wie weit der Dichter von ihnen entfernt war«[11]. Mit der Reflexion auf die Distanz der Literatur zu ihrem Gegenstand ist die Einsicht in die parasitäre Existenz alles Literarischen gesetzt. Daß der Dichter von dem von den anderen Produzierten sich nährt, daß er darüber hinaus die Erfahrung selber, die eigene und die anderer, ausbeutet, macht ihn mit den Dieben gemein. »Die schönen Verbrecher – könnte ich sie noch bewundern ohne zu erröten, hätte ich nicht ihr Wesen erfahren? In ihrem Unglück zur Schönheit zahlreicher Gedichte beizusteuern, will ich ihnen helfen. Fledderei ist es, wenn ein Künstler aus dem Verbrechen Nutzen zieht. Da setzt jemand sein Leben, seinen Ruhm aufs Spiel, damit ein Dilettant sich damit schmückt«[12]. Das Ungenügen am bloß Literarischen ist das Motiv der artistischen Literatur, die doch dies Ungenügen in den Kreis des Literarischen, aus dem es hinaus will, bannt. Nur durch den Verrat an der Unmittelbarkeit, die im Text nur beschworen ist, nicht gegenwärtig, läßt an deren Idee sich festhalten. Dieser Verrat hat sein Modell an der Erfahrung, die nur möglich ist als die eines Subjekts, dem durch sein Gedächtnis die Einmaligkeit der sinnlichen Wahrnehmung, der Erregung relativiert wird durch die Erinnerung an frühere Erlebnisse. »Die Liebkosung eines Leibes, der unter meinem Laken ausgestreckt liegt, oder der aufrecht steht an irgend einer Straße, auch nachts in einem Wald, oder an einem Strand, eine solche Liebkosung schafft mir nur die Hälfte der Lust: ich wage es nicht, mich als Liebenden zu sehen, denn ich habe zu viele Situationen gekannt, in denen meine Person ... die verzauberte Triebfeder des Augenblicks wurde. Ich werde diese Situation niemals wiederfinden«[13]. Treue wäre blind, subjektlos, sie dürfte von sich selbst nicht wissen. Schlägt das Subjekt die Augen auf, so ist schon verloren, wonach nur es verlangen kann. »Ich achte darauf, die flüchtigen Augenblicke nicht zu verpassen, die, wie umherirrende Seelen auf der Suche nach ihrem Körper, einem Bewußtsein nachzuspüren scheinen, das sie wahrnimmt und registriert. Hält man sie fest, vergehen sie: der Dichter erschöpft die Welt«[14]. Was qua Literatur dem Kontext der Erfahrung gefahrlos einverleibt wird, dient zur Arrondierung der Subjektivität, die alles ihr Fremde an der Erfahrung tilgt, so daß am Ende das Subjekt immer wieder nur sich selbst erfährt. Das Dokument der Vergeblichkeit der literarischen Anstrengung ist die Literatur als rezipierbares Bildungsgut. Doch ist dieselbe Literatur auch Dokument der Anstrengung, und wird sie, wider die ästhetische Regel, à la lettre genommen, so werden ihre Elemente, die in der Komposition integriert sind, freigesetzt, wird der immanente Zusammenhang der Subjektivität gesprengt. »Ein solcher Wortschatz, die ungestaltete Welt, die er in sich trägt und die auch in mir ist, zersprengten und zerstörten mich«[15]. Die artistische Literatur ist der Versuch der Quadratur des Zirkels: die Elemente freizugeben, ohne doch die Instanz der Erfahrung, das Subjekt zu opfern, oder in termini der Psychoanalyse: die Partialtriebe freizugeben und sie doch als Partialtriebe erfahrbar zu halten, d. h. sie dem Ich, das das Genitalprimat repräsentiert, zu unterstellen. Damit entwirft die artistische Literatur eine Strategie der Perversionen. Sie ist die Antizipation einer freien Sinnlichkeit.

Die Treue zur eigenen Sinnlichkeit, die Hingabe an die momentane Sensation, impliziert den Verrat, die Weigerung, reziproken Verhaltenserwartungen zu entsprechen. So tief reicht die Erfahrung der eigenen Sinnlichkeit in die Physiologie, die materielle Vorgeschichte des Ich zurück, daß sie das Bewußtsein verstört, ihm das Nächste in eisiger Fremdheit erscheinen läßt. Von der psychischen Instanz der Koordination des Sinnlichen, dem Ich, bleibt nur die leere Identität des einsamen Bewußtseins, das nun seine eigene Basis, das Ich, als ein doppelt Fremdes erkennt: das Ich hat seine Funktion in dem Sinnlichen, das nicht in Bewußtsein sich auflösen läßt, und es übt jene Zensur, Unterdrückung, die verhindert, daß das Sinnliche zu Bewußtsein kommt. Die Psychoanalyse verrät wider Willen, daß Ich und Bewußtsein inkompatibel bleiben, weil das Ich die Organe des Glücks der Herrschaft des Genitalprimats unterwirft. Geduldet sind die Partialtriebe nur, wenn sie die Erreichung des normalen Sexualzieles befördern[16], die Erfüllung des Besonderen, nicht schon durch die bloße Gattung Programmierten, bleibt versagt. Das Ich, die innerpsychische Repräsentanz der vergesellschafteten Gattung, hat seine Substanz an den Partialtrieben, die es unterwirft, mehr noch, es selbst ist das Resultat der Unterwerfung der Partialtriebe, die erst durch diese Unterwerfung als besondere, eigenständig auf Erfüllung drängende, aus dem natürlichen Reiz-Reaktions-Mechanismus herausgesetzt worden sind. Das Ich als innerpsychische Repräsentanz des nicht existierenden Gattungssubjekts ist die Instanz, die Bewußtsein erst ermöglicht, doch es bleibt blind, wenn es das, woran es seine Substanz hat, nur als Funktion zuläßt. Darin ist die Psychoanalyse bürgerliche Ideologie, ihrer selbst nicht bewußte Widerspiegelung der kapitalistischen Produktionsverhältnisse, daß sie dem Selbstverständnis der kapitalistischen Produktionsweise entsprechend das materielle Moment unterschlägt. Wird in der kapitalistischen Produktionsweise die jeweils partikulare gegenständliche Auseinandersetzung mit der Natur herabgesetzt zur bloßen Funktion, die Seite der Selbständigkeit des Besonderen unterdrückt durch die Reduktion der Arbeiter auf Funktionsorgane des Kapitals, so wird die Besonderung der Sinnlichkeit in den Partialtrieben von der Psychologie als Perversion denunziert, aus Angst vor dem Aufstand des erst durch die Unterdrückung konstituierten Unterdrückten.

Die Erfüllung des Liebesbedürfnisses läuft unter den Bedingungen der Unterdrückung auf den Betrug hinaus, daß diese Bedürfnisse zum Mittel der Disziplinierung werden. Die Verherrlichung der asozialen Tat, des Kameradendiebstahls, deckt den Betrug auf. »Durch die Tat riß ich mich gewaltsam von den ekelhaften Kameradschaftsbanden los, an die sich meine liebebedürftige Natur geklammert hatte«[17]. Um der Liebe willen läßt Genet seinen Protagonisten zum Verräter am Geliebten werden. »Und was für eine Liebe braucht es nicht, daß ich die Kraft daraus schöpfe, sie zu zerstören«[18]. Die Haltlosigkeit der Liebe der Schwulen ist nicht nur Resultat des Ausschlusses der Homosexuellen aus der Gesellschaft, sondern ebensosehr ist eine Liebe, deren einziger Halt die Sinnlichkeit ist, selbst exterritorial zu einer Gesellschaft, in der die Beziehungen der Individuen dadurch stabilisiert werden, daß sie eine Funktion bekommen, die mit den Individuen, mit deren Bedürfnissen und mit deren Sehnsucht inkompatibel ist. Nur weil der gesellschaftliche Mechanismus in die Struktur der psychischen Verhältnisse der Einzelnen eingegangen ist und noch deren Bedürfnisse präformiert, erscheint die Befriedigung der Bedürfnisse der Einzelnen als identisch mit der Erfüllung ihrer gesellschaftlichen Funktion. Die darin liegende Gleichgültigkeit menschlicher Beziehungen erscheint paradoxerweise als die Kälte derer, denen das Einverständnis ihrer Bedürfnisse mit deren Funktion zerbrach. »Man liebt sich ohne Liebe. Sie

haben nicht das geweihte Gepräge. Die Tunten sind die großen Unmoralischen«[19]. In den Manierismen des Tonfalls, in den gezierten Gesten, dem hysterischen Gehabe, im fetischistischen Verhältnis zur Oberfläche der Körper drückt unübersehbar die Künstlichkeit menschlicher Verhältnisse sich aus, die sonst in der gesellschaftlich präformierten Wahrnehmung ausgeblendet bleibt. Die fetischistische Anbetung der Einzelheiten eines Körpers belastet die Beziehung mit ästhetischen Qualitäten, die sich nicht auf ihre Funktion, ihren Signalcharakter reduzieren lassen, weil sie dem Prinzip nicht unterzuordnen sind. »Das sexuelle Übergreifen auf andere Körperstellen bietet in all seinen Variationen nichts prinzipiell Neues, fügt nichts zur Kenntnis des Sexualtriebes hinzu«[20]. Die momentane Affektation, die sich an den Besonderheiten eines Körpers, einzelner Körperstellen entzündet, ist unter dem Aspekt der Funktion der Sexualität eine fetischistische Sexualüberschätzung[21], eine Verirrung, der Freud in einer benachbarten Stelle jedoch zugesteht: »Vielleicht gerade bei den abscheulichsten Perversionen muß man die ausgiebigste psychische Beteiligung zur Umwandlung des Sexualtriebes anerkennen. Es ist hier ein Stück seelischer Arbeit geleistet, dem man trotz seines greulichen Erfolgs den Wert einer Idealisierung des Triebs nicht absprechen kann. Die Allgewalt der Liebe zeigt sich vielleicht nirgends stärker als in ihren Verirrungen«[22]. Die Stilisierung macht den Trieb dem Bewußtsein kommensurabel und begründet damit eine Besonderung des Triebes, deren zentrifugaler Impetus tendenziell die Identität des Ich zerreißt. Unter der Bedingung der Anerkennung der Selbständigkeit der Partialtriebe bliebe die Identität des Ichs, die Instanz von Bewußtsein, nur als Balance dessen, was sich seiner Herrschaft entzöge. »Notre-Dame und Mignon schlangen sich gegenseitig in ihre Phantasie ein, umwanden sich mit Girlanden, so wie zwei Geigen ihre Melodie abhaspeln, wie Divine ihre Lügen um die ihrer Kunden windet, bis sie ein Gewirr bilden, das noch undurchdringlicher ist als das Lianengehölz im Urwald, und keiner von ihnen war sicher, daß es das eigene und nicht das Thema des anderen war, das er fortführte. Diese Spiele spielten sie wachen Geistes, nicht um zu träumen, sondern um zu verzaubern«[23].
Die Konstruktion der Romane Genets spiegelt die Zerrüt-

tung der Identität wider. Die Einheit der Handlung wird nicht durch frei strömende Assoziation gesprengt, sondern durch die Stilisierung des Akzidentiellen, durch Auskonstruktion von Details, die in Sackgassen führt, weil sie Einzelnes mit einer Bedeutung belastet, die es nur als in ein Ganzes verspannt zu tragen vermöchte. Präzision wird zu einem Mittel der Irritation, forciert durch wie Intarsien eingelegte Oxymora – ein »gewalttätiges Licht des Mondes«[24] –, bis die Präsenz des Dargestellten mit dessen Unwirklichkeit sich amalgamiert zum sinnlichen Schein, dessen Zerbrechlichkeit der katastrophalen Sehnsucht korrespondiert. Die selbstzerstörerische Phantasie des Häftlings Genet ist der Garant der masochistischen Selbstbehauptung seiner Sensibilität. »Die Welt der Lebenden ist mir niemals fern genug. Ich schiebe sie so weit wie möglich fort, mit allen Mitteln, die mir zur Verfügung stehen. Die Welt weicht zurück, bis sie nur noch ein goldener Punkt ist in einem Himmel von solcher Finsternis, daß der Abgrund zwischen unserer Welt und der anderen sich gewaltig auftut und von der ganzen Wirklichkeit nur noch unser Grab bleibt«[25]. Dies Grab ist der Ort der onanistisch angeheizten Phantasie, der keines der einander überblendenden Bilder genug ist, weil sie an Bildern kein Genügen finden kann. Das auf Produktionen der Einbildungskraft angewiesene sexuelle Verlangen durchschaut die Phantasiegebilde zugleich als unzureichende Surrogate, die Artikulation als Ersatzhandlung. Die Demontage des ästhetischen Scheins ist der Versuch der Rettung der Imagination, die davor bewahrt werden soll, die pittoreske Welt der Diebe und Tunten zu genießbarem Lesestoff aufzuarbeiten. Die Möglichkeit realistischer Darstellung des »buntgescheckten Elends«[26] wird bezeichnet, aber nur negativ, als Vernichtung der imaginierten Gestalten dadurch, daß sie im Gerichtssaal durch Aufruf mit ihrem bürgerlichen Namen identifiziert werden[27]. Weil die Imagination zum Surrogat nicht taugt und doch vorspiegelt, was sie nicht zu erfüllen vermag, macht sie die Versagung scharf, schneidet den Fluchtweg zu Resignation und Verzicht ab. Die pornographischen Schilderungen in den Romanen Genets sind keine Schnittmusterbögen für Ersatzbefriedigungen, sondern Momente der irritierenden sexuellen Erregung, die durch Triebabfuhr nicht zu löschen ist. Mit den Versatzstükken eines zu reiner Poesie stilisierten Elends gelingt die Beschwörung der triebhaften Sehnsucht, die keine Verklärung der Versagung mehr erlaubt. »Culafroy hatte ein elendes Schicksal, und das ist der Grund, weswegen sein Leben aus jenen geheimen Handlungen zusammengesetzt war, von denen jede ihrem Wesen nach ein Gedicht ist, ... das eine Welt erschüttern kann, weil (es) aus einer Welt kommt, deren vielfältiger Sinn nicht eingestanden werden darf«[28]. Die literarische Aufbereitung des Elends dient trotz zur Selbstrechtfertigung eingearbeiteter Empörung seit je der Faszination, die von der Darstellung des Niederen ausgeht, wie dem Interesse an der Poesie, der allem Materiellen enthobenen reinen Stilisierung, ein unlauteres Motiv zu Grunde liegt. Indem Genet die Benennung des Elends mit der Poesie kurzschließt, zündet er einen Bogen, dessen blendendes Licht die Szenerie ausleuchtet, in der die Literatur öffentlich sich von der Unzucht des Elends aushalten läßt. Die Literaten erweisen sich als Zuhälter des Elends, das ohne sie keine Stimme hat. Indem sie an dessen Bedürfnis nach Erlösung parasitär teilhaben, sanieren sie ihre Subjektivität.

Weil jede Liebe auch Projektion ist, Zutat der Phantasie des Liebenden, an der der Geliebte keinen Anteil hat, ist der Geliebte dem Liebenden unerreichbar, Liebe ein Resultat der Phantasie, in der das Subjekt mit sich allein bleibt. »Ich weiß, noch ein Glück das möglich wäre, entzieht sich meinem Zugriff, entzieht sich, weil ich es geträumt habe«[29]. Die Verzweiflung am Schein generiert die Unersättlichkeit, die die Phantasie auf das factum brutum, den Mord, fixiert. Die physische Qual, die die Unerreichbarkeit des Imaginierten bereitet, provoziert die Vorstellung der Exekution des Vorgestellten. »Wie oft habe ich nicht schon gewünscht, all diese schönen Kinder zu töten, die mich in Verlegenheit setzten, weil ich nicht genügend Glieder hatte, sie alle zugleich aufzufädeln, und nicht genug Samen, sie vollzustopfen. Ein Schuß aus dem Revolver, das fühlte ich, hätte meinem Herzen und meinem Körper, die von Lust und Eifersucht verwirrt waren, ihre Ruhe zurückgebracht«[30]. Die imaginäre Destruktion des Vorgestellten bringten den scheinhaften Charakter des Wirklichen zu Tage. Die Darstellung des Scheins als Schein läßt die Unwirklichkeit des Wirklichen bewußt werden, ohne sich doch in einem dem Schein transzendenten wahren Wesen festmachen zu können. »... ich faßte wieder Fuß auf dem festen Grund der Posse – wogegen das Gedicht stets den Boden unter den Fußsohlen fortzieht und Euch in den Schoß einer wunderbaren Nacht ansaugt«[31]. Bleibt jenseits des Scheins nur die Posse, dann ist die Transzendenz leer. »Gott war hohl«[32]. Aber noch die Liquidation des Gegenstandes der Theologie bestätigt deren Lehre von der Trinität des Sinnlichen, des Unwirklichen und des Bösen. Die ästhetische Sensibilität prädestiniert zur Empfänglichkeit für die sinnliche Schönheit des Bösen, deren Anbetung ebenso in das Einverständnis mit dem tatsächlichen Grauen umschlägt wie der beharrliche Glaube an die allgegenwärtige Güte Gottes: »... einer Pflanze wunderbar an Schönheit, Raffinesse und Geschicklichkeit, entfaltet zu einer Rose, deren gewundene, aufgestülpte Blütenblätter die rote Farbe leuchten lassen, eine Rose unter der höllischen Sonne mit den furchtbaren Namen: Maidenek, Belsen, Auschwitz, Mauthausen, Dora«[33]. Die heroische Selbstbehauptung der Sensibilität gelingt nur um den Preis der Stilisierung des Grauens zum ästhetischen Schein. Die Unmenschlichkeit des Faschismus, die in der des gegenwärtigen Imperialismus ihre Fortsetzung findet, ist dem Subjekt nur in der Stilisierung zur Übermenschlichkeit, der des Heiligen wie der des Bösen, kommensurabel. Noch das Argument, das der Beratung ihrer Bekämpfung dient, muß sich um seiner Möglichkeit willen gegen die Vorstellung ihrer Wirklichkeit abdichten, denn die ließe das Subjekt hoffnungslos verstummen. Der Kampf gegen die Unmenschlichkeit ist in der Wahl seiner Mittel nicht frei, sich seiner unmenschlichen Dialektik um der privaten Sensibilität willen zu entziehen, wäre Absonderung von aller Menschlichkeit, dem Medium, das das Entstehen von Sensibilität erst ermöglicht, es wäre privatio, das Böse der Theologie.

Das Böse ist der ästhetische Schein des Grauens. Wenn Gott die noch mythische Gestalt der Subjektivität der menschlichen Gattung ist, dann ist das Böse als Abfall von Gott die mythische Gestalt des Abfalls von der Menschlichkeit, ist es Negation der Menschlichkeit. Weil aber die Subjektivität der Gattung nichts für sich seiendes ist, bleibt sie für die Menschen so belanglos wie der selbstgenügsame Gott der Theologie, wenn sie nicht in den menschlichen Subjekten zu sich kommt. Da das für sich werden der menschlichen Gattung sich nur in den individuierten, physisch existierenden Menschen vollziehen kann, müssen diese sich darin als Gattungswesen, als von dem Allgemeinen der Gattung abhängige erfahren. Das für sich werden der Gattung ist für die Menschen ein für anderes, für ein Allgemeines werden, demgegenüber das für sich sein der einzelnen Menschen Privation ist, ein Abfall von der Gattung und von der eigenen Menschlichkeit. Sinnlichkeit kommt nur den einzelnen physisch existierenden Menschen zu. Sie nicht dem Allgemeinen der Gattung zu unterstellen, sondern für sich Lust empfangen zu wollen, bedingt die Absonderung vom Allgemeinen. So vertritt das Böse zugleich den anarchischen Anspruch auf sinnliches Glück. Es zählt zu den ersten Menschenrechten. In der Lust, die ohne Andere oder die Vorstellung eines Anderen nicht möglich wäre, ist jeder allein, getrennt nicht nur von dem, der sie ihm verschafft, sondern auch von seiner eigenen Menschlichkeit. »Das einzige Mittel, dem Entsetzen zu entgehen, besteht darin, sich dem Entsetzen zu überlassen. ... Übrigens, nun ja, ich weiß, ihr werdet manchmal dieser gespannten, heroischen Haltung des Verbrechers müde und dann verständigt ihr Euch mit der Polizei, um wieder in die ausgeraubte Menschheit einzutreten. Divine wußte nichts von dieser Seite (dem Verrat) Mignons. Hätte sie sie gekannt, so hätte sie ihn dafür nur noch mehr geliebt, denn Liebe ist für sie gleichbedeutend mit Verzweiflung«[34]. Nicht nur die aus Gründen der Psychohygiene ratsame Erledigung der Triebbedürfnisse zu betreiben, sondern der eigenen Lust sich hinzugeben, heißt immer auch, sich einem Anderen willig auszuliefern. Die Abhängigkeit, nicht von einem Allgemeinen, dem zuzustimmen wäre, sondern von einem Fremden, der der Zustimmung unerreichbar bleibt, erschüttert das Selbstbewußtsein, das der Erniedrigung nur durch die Verhärtung zum Hochmut gewachsen ist. »Wenn ich verkünde, ich sei eine alte Hure, kann niemand mich übertrumpfen; ich entmutige die Beleidigung«[35].

Im Lumpenproletariat, den keiner Organisation zum historischen Subjekt mehr erreichbaren Dieben, Tunten, Zuhältern findet Genet die Gestalten für »ein Glück ..., das keine Süße mehr kennt«[36]. An den rettungslos Verworfenen wird erkennbar, was Solidarität wäre: daß die Menschen sich ihre Fremdheit vergäben, im Fremden die Widerspiegelung ihrer eigenen Einsamkeit erkennten. »Keinerlei Zärtlichkeit konnte ihnen entschlüpfen, denn die Liebe, die sie für einander hegten, wurde von der Welt nicht anerkannt, ihre natürlichen Wirkungen bekamen sie nicht zu spüren. Nur die Sprache hätte ihnen sagen können, daß sie aus Liebe liebten ... Als sie einsahen, daß sie sich nicht verstanden, daß all ihre Sätze umsonst waren, gaben sie sich schließlich mit Grunzen zufrieden«[37]. Die theologische Gestalt des Fleisch gewordenen Logos ist die Inversion der Sehnsucht des gequälten Fleisches nach Erlösung zur Erlösung von der Sehnsucht des Fleisches, sie repräsentiert die Affirmation an die Positivität der Idee, des Allgemeinen, und ist Negation der Sinnlichkeit, um deretwillen sie nötig wurde. Die von der Theologie versprochene Auferstehung im Fleisch ist Betrug von Anfang an, denn das auferstandene Fleisch soll nicht Schmerz noch Lust verspüren, es ist nur noch das überflüssige Behältnis der ins Allgemeine zurückgesunkenen Seele, das Individuation nur noch vortäuscht. Aller sinnliche Glanz geht aus von den Schilderungen der Sünde und der Höllenstrafen, in denen der unversöhnliche Hochmut des Geistes der Sinnlichkeit ein Fest ausrichtet. »Ich spüre so etwas wie einen seltsamen Durst, ich möchte trinken, das heißt leiden, das heißt trinken, aber derart, daß die Trunkenheit vom Leiden kommt, und das Leiden müßte ein Fest sein«[38]. Im masochistischen Ideal, das die Erfüllung der Sehnsucht nach sinnlichem Glück noch unter den Bedingungen seiner objektiven Unmöglichkeit fordert, wird die Treue, die dem Anspruch auf Glück gehalten wird, zum Verrat an den Kräften, denen allein es gelingen kann, die Bedingungen zu schaffen, unter denen dieser Anspruch eingelöst werden könnte. Die Destruktion der Hoffnung aufs Jenseits fixiert den Anspruch auf das Diesseits, in dem er nur hier und jetzt einzulösen wäre, sie setzt das Motiv zur Revolte, das als Movens der Revolution versagt. Soll aber das Ziel der Revolution nicht wieder zum Ideal herabgesetzt werden, so muß sie die Perspektive auf das eröffnen, was selbst keine Perspektive mehr hat, muß sie in der Imagination Bedürfnisse entfesseln, die durch Imagination nicht zu stillen sind. Der Wortzauber der Romane Genets, durch den solche Bedürfnisse beschworen werden, ist politisch irrelevant, und das Lumpenproletariat, aus dessen Elend er ihn destilliert, bleibt der jeder politischen Organisation unzugängliche Gegenstand literarischer Ausbeutung. »Das Publikum? Es sieht einfach nur Feuer, und da es glaubt, daß Du spielst, und nicht weiß, daß Du der Brandstifter bist, applaudiert es dem Brand«[39]. Weder das Publikum noch das historische Subjekt sind Adressaten der Romane Genets, aber eine revolutionäre Bewegung, die ihr Motiv nicht ins Jenseits transponieren will, hätte an den Irrlichtern der in ihnen gelegten imaginären Brände wie an Leuchtfeuern sich zu orientieren.

(Mit dem Titel, den der Verlag für diesen Band gewählt hat, bin ich nicht einverstanden. P. B.)

Olaf Hansen

Henry Miller – Der konservative Avantgardist und das Obszöne

> I never felt better in my life, I said, I've just been humiliated, beaten, dragged in the mud and washed in the blood of the Lamb. I'm hungry, are you? Let's eat.
>
> *The Alcoholic Veteran with the Washboard Cranium*

Überlegungen, die sich mit der Funktion des Obszönen im Werk Henry Millers befassen, dürfen eben dieses Obszöne nicht als isoliertes Moment innerhalb eines unrekonstruierten literarischen und literarhistorischen Kontextes begreifen. Will man die literatursoziologische, und das heißt hier spezifischer: die auf Literatur bezogene sexualästhetische Bedeutung des Obszönen im Werk Henry Millers adäquat erfassen, ist man vielmehr darauf angewiesen, jene literarhistorischen und gesellschaftlichen Bedingungen zu skizzieren, die zur spezifischen literarischen Ausprägung des Obszönen in Millers Romanen ebenso beitrugen wie zu seinen Erläuterungen in den Essays. Mehreres gilt es demnach zu entfalten: die Frage nach dem Selbstverständnis, dem Erfahrungsbedürfnis, dem als Substrat einer eigenen Ästhetik zu sehenden Gesellschaftsbegriff des Expatriierten im Paris der dreißiger Jahre; das Problem von Traditionsverlust bei gleichzeitigem Traditionsbewußtsein; die Dialektik von kultiviertem antikulturellen und zivilisationsfeindlichen Gestus ebenso wie die des negativen Mythos vom ikonoklastischen Individuum, das in kosmischen Bezügen gesellschaftlich verweigerte Identität wiederherzustellen versucht.
Nicht zuletzt fordert gerade eine Konzentration auf das Obszöne und dessen sexualästhetische Bedeutung, daß Millers eigene, latent handlungsbezogene Literaturtheorie ideologiekritisch durchdacht wird, daß also aus der Perspektive der Ideologiekritik ernst genommen wird, was Miller wiederholt formuliert hat: »I believe that one has to pass beyond the sphere and influence of art. Art ist only a means to life, to the life more abundant«[1]. Formulierungen dieser Art –

von Miller in mannigfaltiger Variation immer wieder geäußert – implizieren einen lebensbezogenen Wahrheitsgehalt des Kunstwerks, einen Wahrheitsgehalt, dessen Verständnis von einer Analyse des Millerschen Lebensbegriffs abhängt, der wiederum von seinem Gesellschaftsbegriff nicht zu trennen ist.

Ein Rückblick auf die Zeit der dreißiger Jahre, die Miller in Paris verbrachte, auf jenen Zeitraum also, innerhalb dessen er nicht nur *Tropic of Cancer* und *Tropic of Capricorn* schrieb, auf die sich die folgenden Überlegungen im wesentlichen konzentrieren werden, sondern auch *Black Spring* und die Essay- und Kurzprosasammlung *Max and the White Phagocytes*, zeigt, wie notwendig es ist, die Vorstellung der lebensbezogenen ›Abundantia‹ und ihr Verhältnis zur Kunst als eine durch Tradition vermittelte zu begreifen. Der in der Literatur häufig angeführte und wohl auch triftige Hinweis, daß die Situation des expatriierten Miller der *rive gauche* im Paris der dreißiger Jahre eine andere war als die der klassischen Expatriierten der zwanziger Jahre, sollte nicht die mannigfaltigen Bezüge verdecken, die Miller mit den Vertretern der Lost Generation verbinden und beide mit der Boheme des Greenwich Village am Ende des Ersten Weltkriegs. Eine Analyse der erwähnten Bezüge zeigt allerdings auch deutlich Millers eigene Leistung: die traditionelle Klage über das Los des Schriftstellers in Amerika, so alt wie die Literatur Amerikas selbst, war seit Randolph Bourne und Van Wyck Brooks zum Versatzstück der literarischen Boheme New Yorks geworden und hatte als solches kaum noch irgendwelche Explikationskraft[2]. Miller blieb länger in Amerika als die Vertreter der Lost Generation, und – bei aller Treue zum Trivialmythos des kunstfeindlichen Amerika – fällt seine Amerikakritik, detailliert in *Tropic of Capricorn* und in *The Air-Conditioned Nightmare*, inhaltlicher und entlarvender aus und verläßt somit die Ebene des Versatzstücks.

Ähnliches gilt für den wiederum seit dem Van Wyck Brooks der Jung-Amerika-Gruppe virulenten Anti-Puritanismus, der eine Konstante im kulturellen Selbstverständnis der New Yorker Boheme war[3]. Daraus im Hinblick auf das literarische Werk auch die letzte Konsequenz gezogen zu haben – sieht man einmal von E. E. Cummings ab, dessen per-

sönliche Erfahrungen: Reduktion der Lebenswelt und daraus resultierender Schock als Ausgangspunkt eines literarisch objektivierten Wirklichkeitsbegriffs denen Millers strukturell gleichen – war Henry Miller vorbehalten. Wo Hemingway, zwar stolz auf wenige realistische Details, Sexualität dennoch zumeist nur in verdeckender Metaphorik darstellt und so letztlich noch einmal verdrängt, wo F. Scott Fitzgerald in der Komposition von *Tender Is the Night* eine Szene zwischen drei Lesbierinnen bis zur Unkenntlichkeit der ursprünglichen Absicht literarisiert oder in einer Neuauflage des Romans den Satz: »I never did go in for making love to dry loins« als anstößig streichen läßt[4], hat Miller zum ersten Mal in der amerikanischen Literatur Sexualität, das Obszöne nicht verdrängend, und eben darum spezifischer als andere vor ihm zur Geltung gebracht. Literarische Tabuverletzungen solcher Art, die als latente Entsublimationsversuche zu werten sind, verändern nicht nur das Verhältnis von Literatur und Kultur sondern auch die traditionellen Erscheinungsformen, in denen dieses Verhältnis in der amerikanischen Literaturgeschichte sich bisher darstellte. Damit verbunden ändert sich nämlich die gesamte, Sublimationsmöglichkeiten versprechende Gedankenfigur des kulturellen Europas als Gegenbild Amerikas, in deren Tradition Miller sich befindet: Kultur, genauer: die Möglichkeit der kulturellen Objektivation und die daran geknüpfte Hoffnung der künstlerischen Individuation werden aus der Perspektive wenn auch oberflächlicher gesellschaftlicher Zusammenhänge gesehen; Kultur wird so im Ansatz ihres autonomen Scheins beraubt, den sie als Gegenbild stets noch hatte. Zwar war für die Gruppe aller Expatriierten die Flucht aus Amerika gesellschaftlich begründet und als eine solche auch bewußt; Europa als Gegenbild und Zufluchtsort, wo künstlerische Selbstverwirklichung möglich schien, hatte jedoch die Funktion, den Zusammenhang von Literatur und Gesellschaft zugunsten eines neuen Autonomiebegriffs von Kunst und Künstler vergessen zu lassen.
Zusätzlich gilt es noch eine zwar banale, für die Möglichkeit der Tabuverletzung dennoch wichtige Tatsache in Erinnerung zu rufen. Wesentlich länger als Hemingway etwa, von dem Erfolgsautor Fitzgerald gänzlich abgesehen, blieb Miller der Kontakt mit der Kulturindustrie, spezifischer mit

dem Verlagswesen und dessen Ansprüchen und Angeboten erspart. Die Erfahrung literarischer Weltbewältigung blieb so zuerst einmal eine individuelle, subjektbezogene, keine also, die auf dem literarischen Markt Anspruch auf Verallgemeinerungsfähigkeit erhob und als Bedingung dafür Kategorien des Marktes zu berücksichtigen brauchte[5].

Ausgehend davon, daß es allerdings für Miller erst der Zerstörung der verfestigten Illusion des Gegenbildes bedurfte, um den Blick für das Individuum zu gewinnen, leuchtet es ein, daß gesellschaftliche Zusammenhänge zuerst einmal negativ erfahren werden als Zwänge, die eine freie Entwicklung des Individuums verhindern, wie immer ihre spezifische Erscheinungsform auch aussehen mag: »The social pattern remains the same, fundamentally, despite all the dazzling changes we have witnessed. It gets more and more thwarting all the time – for the born individualist«[6]. Politische Bewegungen, Bürgerkrieg und Revolution gleich welcher Art verfallen demselben Verdikt. Bekannt ist das Treffen von George Orwell und Henry Miller in Paris, Orwell auf dem Weg in den spanischen Bürgerkrieg, Miller trotz aller Vorhaltungen entschlossen, in Paris zu bleiben: »I am against revolutions because they always involve a return to *status quo*. I am against the *status quo* both *before* and *after* revolutions.« Und an einer andern Stelle: »Fuck your capitalistic society! Fuck your communistic society and your fascist society and all your other societies! Society is made up of individuals. It is the individual who interests me – not the society«[7]. Allein der Anarchismus, wie ihn in Amerika Carlo Tresca und Emma Goldman vertraten, wird von Miller akzeptiert, der eine vorgebliche Bekanntschaft mit Emma Goldman zum »turning point in my life« hochstilisierte, obwohl er sie wahrscheinlich entgegen seiner eigenen Darstellung nie selbst getroffen hat; ganz sicher nicht in San Diego, als er auf dem Weg ins Bordell durch ein Plakat von seinem ursprünglichen Ziel abgelenkt den Weg zu ihrem Vortrag über russische Literatur genommen haben will. (Emma Goldman wurde bereits auf dem Bahnhof, beim Verlassen des Zuges verhaftet und hat den Vortragssaal nie betreten können[8].) Zudem gilt es zu berücksichtigen, daß die von Miller erwähnte Identifikation mit den genannten Personen eher eine mit Symbolfiguren ist und sich noch

nicht einmal auf deren politische Praxis, geschweige denn auf ihre Theorie ausdehnen läßt.
Deutlich wird am erwähnten Beispiel allerdings, daß Millers Vorstellung vom Individuum die eines gesellschaftlich unvermittelten ist. Für ihn gilt, daß erst durch die Entwicklungsprozesse des einzelnen, anthropologisch bestimmten Individuums zur Freiheit Gesellschaft als nichtrepressive entstehen kann. Für den Künstler, der an diesem Entwicklungsprozeß durch seine eigene erst freizusetzende Kreativität partizipieren will, heißt dies zweierlei: zum einen, sich auf das Individuum zu konzentrieren – »I am interested – like God – only in the individual«[9] – und zum andern ist er genötigt, sich selbst außerhalb sanktionierter Konventionen zu artikulieren, Literatur, die er als etablierte erfährt, hinter sich zu lassen: »There is only one thing which interests me vitally now, and that is the recording of all that which is omitted in books«, so in *Tropic of Cancer*, und in einer an Emerson erinnernden Wendung in *Black Spring:* »What is not in the open street is false, derived, that is to say *literature*«[10]. Neuartig an solchen Formulierungen ist keineswegs die erklärte Absicht, sondern vielmehr die Radikalität ihrer literarischen Umsetzung, in der Miller das Individuum von allen sozialen und kulturellen, identitätsverbürgenden Bezügen löst und es auf die Grundkonstanten Hunger, Durst und Sexualität reduziert. Was Malcolm Cowley, Historiograph der ersten Generation der Expatriierten, noch als eines der Credos der New Yorker Boheme beschrieb: »The idea of self-expression. – Each man's, each woman's, purpose in life is to express himself, to realize his full individuality through creative work and beautiful living in beautiful surroundings«, wird von Miller aller bildungsbürgerlichen Schönheitsvorstellungen entkleidet und bis zur metaphorischen Zerstörung des Individuums selbst ernst genommen – »We are all alone here, and we are dead«[11].
War für die Vertreter der Lost Generation Paris vor allem eine Kulisse, bestenfalls Ambiente einer dem Künstler angemessenen Lebensform, Marktplatz der Ideen, ein Ort, den man wechselte, als der Kurswert des Dollars sank, nicht etwa der der Ideen, so war für Miller Paris der Ort und die Bedingung eines bewußten, deshalb nicht gedächtnislosen Neuanfangs, eine künstliche Geburt, aber die eines Künst-

lers. »It is no accident that propels people like us to Paris ... Paris is simply an obstetrical instrument that tears the living embryo from the womb and puts it in the incubator. Paris is the cradle of artificial births«[12]. Noch im Gedanken der Neugeburt, des Wiederanfangs setzen sich allerdings bei Miller in spezifischer Weise traditionelle amerikanische Gedankenfiguren durch. Zum einen noch ein letzter Hinweis auf die Boheme des Greenwich Village und das erste Credo, das Malcolm Cowley zu dessen Beschreibung anführt: »The idea of salvation by the child. – Each of us at birth has special potentialities which are slowly crushed and destroyed by a standardized society and mechanical methods of teaching. If a new educational system can be introduced, one by which children are encouraged to develop their own personalities, to blossom freely like flowers, then the world will be saved by this new, free generation«[13]. Den Gedanken an ein besseres Erziehungssystem hätte Miller zwar ebensowenig geteilt wie die Hoffnung auf eine Revolution zur Veränderung der Gesellschaft, dagegen ganz sicher die Opposition von im Bild der Geburt ausgedrückter Vielfalt von Entwicklungsmöglichkeiten einerseits und deren Unterdrückung durch die Gesellschaft andererseits – wie auch den in dieser Opposition implizierten Freiheitsbegriff. Deshalb gilt es zum zweiten auch auf jene umfassendere amerikanische Tradition hinzuweisen, die durch Namen wie Whitman, Emerson und Thoreau bezeichnet ist, zu der Miller später noch eine emphatische Affinität behaupten sollte, wenn er etwa Thoreaus Individualismus dem eigenen gleichsetzt, oder wenn er den Emersonschen Erfahrungsbegriff übernimmt und an die Stelle von ›compensation‹ den Begriff der ›sublime indifference‹ setzt[14].

I. Against Vicarious Living

Nicht aber aus einer verschlüsselt aufgenommenen Tradition heraus erklärt sich Millers avantgardistische Leistung (die konservativen Aspekte derselben allerdings), sondern aus dem Bruch mit den solchen Traditionen inhärenten, als sinnstiftenden stets legitimierten Zwängen – Zwänge, die allein als literarhistorische zu beschreiben den Zusammenhang von literarischer Konvention und literarischem Markt zu unterschlagen hieße, einen Zusammenhang, den Miller durchschaute und dem er seine antiliterarische Attitüde entgegensetzte. Ein wesentlicher Bestandteil dieser Attitüde äußert sich in der Rolle des Clowns, der durch Komik entlarven will, der weiß, was er zerstören will, und sich davor hüten muß, selbst diese Tätigkeit heimlich ernst zu nehmen: ein Clown, der auf Befehl lacht, eine Rolle akzeptiert, ist bereits integriert. Ein weiterer Aspekt der gleichen Haltung ist die emphatische Identifizierung von Autor und Werk; nicht allerdings in dem Sinne, daß beide sub specie aeternitatis unter dem Begriff des Kunstwerks als Einheit zu sehen seien, sondern daß in erzähltechnischer Bedeutung Autor und Erzähler nicht zu trennen sind. Immer wieder hat Miller deshalb darauf hingewiesen, daß es falsch sei, zwischen dem Ich-Erzähler der Romane und der Person Henry Miller einen Unterschied zu sehen:

»The naive English critics, in their polite, asinine way, talk about the ›hero‹ of my book *(Tropic of Cancer)* as though he were a character I had invented. I made it as plain as could be that I was talking in that book about myself. I used my own name throughout. I didn't write a piece of fiction: I wrote an autobiographical document, a *human* book«[15].

Zweierlei Funktionen erfüllt diese emphatische Identifizierung von Schriftsteller, Erzähler bzw. Held und Werk: zum einen soll sie helfen, die ästhetische Differenz zwischen Kunst und Erfahrung zu schließen (Miller: »I'm not interested in literature«) – ein Grundgedanke der Millerschen Ästhetik, auf den noch einzugehen sein wird – und zum andern, noch wichtiger: jene Bereiche des Lebens, die in Büchern bisher ignoriert wurden, all das, was Miller zu entdekken sich zur Aufgabe gemacht hat, bedarf eines Augenzeugenberichts, nicht einer literarischen Darstellung. Daher die Unterscheidung: »A year ago, six months ago, I thought that I was an artist. I no longer think about it, I *am*. Everything that was literature has fallen from me. There are no more books to be written, thank God«[16]. Erst jenseits der etablierten Literatur und ihrer konventionellen Erzählformen und der damit verbundenen Rezeptionsregeln scheint die Möglichkeit gegeben, unvoreingenommen aufzuschreiben, was erlebt wird, aufzuschreiben, wie Hunger, Durst und Sexualität eine chaotische Realität bilden, die ihre eigenen, oft auch aus jener verachteten, geordneten bürgerlichen Realität abgeleiteten Gesetze hat. – Gesetze, die jeden Versuch, sich der bürgerlichen Realität zu entziehen, noch mitbestimmen. In Millers Sexualsymbolik finden sich deshalb stets noch Spuren bürgerlicher Wunsch- und Angstvorstellungen.

So wird Sexualität nie anarchisch freigesetzt, freigesetzt also von Verdrängung und daran geknüpften Potenzträumen: »Dozing off. The Physiology of love. The whale with his six-foot penis, in repose. The bat – *penis libre*. Animals with a bone in the penis . . . The Kangaroo has a double penis – one for weekdays and one for holidays«[17]. Trotz des traumzensierenden Witzes – der Grundgedanke fordert mehr Potenz; ein Knochen im Penis: die Dauererektion. Der bürgerliche Wahn wird im Grotesken entlarvt; kein Wunder, daß die bürgerliche Zensur Pornographie zu erkennen glaubte und ihr Urteil fällte; aber nicht sexuelle Stimulation wurde verurteilt, sondern der Hinweis auf Verdrängtes. Ein Bonmot von Eduard von Parow variierend läßt sich sagen: nicht die erogenen Zonen sind die Achillesferse des Spätkapitalismus, sondern was die bürgerliche Ideologie lustfeindlich verdrängt, erträgt sie nicht einmal im Gewande des Grotesken oder der Komik. Nun hat Miller allerdings auch Groteske, Komik und Witz stets in kathartischer Funktion verwandt, nicht moralisierend, sondern in direkter Verbindung mit dem, was in der Kategorie des Schocks unmittelbar auf Verdrängtes und Angstbesetztes hinweisen will. Das im Schock implizierte Moment von Agressivität ist die konsequente Reaktion auf eine Sexualität unterdrückende Umwelt, der das Obszöne als Medium destruierender Aufklärung entgegengesetzt wird. So hat denn Miller den Zusammenhang von Genitalfetischisierung, Warenform und Geld immer wieder dargestellt – entweder als Groteske: »I will bite into your clitoris and spit out two franc pieces . . .« oder am Beispiel des Besitzerstolzes von Germaine: »As she stood up to dry herself, still talking to me pleasantly, suddenly she dropped the towel and, advancing toward me leisurely, she commenced rubbing her pussy affectionately, stroking it with her two hands, caressing it, patting it, patting it . . . she spoke of it as if it were some extraneous object which she had acquired at great cost, an object whose value had increased with time and which now she prized above everything in the world«[18]. Miller zeigt im Verlauf der zitierten Episode, daß äußerste Entfremdung, akzeptiert man sie im Sinne seiner Vorstellung von ›sublime indifference‹, ein Moment unmittelbaren Glücks wird, eine Möglichkeit nicht-repressiver Sublimierung unter dem Druck totaler Repression, die gleichwohl nicht vergessen ist: »As we stepped out of the hotel I looked her over again in the harsh light of the day and I saw clearly what a whore she was – the gold teeth, the geranium in her hat, the run-down heels, etc. etc[19]«. Glück solcher Art definiert sich erst einmal und vor allem negativ darin, daß es aus der Einsicht sich herleitet, nichts verändern zu müssen, sich dem Anspruch der Moralisten, Philosophen und Politiker entziehen und egozentrisch bei sich selbst bleiben zu können, außerhalb jenes »whole socialpolitical scheme of existence [which] is crazy – because it is based on vicarious living«[20].

Der Begriff des ›vicarious living‹ ist zentral für die gegenkulturelle und antizivilisatorische eigene Existenzbestimmung. An ihn anknüpfend erschließt sich nämlich die Bedeutung des Satzes am Anfang von *Tropic of Cancer:* »I have no money, no resources, no hopes. I am the happiest man alive« oder die einer anderen Stelle, bezogen auf die für Miller einzig legitime Form der künstlerischen Existenz: »When a man becomes fully conscious of his powers, his role, his destiny, he is an artist and he ceases his struggle with reality. *He becomes a traitor to the human race.*«[21] – Ein Verräter allerdings, dessen Verrat kathartische Wirkung haben soll. Indem er sich ganz und ohne Rückbindung an sanktionierte gesellschaftliche Instanzen der Realität aussetzt, schafft er überhaupt erst die Möglichkeit ihrer Wiederentdeckung. Im Unterschied zu jenen Künstlern, von denen Miller sagt, daß sie sich mit Rettungsringen in den Strom der Erfahrung stürzen, um dann letztlich von eben diesen in die Tiefe gezogen und ertränkt zu werden, macht er für sich und seine Darstellung des Obszönen geltend: »Its purpose is to awaken, to usher in a sense of reality«[22]. Obszönität, so Miller, hilft Realität erst wieder herstellen, ist Mittel zur Entdeckung von verschütteten Erfahrungen, die jenseits aller bürgerlichen Zweckrationalität liegen, die eben dieses Erfahrungspotential unterdrückt. Es haftet ihr daher stets etwas Atavistisches an, ein Moment von Gegenaufklärung in animistischer Absicht, die dem Lebenstrieb gegen historisch entstandene Repression zur Durchsetzung verhelfen will.

Das Obszöne und damit verbunden Gelächter, Komik und Groteske in Millers Romanen haben deshalb stets zwei Funktionen: einmal signalisieren sie die Entdeckerfreude, die Wollust, sich wieder eines Teils der Realität bemächtigt zu haben, der nicht zu existieren schien, die Wollust der Kreativität also, und zum andern beziehen sie sich auf die Narren, jene totgeborenen Schlafwandler, die nicht einmal in zugespitzten Krisen, die sie selbst betreffen, aufwachen. Als Peckover, ein Kollege, Korrekturleser zu derselben Zeit wie Miller, in einem Fahrstuhlschacht zu Tode stürzt, aber nach dem Sturz noch so viel Kraft aufbringt, um auf Knien rutschend nach seinen falschen Zähnen zu suchen, in deren Besitz er nach langer und aufreibender Hilfsarbeit bei einem Zahnarzt endlich gelangt war, und noch im Krankenwagen im Delirium nach seinem Gebiß verlangt, brechen Miller und sein Begleiter in hysterisches Gelächter aus: ». . . we began to laugh hysterically. The false teeth! No matter what we said about the poor devil, and we said some good things about him too, we always came back to the false teeth«[23]. Einsicht in sinnloses, weil entfremdetes Verhalten, in Diskrepanzen von Lust und Notwendigkeit setzt vermittels ihrer Negation Phantasie zur Utopie frei, die in Visionen sich äußert, Visionen allerdings, die selbst noch aus der Negation ihren Gehalt beziehen. So wird ein Zwischenfall in einem Bordell, hervorgerufen durch einen Hindu, der das obligate Bidet zum Entsetzen aller als Toilette benutzt – »There are two enormous turds floating in the water« – in der darauf folgenden Szene wiederholt. Er beendet dort einen Gedankenflug, innerhalb dessen sich das Verhältnis von Raum und Zeit aufhebt und Miller in einer Art Vision erfährt, daß alle Verbrechen der Welt durch Sehnsucht nach einem großen, alles verändernden Wunder entstehen, eine Sehnsucht, die als Realität nur schale Ideen zeitigt, mit dem Hinweis, daß, falls es jemals zu dem erhofften Wunder komme, es wahrscheinlich die Gestalt der beiden Scheißklumpen im Bidet haben werde[24]. Der einzige Weg, den Illusionen zu entgehen, liegt in einem neuen Anfang: ohne Hoffnung, ohne Geschichte, aus äußerster Reduktion heraus: »My back is to the wall; I can retreat no further. As far as history goes I am dead . . . Physically I am alive. Morally I am free. The world wich I have departed is a menagerie. The dawn is breaking on a new world, a jungle world in which the lean spirits roam with sharp claws. If I am a hyena I am a lean and hungry one: I go forth to fatten myself«[25].

Dem Bild der Hyäne entspricht der Zustand der Welt: »The world is rotting away, dying piecemeal . . .« – »The cradles of civilization are the putrid sinks of the world, the charnel house to which the stinking wombs confide their bloody packages of flesh and bone«[26] – eine Welt, deren Vernichtung Freiheit und Leben für den »lean spirit« bedeutet. Die Ambivalenz von Vernichtung und Freiheit, von Aggression und sympathetischer Zuneigung indiziert deutlich den Zwangscharakter der Reduktion: was als einzige Überlebensmöglichkeit sich anbietet, wird zugleich als Zustand äußerster Bedrohung empfunden und soll dennoch Humanität gewährleisten auf der Grundlage neuer Wahrnehmungsmöglichkeiten. Solche Ambivalenzen als gesellschaftliche Widersprüche darzustellen, deren antithetische oder synthetische Konfliktlösung einen bewußten Interpretationsprozeß voraussetzt, hat Miller nie versucht. Vielmehr hat er den Zustand der Reduktion unter Rekurs auf einen positiv verstandenen, anthropologisch bestimmten Individualitätsbegriff als Ausgangspunkt auch eines geistigen Neuanfangs gesehen. Dementsprechend wird von diesem Ausgangspunkt jedes Erlebnis neu bedeutungsvoll, noch das konventionell Inhumanste als menschlich erkannt, das Obszöne als natürlich und befreiend.

Im Bild der Hyäne hat Miller festgehalten, was seiner eigenen Beobachtungsweise ebenso entspricht wie seinem Weltbild. Das Lebendige wird unter der Perspektive des Sterbens gesehen, je gesünder es scheint, um so deutlicher umgibt Miller es mit Bildern des Todes, des Verfalls, wobei seine Bildkonstellationen dazu dienen, die Dialektik von Eros und Todestrieb in der Gedankenfigur des stets sich erneuernden Lebens aufzulösen. Als eine reiche Amerikanerin die Villa Borghese kaufen will, parallelisiert Miller die Beschreibung der Amerikanerin mit der eines Spatzen, der an einem Pferdeapfel pickt: »It is a beautiful woman ... An American, of course. I stand at the window with my back to her watching a sparrow pecking a fresh turd«[27]. In der Spannung solcher Beobachtungen erhält sich stets ein Moment von Optimismus. Selbst das Verfaulte, das Tote wird unmittelbar in eine Beziehung zum Lebendigen gesetzt – und erst wer den Tod erkannt hat, setzt in sich die Kraft frei, über das Leben zu sprechen: »When I look down into this fucked-out cunt of a whore I feel the whole world beneath me, a world tottering and crumbling, a world used up and polished like a leper's skull. If there were a man who dared to say all that he thought of this world there would not be left him a square foot of ground to stand on«[28]. Ein solcher Mann – hier zeigt sich Millers frühe Nietzschelektüre – der eine neue Menschengattung schaffen wollte, mußte erst in die Gestalt der Hyäne schlüpfen, Aas fressen, all jenes zur Kenntnis nehmen, was als tabuisiert gilt. Das Obszöne, und nicht nur das Sexualobszöne, wird zum Erkenntnismedium. Der Ästhetik des Obszönen entspricht ein kognitives Korrelat. Das Obszöne ist nicht länger bezogen auf eine normative Ästhetik des Kunstschönen, sondern emanzipiert davon und entwickelt ein eigenes ethisches, soziales – das heißt politisches Potential, dessen Ziel die Emanzipation des Individuums ist. Daher die Verräterrolle des Künstlers, sein absoluter Solipsismus, seine Ahistorizität. »In a way the artist is always acting against the time-destiny movement. He is always a-historical. *He accepts Time absolutely*, as Whitman says ...«[29]. Sogleich ist hiermit aber auch – dysfunktional zur eigentlichen Intention – der Rückzug von sozialer Analyse angedeutet. Nicht auf soziale Zusammenhänge konzentriert sich das Interesse, sondern auf das Individuum, das zwar die Narben seiner Vergesellschaftung deutlich zeigt, nach deren Ursachen allerdings nicht gefragt wird. – In der bewußten Entdifferenzierung von historischen und sozialen Kontexten begibt sich der Künstler der eigentlichen Spitze seiner Verräterrolle: der Verlust der Einsicht in Wirkung und Ursache läßt ihn selbst nicht mehr recht begreifen, was er eigentlich verrät. Ihn interessieren nicht die Gründe oder Begründungen für das, was er sieht, sondern letzteres allein: die Lüge, die er durchschaut, deren Vollzug er als Geschädigter akzeptiert, ist wichtiger als die Frage, warum gelogen wird; die Hypokrisie des bordellbesuchenden Ghandischülers und sein Verhalten, nicht irgendeine psychologische Erklärung ist von Bedeutung[30].

Am deutlichsten zeigt sich in *Tropic of Cancer* diese Form ästhetischer Distanz, die gleichwohl keine Interesselosigkeit indizieren will, am Gegenbeispiel des ›cunt-crazy‹ Van Norden, dessen Entwicklung vom zwanghaften Sexmaniac bis hin zum Obstonanisten Miller detailliert schildert: »›You take an apple‹, he says, ›and you bore out the core. Then you rub some cold cream on the inside so as it doesn't melt too fast. Try it some time! It' ll drive you crazy at first. Anyway, it's cheap and you don't have to waste much time‹«[31]. Van Norden steht als das genaue Gegenteil zu Miller, indem er die absolute Reduktion und damit die ästhetische Distanz nie geschafft hat, nicht jene distanzierte Sicht der ›acceptance‹; und deshalb auch Millers frühes Urteil: »He is cuntstruck, that is all. And he will never be a writer«. Van Norden hofft immer noch auf jenes Wunder, das Miller bereits auf die Form zweier Scheißklumpen reduzierte. Van Norden hat an allem etwas auszusetzen, sei es am Wetter, der Stadt selbst, an seiner jeweiligen Beischläferin, und auf der Suche nach dem Wunder kauft, schnorrt oder erschleicht er sich einen Orgasmus nach dem andern, ohne zu merken, daß die Art seiner Suche ihn weiter vom Ziel entfernt. Van Norden, dessen große Angst es ist, alleine zu sein, und für den der Orgasmus ein ritualisierter Selbstmord ist, eine Sekunde des sich Selbstvergessens und deshalb der Freiheit, hat den Beischlaf so mechanisiert, daß letztlich nur ein sinnloser Bewegungsablauf von Marionetten bleibt. »As I watch Van Norden tackle her, it seems to me that I'm looking at a machine whose cogs have slipped. Left to themselves, they could go on this way forever, grinding and slipping, without ever anything happening. Until a hand shuts the motor off«[32].

Anders als für Miller hat für Van Norden die Literarisierung von Erfahrung als ›vicarious living‹ außerordentliche Bedeutung. Nichts versetzt ihn mehr in Erregung als die Erzählung eines nächtlichen Abenteuers, das ein gemeinsamer Freund mit einer ältlichen Amerikanerin gehabt haben will, zu dem es aber wegen der überfüllten Blase des Protagonisten nicht kam. Als dieser dann für Van Norden eine

eigene, realistische und detailreiche Version erfindet, gerät Van Norden außer Fassung: »He says she was sitting there with her legs dangling over the arms of the chair and suddenly, he says, he got an inspiration ... He gets down on his knees – *get this!* – and with his two fingers ... just the tips of them, mind you ... he opens the little petals ... *squish-squish* ... just like that. A sticky little sound ... almost inaudible. *Squish-squish!* Jesus, I've been hearing it all night long«[33].
Van Norden lebt, so Miller, in einem selbsterrichteten Gefängnis, dem der Imagination und der endlosen unbeantwortbaren Fragen nämlich, einer Imagination, die sich vom Leben entfernt hat, weshalb seine Ideen leblos sind und sein Leben ohne Idee ist, – ein Beispiel für das, was Miller als »discrepancy between ideas and living« bekämpft. *Diese Diskrepanz aufzuheben ist das erste Ziel seiner Ästhetik des Obszönen:* »I believe that today more than ever a book should be sought after even if it has only *one* great page in it: we must search for fragments, splinters, toenails, anything that has ore in it, anything that is capale of resuscitating the body and soul«[34]. Inwieweit diese Absicht Millers ihn von der von ihm kritisierten Realität nicht ebenso weit entfernt wie Van Norden, wird noch zu diskutieren sein. Es läßt sich allerdings vorausschicken, daß die Kategorie des ›vicarious living‹, polemisch gegen Van Norden gewendet, auf Miller zurückfällt, wo immer er versucht, den Lebensbegriff seiner analytischen Komponente zu berauben, und ihn einzig in idealistischer Weise aus dem *Bewußtsein* vom Leben herleitet. Denn in dem Maße wie der Gegensatz zwischen Idee und Leben nicht als objektiv-konstitutionsdialektisch faßbarer begriffen wird, sondern in der idealistischen Konstruktion einer transzendentalen, kosmischen Realität aufgehoben wird, schlägt die Kritik an Kultur und Gesellschaft in eine neue Ideologie um.

II. Vaginal Laughter

Die Trennung von Idee und Leben aufzuheben, verlangt zuerst einmal, daß die Ursachen eben dieser Trennung dargelegt werden. So wenig Miller je geneigt war, die Freudschen Überlegungen zum Problem von Kultur und Triebunterdrückung – oder überhaupt irgendeine geschlossene Theorie – zu übernehmen, so sehr ist er doch stets durch die Lektüre einzelner psychoanalytischer Werke beeinflußt worden. Ganz sicher durch Otto Rank und dessen von Freud abweichende Kunstpsychologie, ebenso von C. G. Jung und Havelock Ellis, und nicht zuletzt auch von den Philosophen Erich Gutkind und Hermann Keyserling[35]. In seinen eigenen Essays hat Miller seine stets nur diffus und unsystematisch erfahrenen Einflüsse in eigener Metaphorik immer wieder auf die Opposition von lebensbejahenden Kräften und solchen des Todes reduziert, stets zwar um den Freudschen Grundgedanken kreisend, daß »unsere Kultur ganz allgemein auf der Unterdrückung von Trieben aufgebaut ist«, ohne allerdings der analytischen Fortsetzung solcher Gedanken bei Freud zu folgen. So führt er in einer wohl nicht gerade einfallsreichen Variation Freudscher Überlegungen in seinem Essay *The Enormous Womb* aus, daß die höchsten Stadien der Zivilisation von einer neurotischen Todesangst begleitet seien, die eigentlich Lebensangst sei: »It is living death wich is the great nightmare«[36]. Die Bedingungen des Zustandes einer solchen Zivilisation des Alptraums werden jedoch nicht analytisch entfaltet, statt dessen wird in Bildern, die deutlich an Otto Rank erinnern, die Welt als »enormous womb« geschildert, als Ort ständig neuer Schöpfungsmöglichkeiten, die wahrzunehmen es allerdings jenes Künstlertyps bedarf, der das Leben selbst als Kunst begreift, als ständigen individuell zu leistenden Schöpfungsakt, jenseits aller Logik gesellschaftlicher Reproduktion von Lebensmöglichkeiten. Nur in wenigen Passagen – bezogen auf sein Gesamtwerk – hat Miller je versucht, jenes kapitalistische Gesellschaftssystem zu beschreiben, dem er die Funktion des Künstlers, seinen Wirklichkeitsbegriff und – damit verbunden – seine Sexualästhetik kritisch entgegensetzt.

In *Tropic of Capricorn* steht Amerika, von Miller in einer späteren Anthologie im Titel als »Air-Conditioned Nightmare«[37] bezeichnet, vor allem aber New York für alle Formen der Lebensfeindlichkeit und des Verfalls. New York wird als chaotisches Irrenhaus geschildert, in dem nichts so ist, wie es sein sollte und das darum ohne Verlust vom Erdboden verschwinden könnte. »The city itself strikes me as a piece of the highest insanity, everything about it, sewers, elevated lines, slot machines, newspapers ...«[38]. Der Tanz in den dancehalls wird zum Todestanz, die vorgestellten Individuen sind eine Ansammlung von Perversen, psychischen wie physischen Krüppeln und Schwachsinnigen: was Miller vorführt, ist das Bestiarium einer untergehenden Zivilisation. Mit den Mitteln der Groteske und der Komik versucht er, inmitten dieser Trostlosigkeit von Entfremdung und Lebensangst Deprivation darzustellen und zugleich aufzuheben. Die Einsicht, daß die Lebensangst vor allem Angst vor Sexualität ist, daß der domestizierte ›sexual intercourse‹ zwar diese Welt zusammenhält – aber um den Preis offener Gewalt und sublimer Repression –, läßt ihn in der Hoffnung auf den wahren Fick: »fuck, the real thing, cunt, the real thing« das vaginale Gelächter entdecken: »... vaginal laughter such as Jesus H. Christ and Immanuel Pussyfoot Kant never dreamed of, because if they had the world would not be what it is today and besides there would have been no Kant and no Christ Almighty. The female seldom laughs, but when she does it's volcanic«[39]. Da Miller Sexualität und die gesellschaftliche Repression literarisch objektiviert selten in ein analytisches Verhältnis setzt, bleiben ihm allein die ohnmächtige Wut und der Rekurs auf ein destruktives und somit befreiendes Element. Die lachende Vagina wird zum Symbol für eine irrationale, positiv-destruktive Kraft, die – wäre sie nicht seit der Antike unterdrückt worden – den gegenwärtigen Zustand der Zivilisation verhindert hätte. Die Sprache und Physiognomie der als Antlitz der Welt verstandenen Vagina werden zum Gradmesser für die Reste noch vorhandenen Lebens: »Veronica, as I say, had a talking cunt, ... Evelyn, on the other hand, had a laughing cunt«[40]. Die verfaulten Eierstöcke von Hymie Laubschers Frau und das künstliche Idealbild der amerikanischen Frau, wie es die Werbung anpreist, »the perfection of the female who through perfection has crossed the frontier of sex«, stehen für zivilisatorische Sterilität und Tod, ebenso wie Mac Gregors durch ständiges Waschen und Bürsten chronisch entzündeter Penis. Wenn irgendwo totale Entfremdung, wie Miller sie schildert, aufgehoben werden könnte, dann in jenem mythischen »pure fuck« mit jener »pure cunt«[41]. Auf der Suche danach entwickelt Miller bereits Teile seiner Ästhetik des Obszönen: vaginale Gestik und Sprache verraten den mißlungenen Zivilisationsprozeß, Körper und Seele sind getrennt – »The Egyptian Fuck«: nur im Halbschlaf läßt Thelma den Beischlaf über sich ergehen, als habe sie damit kaum etwas zu tun; Agnes begleitet den Geschlechtsverkehr mit laufenden Reden über Gott, den Papst und die Kirche; Trix Miranda behauptet, ihre Vagina sei zu klein, um in einer Art Arzt-Patient-Rollenspiel zum Beischlaf verführt zu werden: alles Beispiele für entfremdetes Verhalten, dem Miller das von Francie gegenüberstellt, deren Maxime lautet: »Men like to fuck, and so do women«[42]. Inmitten dieses Alptraums aber läßt sich »the pure fuck« nicht finden, sondern immer nur als Assoziation ex negativo vorstellen. So wird aus Paula der Nymphomanin in der dance-hall das Zerrbild von Petrarcas Laura: »The Laura of Petrarque seated in a taxi, each word ringing through the cash register, then sterilized, then cauterized«[43]. In solchen Assoziationen, die sich sowohl in die Zukunft als auch in die Vergangenheit bewegen, versucht Miller, die Trostlosigkeit der Gegenwart zu überwinden, sich jenem »universe of death« zu entziehen, als das er die amerikanische Zivilisation erfährt: »I think of all the streets in America combined as forming a huge cesspool, a cesspool of the spirit in which everything is sucked down and drained away to everlasting shit. . . . The whole continent is a nightmare producing the greatest misery of the greatest number«[44]. Millers wütende Schilderungen seiner Tätigkeit in der »cosmodemonic Telephone Company«, seine Beschreibung des Elends der Messengerboys, des Lumpenproletariats, der vielfach verkrüppelten und deformierten Opfer des kapitalistischen Systems – Szenen, die an Nathaniel Wests Hollywood-Roman erinnern – dienen als Hintergrund seiner Suche nach einer Alternative, einer Suche, die in Assoziationsreihen sich vollzieht, deren Konstante Sexualität als Glücksversprechen ist. Aber der »pure fuck« findet nicht statt: Rita wird im Hausflur gevögelt, und als ihr Portemonnaie aufspringt und das Geld herausfällt, denkt Miller vor allem daran, sich einige Cents für die Heimfahrt zu sichern; die Anekdote stützt die symbolische Verbindung von Vagina und Geld. Lola, die Klavierlehrerin, muß erst handgreiflich verführt werden, und als es am

Hang eines Bahndamms zum Koitus kommt, fährt ein Zug vorbei und heiße Kohlefunken, die auf sie herabregnen, erzwingen eine Unterbrechung; was bleibt ist ein hektisches Gerangel am Rande eines Teiches, ein Kampf eher als ein Beischlaf: »I was branded like a steer when I got home and looked at myself in the mirror«. Die Symbolik des Geschlechterkampfes ist unverkennbar – »... I never saw Lola again. But I hung her sporran over the bed and I prayed to it every night« – ebenso die Fetischisierung des Eroberten[45]. Sexualität mündet immer wieder in Verdinglichung, ein Prozeß, innerhalb dessen die Ursprünge sexuellen Handelns gegen die eigene Intention sich durchsetzen. Den bürgerlichen Tabus ist durch ihre schlichte Durchbrechung nicht beizukommen. Die erkämpften Glücksmomente bleiben stets deformiert. Deformation indiziert hier vor allem das Unvermögen, die Emanzipation von bürgerlicher Repression literarisch positiv so zu verarbeiten, daß sowohl die objektiven Widersprüche von Anspruch auf Glück und dessen Unterdrückung zur Geltung kommen, als auch der Prozeß ihrer Aufhebung im Bewußtsein beider geschieht; kurz: daß dieser Prozeß ein konkreter ist und nicht die Flucht in eine abstrakte Gegenposition.

Das vaginale Gelächter bleibt unerreichte Utopie; sinnliche Erfahrung stößt an die Grenze ihres Glücksvermögens. Was Miller in *Tropic of Cancer* ankündigte: »If anyone knew what it meant to read the riddle of that thing which today is called a ›crack‹ or a ›hole‹, if anyone had the least feeling of mystery about the phenomena which are labeled ›obscene‹, this word would crack asunder«[46], gelingt auf der Ebene sinnlicher Erfahrung im *Tropic of Capricorn* nicht. Wo immer der Protagonist nach der Auflösung des Geheimnisses sucht, stellt sich Verdinglichung in den Weg, bleibt ihm allein die Physiognomie der Vagina: »... she had a shag that reached from the navel to the crotch« – »She had an enormous cunt and it had been well reamed out; it was an enormous cunt, too, when I think back on it. A dark subterranean labyrinth fitted up with divans and cosy corners ...«[47].

In dem Maße wie die sinnliche Erfahrung an ihre Grenze stößt, beginnt die Flucht in ihre Spiritualisierung, zuerst in Form von Selbstreflexion und dann in der Übertragung maskenhafter Rollen auf den Protagonisten. Der gescheiterte Versuch, in spontan instinktivem Verhalten gesellschaftliche Zwänge zu überwinden und sozial nicht restringierte Identität zu gewinnen, wird in sublimierter Form fortgesetzt, wobei Sublimation und Narzißmus in enger Beziehung zueinander stehen. Visionäres Sehertum und der Anspruch des Genies, durch Wortmagie Realität herzustellen, die die gesellschaftliche Wirklichkeit verweigerte, sind Ausdruck eines resignativen Ressentiments gegen eben diese. Ähnlich wie in *Tropic of Cancer* erfolgt in *Tropic of Capricorn* die entscheidende Vision schlagartig, ähnlich wie dort beginnt sie mit der Reduktion des Protagonisten: »I must shatter the walls and windows, the last shell of the lost body, if I am to rejoin the present« und dessen gleichzeitiger Hypostasierung: »To raise my own individual life but a fraction of an inch above this sinking sea of death I must have a faith greater than Christ's . . . I must have the ability and the patience to formulate what is not contained in the language of our time, for what is now intelligible is meaningless«[48]. Der Versuch der Transzendierung der als tot empfundenen Zivilisation indiziert ein Doppeltes: einmal den Rückzug vom dargestellten Material in esoterische Symbolik auf Kosten der Kommunikationsfähigkeit, zum anderen die Einsicht, daß die im Phänomenologischen bleibende Darstellung der Oberfläche letztlich eine hilflose Geste bleibt: was verstanden wird, ist bedeutungslos. Es geht darum, den bereits zitierten Bereich des Geheimnisvollen zu ergründen; in herkömmlicher Sprache scheint dies unmöglich.

Was Miller hier als Problem der Sprache beschreibt, läßt sich auf das Problem der obszönen Literatur selbst übertragen: ihre schöpferische Form muß gegen den Widerstand des Alltäglichen, des Bekannten erkämpft werden. Die Ausdrucksform des Obszönen darf sich nicht auf ästhetisch undistanziertes Abbilden reduzieren, sondern hat ihren spezifischen Ort innerhalb der ästhetischen Kommunikationssituation in kritischer Negation des eigenen Materials kohärent zu entfalten[49]. Gerade deshalb bedarf sie aber eines sozialen Bezugssystems, eines gesellschaftlichen Korrelats, dem die ästhetische Distanz als abgerungene entgegengesetzt werden kann, um somit die Möglichkeit größerer

Realität sinnfällig vor Augen zu führen. Wo Miller Reduktion setzt: – »The eye, accustomed to concentration on points in space, now concentrates on points in time; the eye sees forward and backward at will. The eye which was the I of the self no longer exists; this selfless eye neither reveals nor illuminates«[50] – und die Möglichkeiten des Verstummens andeutet, verleiht er einer deutlichen Hilflosigkeit Ausdruck: die visionäre Schau sieht alles, und das heißt auch: nichts. Der avantgardistische Charakter des Obszönen bestimmt sich im Wesentlichen durch die Möglichkeit des Realitätsgewinns, der sich literarisch objektiviert auf gesellschaftliche Wirklichkeit bezieht. In der blitzhaften Erkenntnis und darauf folgenden Bestimmung des Künstlers als reduziertem Seher überträgt Miller die Ideologie von der Autonomie des Kunstwerks auf den Künstler selbst – um den Preis der gesellschaftlichen Neutralisierung beider.

Eben diese Neutralisierung verhindert aber die von Miller angestrebte Aufhebung der Diskrepanz zwischen Idee und Leben, die ja selbst eine gesellschaftliche ist. Diese Diskrepanz ästhetisch aufzuheben hieße demnach, die ästhetischen Kategorien, die solche Aufhebung leisten sollen, zum gesellschaftlichen Ursprung des Aufzuhebenden ins Verhältnis zu setzen, hieße – auf Sexualität bezogen – ihren Doppelcharakter als utopisches Glück und sozial tabuiertes zu vermitteln, also die Dialektik von zivilisatorischer Repression und utopischer Freiheit zur Lust ästhetisch zu objektivieren. In solcher Spannung erst könnte Miller adäquat sein Interesse am Individuum einlösen, weil die Perspektive seiner sozialen Individuation erhalten bliebe. Hingegen deutet bereits sein Satz vom gottähnlichen Interesse am Individuum eine andere Intention an: die nämlich der kreativen Wiederholung der Schöpfung des Menschen, ohne daß allerdings über das Medium der Kreation selbst reflektiert würde: »In the person of the *artist* the whole *historical* evolution of man is recapitulated«[51]. Daher Millers Obsession mit der Vernichtung des Bestehenden: »I feast on death. The more death there is the stronger I become. Bigger, fatter corpses, is what I say! I am on my way to Godhood, a little angle worm now, but eating my way through and leaving no dirt behind«[52]. Die in Todesbildern ausgedrückte negative Seite der Utopie des Glückes bleibt jedoch stets der

Beschreibung des Künstlers als Zerstörer, als Verräter oder – wie es in Millers Rimbaud-Essay heißt – als *Assassin* vorbehalten – Gedanken, die in den Essays entfaltet werden, denen aber keine ästhetische Objektivation als kohärenter Bestandteil des literarischen Werks entspricht. Dort findet die Harmonisierung von Idee und Leben als *unio mystica* zwischen Mensch und Natur statt. Was im Essay heißt: »I see one plasm, protozooic or divine, whichever you choose«[53], stellt sich in *Tropic of Capricorn* wie folgt dar: »Before I shall have become quite a man again I shall probably exist as a park . . . I shall be the wild park in the midst of the nightmare of perfection . . .«[54]. Der Rückzug von Kommunikation auf das Prinzip des rein Irrationalen ist der Hinweis des vaginalen Gelächters gewesen, das in einer Nacht niederreißt, was männliche Kalkulation in Jahrtausenden aufgebaut hat. Das vaginale Gelächter in seiner Doppelfunktion als destruktive und zugleich freisetzende Kraft entziffert das Geheimnis, von dem Miller sprach, den Triumph ungebrochener Kreativität – als Prinzip und nicht als etwas Individuelles: ». . . her laugh would break down the most ›personal‹ hard-on imaginable . . . she would break down the ›personal‹ erection and hand you back an impersonal one that was like a red-hot ramrod«[55].

Die persönliche Erektion wird ersetzt durch eine unpersönliche, an die Stelle des Individuellen rückt das Allgemeine, das sich nur im Medium des Mythologischen erschließt. Was vaginale Physiognomik nicht erschließt, findet sich im Mythos; Sexualästhetik wird im Lawrenceschen Sinne zur Sexualmythologie. Was als Negation zivilisatorischer Sterilität begann, erhebt sich über die Zivilisation; Zivilisationskritik wird durch mystische Anschauung des Überzeitlichen ersetzt: »When the individual is wholly creative, one with destiny, there is neither time nor space, nor birth and death. . . . The sure feeling of eternality. Beyond this there is no evolution, only perpetual movement from creation to creation. The personality itself becomes a creation«[56]. Das Profane schlägt um ins Sakrale und entzieht sich somit seiner ästhetischen Objektivierung im Kontext eines literarhistorisch bestimmbaren Potentials von Möglichkeiten solcher Objektivation unter ebenfalls bestimmbaren gesellschaftlichen Voraussetzungen. In der Ahistorizität mystischer Erkenntnis ist der Begriff des Kunstwerks preisgegeben, zu dem ein geschichtliches Moment konstitutiv dazugehörte. Gemessen aber am historischen Erklärungsgehalt, den der Begriff des traditionellen Kunstwerks implizierte, erweist sich die These »Writing is its own reward« und der Verzicht auf Kommunikation als Regress und der damit verknüpfte Geniekult als Ideologie. Denn wo es einst darum ging, einer lebensfeindlichen Zivilisation zu demonstrieren, was an zusätzlicher Freiheit zu gewinnen ist, bleibt am Ende nur der Satz: *»The best world is that which is now this very moment«*[57]. Was letztlich darzustellen bleibt, ist das als übergesellschaftlich bestimmte Mysteriöse: »The Land of Fuck«[58].

III. Cockaigne: The Land of Fuck

> The signs and symbols which the poet employs are one of the surest proofs that language is a means of dealing with the unutterable and the inscrutable. As soon as the symbols become communicable on every level they lose their validity and effectiveness.
>
> *The Time of the Assassins*

Millers Rückzug auf die Subjektivität als die eigentliche Bedingung der Möglichkeit von Kunst konkretisiert sich in seinem Werk in der Darstellung zweier fiktiver Orte als Pole jenes Bewußtseinsfelds, das die künstlerische Existenz bestimmt: »The Land of Fuck« und »China«. Während »China« sowohl das Bewußtsein von der geistigen Überwindbarkeit aller materialen Realität symbolisiert als auch die Sicherheit des jener Realität noch nicht Ausgesetzten, Ungeborenen, steht »The Land of Fuck« für den Zustand ununterbrochenen biologischen Werdens, für Kreativität, und ist deshalb in seiner literarischen Objektivation als konkrete Entfaltung der Millerschen Sexualästhetik zu sehen. An ihr wird deutlich, welche Bedeutung die Kategorie der Sexualästhetik für Millers literarisches Werk hat und welche spezifische, durch Literatur vermittelte Erkenntnisfunktion ihr zukommt. Wenn Miller in seinem Fragment über D. H. Lawrence feststellt: »An entirely new cosmos must be created, and it must be created out of separate, isolate, living parts. It is we, the indestructible morsels of living flesh, who make up the cosmos«[59], so versucht er in dem ›Interlude‹ »The Land of Fuck« in *Tropic of Capricorn* in einer surrealistischen, von archetypischen Symbolen durchsetzten Assoziationsreihe die Gestalt eines solchen Kosmos zu entwerfen. Nun impliziert bereits die Vorstellung eines solchen Kosmos einen Anachronismus, denn in der zitierten Polarität von isoliertem Leben und Kosmos kommt nicht nur Millers Ablehnung der Gesellschaft zum Ausdruck, die er stets als eine negativ zu beurteilende, domestizierende Instanz gesehen hat, sie hat vielmehr auch literarische Konsequenzen. In dem Maße nämlich, wie gesellschaftliches Erfahrungspotential der literarischen Objektivierung entzogen wird, tritt an seine Stelle eine sich in Symbolen und Metaphorik ausdrückende Subjektivierungstendenz, die leicht in esoterischen Mystifizierungen mündet. Was historisch unter Berufung auf die Kategorie des Bewußtseinsstroms einst erlaubte, durch einen bestimmten Romantyp traditionelle Erzählformen zu durchbrechen, und als ästhetische Innovation sein Recht hatte, wird hier zur verraunten Beschwörungsformel: der unbegrenzte Bewußtseinsstrom soll den Kosmos entfalten.

Nur in archetypischen und mythologischen Symbolfigurationen läßt sich »The Land of Fuck« darstellen, denn: »*Verboten.* And so the Land of Fuck becomes ever more receding; it becomes mythological. Therefore I am constrained to speak mythologically«[60]. Die Konstruktion eines in Träumen, Symbolverbindungen und Erinnerungen wie Projektionen sich erstellenden Kosmos von eigener Bedeutung muß zudem in Opposition zu der langen Beschreibung der Cosmodemonic Telephone Company gesehen werden. Während letztere der Ansatz zu einer vernichtenden, literarisch objektivierten Kritik des kapitalistischen Amerika war, bedeutet der Rückzug in ein privates Bedeutungssystem die negative Konsequenz aus der häufig geäußerten Ansicht, daß die Realität nicht darstellbar, sondern erst herzustellen sei. Realität wird nämlich nicht in relevanter Opposition zur Oberfläche gesellschaftlicher Wirklichkeit hergestellt, in Form einer Opposition also, die die Bedingungen ihrer eigenen Möglichkeit in sich aufnimmt, sondern als monologische

Bewußtseinsrealität von ontologischem Anspruch. Die Konstruktion des »Land of Fuck« entspricht somit dem Rückzug von jenem Anspruch, der mit dem Satz verbunden war: »I see America spreading disaster. I see America a black curse upon the world« – ein Satz, der nach Ausführung verlangte –, auf die Position: »I think of – Myself. *I am a man.* That seems to me sufficient«[61]. In »The Land of Fuck« versucht Miller, das vaginale Gelächter literarisch zu objektivieren: sich in einem einzigen kreativen Akt über Kultur und Zivilisation zu erheben, apokalyptisch beide zu transzendieren und der wahren Rolle des Künstlers gerecht zu werden: »The artist does not tinker with the universe: he recreates it out of his own experience and understanding of life«[62]. Noch einmal setzt er mit einer Phänomenologie der Vaginas ein, die wiederum in anthropomorphisierender Weise beschrieben werden – als Vaginas, die lachen und sprechen, als solche, die hysterisch oder verrückt sind, als kannibalistische und masochistische, als politische oder religiöse und so fort, bis hin zur Inkarnation aller Vaginas – »the super-cunt . . . [which] is not of this land at all but of that bright country to which we were long ago invited to fly«[63].

Im Gegensatz zu jenem fruchtbaren Land, dem des Apis, steht die zeitgenössische Zivilisation; dem glänzenden Phallus von einst entsprechen heute der tote Penis und seine zivilisatorische Verdoppelung, der Wolkenkratzer. Das Gegenbild zum »Land of Fuck« ist der Friedhof des Geschlechtsverkehrs: »the cemetery, which is to say – the *world of sexual intercourse*«[64]. Zivilisation und Kultur bleiben aber unrekonstruierter Hintergrund, dessen Allgemeinheit keine andere Funktion als die einer Folie gegenüber dem detailliert gestalteten »Land of Fuck« hat. Die gesamte Beschreibung des »Land of Fuck« durchzieht der Gegensatz von Bildern des Todes und solchen des Lebens. Ihre Konstellation läßt sich auf die Millersche Gedankenfigur des ›creative death‹ als Beschreibung künstlerischer Kreativität zurückführen und erweist somit die Bedeutung des »Land of Fuck« als jenen Ort, an dem künstlerische Identität sich herstellt. In Erinnerung und Projektion entwirft Miller den Kampf des Künstlers, der zur eigenen Realität findet und mehrfache Vernichtung falscher Identitäten über sich ergehen lassen muß: »I went as far as one could go in a state of complete deadness, and then by a law, which must be the law of creation, I suppose, I suddenly flared up and began to live inexhaustibly, like a star whose light is unquenchable«[65]. In der dualistischen Konstellation von Lebens- und Todessymbolik – die nicht der Freudschen Kombination von Lebens- und Todestrieben entspricht – äußert sich der universalistische Aspekt der Millerschen Sexualästhetik, der als idealistische Identitätsforderung zu verstehende Anspruch auf die Harmonisierung von Kunst und Leben. Was in Bildern sich noch gegenübersteht, soll in der in solcher Opposition sich objektivierenden Erfahrung synthetisiert werden, eine Erfahrung, die wiederum den Wahrheitsgehalt des Kunstwerks verbürgen soll. Zugleich finden sich in dem ›Interlude‹ Allusionen, die erst in der späteren Trilogie *The Rosy Crucification* voll entfaltet werden. Insofern hat das ›Interlude‹ in doppelter Weise eine Bedeutung für das Gesamtwerk Millers: einmal eine systematische und zum andern eine thematische. Denn was in den drei Romanen *Sexus*, *Plexus*, *Nexus* weitgehend in Erzählform entfaltet wird, ist in der symbolhaft-assoziativen Darstellung des »Land of Fuck« qualitativ wie inhaltlich vorweggenommen. Der Vorrang gebührt dabei eindeutig der qualitativen Bedeutung des ›Interlude‹, denn die in der Trilogie erzählten Ereignisse werden im ›Interlude‹ des *Tropic of Capricorn* auf ihren ästhetischen Begriff gebracht, indem die nur in Symbolen fixierbare Bedeutung des später Niedergeschriebenen festgehalten und mit einer impliziten ästhetischen Theorie verbunden wird. Der so hergestellte Zusammenhang entspricht Millers Ansicht über die Unabschließbarkeit literarischer Weltbewältigung, über den prinzipiell offenen Prozeßcharakter von Kunst: »One can only go forward by going backward and then sideways and then up and then down. There is no progress ...«[66]. Kein Fortschritt, aber Bewegung und keine ziellose, aber dennoch kein fixierbares Ziel, das Stillstand bedeuten würde, denn Ziel ist die Entdeckung des Selbst: »Only two items on the bill of fare: The self and the not-self«[67]. In dem Maße wie das Obszöne innerhalb von Sexualität Erkenntnismedium ist, hat Sexualästhetik eine kognitive Bedeutung. »The Land of Fuck« als utopischer, nie erreichbarer Ort der endgültigen Entdeckung des Selbst ist der fiktive Fluchtpunkt dieses kognitiven Aspekts. In zwei einander gegenübergestellten Passagen des ›Interlude‹ entfaltet Miller das Wahrheitspotential seiner Sexualästhetik: in der Reise des Embryos zu sich selbst und in der Beschreibung der »conjugal orgy in the Black Hole of Calcutta«[68], dem Zusammenleben mit der Mara der späteren Trilogie, die im ›Interlude‹ noch als anonymes, archetypisch gestaltetes Prinzip der »Dark Lady« geschildert wird, sexuell unersättlich, von überwältigender sinnlicher Präsenz und dennoch identitätslos. Beide Passagen überschneiden sich in Motivik und Symbolik, stehen aber für unterschiedliche Erfahrungen, die dennoch aufeinander zu beziehen sind. Die Reise des Embryos – »from the very start the journey is homeward« – steht für die zyklische Entwicklung von rein biologischem Leben zum vollendeten Selbstbewußtsein. »Everything is sentient, even at the lowest stage of consciousness. Once this fact is grasped there can be no more despair. At the very bottom of the ladder, chez the spermatozoa there is the same condition of bliss as at the top, chez God. God is the summation of all spermatozoa come to full consciousness«[69]. Das Individuum befindet sich mitten in diesem Zyklus, den es zu akzeptieren gilt. Das betrifft sowohl den Entwicklungsprozeß des Individuums vom amöbenhaften, instinktgebundenen Organismus bis hin zum Punkt äußerster Individuation, der zugleich die mystische Einheit von Individuum und Kosmos ist, als auch die Reduktion aller sozial differenzierten Erscheinungsformen von Leben auf das Prinzip von Geburt und Wiedergeburt. In der Episode, die der »Dark Lady« gewidmet ist, beschreibt Miller die positive Bedeutung des vaginalen Gelächters: Einsicht in die totale Identitätslosigkeit ist der Ausgangspunkt des eigenen Identitätsgewinns. Der Gedankenfigur des ›creative death‹ entsprechend wird hier der Aspekt des Todes ausgemalt, der doch zugleich die Bedingung eines Neubeginns ist. Die sexuelle Unersättlichkeit der »Dark Lady«, deren Sexualität im Symbol des Einhorns endgültig auf eine mythologische Ebene gehoben wird, ist obszön allein in ihrer Sinnlosigkeit und verlangt deshalb die kreative Ergänzung, wie sie die Reise des Embryos symbolisiert. Als *gemeinsamer* Erfahrungszusammenhang erschließen sie den universalistischen Anspruch von Millers Sexualästhetik, dessen literarische Konkretisierung dann aber auch den dialektischen Zusam-

menhalt des einander Entgegengesetzten zu objektivieren hätte. Dem aber widerspricht die assoziationsgeleitete monologische Phantasie der Darstellung, in deren Verlauf Sexualästhetik und Obszönität ihre eigentliche Bedeutung verlieren.
Millers Sexualästhetik, unter die Aspekte des Obszönen zu subsumieren sind, verfolgt nämlich zwei Ziele: zum einen sollen verdrängte Lebensbereiche wieder in die Literatur aufgenommen werden und somit als aktiver Bestandteil des Kollektivbewußtseins wieder zur Geltung gebracht werden, und zum andern soll damit die Kluft zwischen Kunst und Leben geschlossen werden, ein Vorgang, der das Ende von Literatur im traditionellen Sinne bedeutet. Nichts erscheint ihm deshalb widersinniger als die Sorge um das Ende der Kunst: »All art, I firmly believe, will one day disappear. But the artist will remain, and life itself will become not ›an art‹, but *art*, i. e. will definitely and for all time usurp the field ... Once art is really accepted it will cease to be. It is only a substitute, a symbol-language, for something which can be seized directly«[70]. Das Obszöne bei Miller hat somit sowohl eine kognitive als auch ethische und politische Funktion. In kognitiver Hinsicht erweitert die Darstellung des Obszönen die Komplexität literarischer Weltbewältigung durch den Hinweis auf die Komplexität der Wirklichkeit – einer Wirklichkeit allerdings, die stets eine der phänomenologischen Oberfläche bleibt, nicht eine des begründeten sozialen Zusammenhangs wird. Kohärenz des Dargestellten entsteht deshalb eigentlich außerhalb desselben, in dem Versuch nämlich, den erfahrungsintensiven Künstler, das erfahrungsbewußte Individuum schlechthin zum Visionär zu hypostasieren: »Genius will be the norm«. Wichtiger als der Hinweis auf den Nietzscheeinfluß, auf dionysisches Mysterientum und Paganismus, wichtiger auch als der auf die Transzendentalisten, ist der handlungsbezogene und in diesem Sinne politische Aspekt solcher Überlegungen. Denn an dieser Stelle hat Millers Ästhetik ihre politische Spitze: »What is demanded of a society, what gives it life, is the ability to inspire a greater measure of enthusiasm, a greater measure of freedom ... People have to be encouraged to make things themselves, in their own fashion, according to their own limited aesthetic instincts«[71]. Bevor

dies allerdings möglich ist, gilt es für Miller, einen ganzen fehlgeschlagenen Zivilisationsprozeß rückgängig zu machen, einen Zivilisationsprozeß, der den Menschen zwar als naturbeherrschende Kraft zum Zentrum hat, ihn gleichwohl in eben dieser Eigenschaft bis zur Auflösung von sich selbst entfremdete. Verdrängung und Entfremdung erscheinen daher bei Miller in unterschiedlichem qualitativen Gewicht. Beide Begriffe verweisen im Prinzip sowohl auf psychische als auch auf gesellschaftliche Zusammenhänge: letztere werden bei Miller wesentlich in der Erscheinungsform von Einzelphänomenen entfaltet, erstere haben größere Bedeutung, indem sie ihm die Möglichkeit geben, ontologisch-ethischen Spekulationen nachzugehen und sich der analytischen Anstrengung zu entheben. Millers Ikonoklasmus, seine erklärte Zuneigung zu Schriftstellern wie D. H. Lawrence und Rimbaud zeigen dies ebenso deutlich wie seine Versuche, dem Obszönen die Aura des Sakralen zu geben: »In a sense, its use by the artist may be compared to the use of the miraculous by the Masters«[72]. Gleichzeitig bleibt die Einsicht, daß sakrale Erkenntnis tendenziell stets hermetischen Charakters ist, die solipsistische Isolation des Künstlers affirmierend: »Ultimately, then, he stands among his own obscene objurgations like the conqueror midst the ruins of a devastated city. He realizes that the real nature of the obscene resides in the lust to convert. He knocked to awaken, but it was himself he awakened«[73]. Die emanzipatorische Intention des Obszönen schlägt in ihr konservatives Gegenteil um: Sakralwissen und visionäre Gewißheit sind prinzipiell nicht verallgemeinerungsfähig, sie dienen der Sanktion individueller Handlungen, die als stellvertretende zwar behauptet werden, denen ein soziales Bezugssystem, eine gesellschaftlich erkennbare Legitimation jedoch fehlt. Dem Künstler bleibt die elitäre Ersatzhandlung, das Opfer, und Miller scheut durchaus nicht den Hinweis auf Christus: »Morality, it would seem, never occupied his thought«[74]. In der Wendung ins Religiöse und Mystische rächt sich die mangelnde gesellschaftliche Herleitung des Obszönen; seiner sozial sanktionierten Gleichsetzung mit geistiger Verelendung, die von Miller nur ungenügend rekonstruiert wird, soll durch eine neue Form der Vergeistigung abgeholfen werden. Wenn es also hieß, daß die Darstellung des

Obszönen dazu dienen sollte »to usher in a greater sense of reality«, so kann diese Realität nur als eine Form spiritualisierten Wissens verstanden werden, nicht als Verständnis sozialer Realität im begrifflichen Sinn. Nicht allein die antiinstitutionelle Tradition des Transzendentalismus gilt es zum besseren Verständnis von Millers Ästhetik in Erinnerung zu rufen, sondern auch seine Bestimmung des Obszönen in Analogie zum dionysischen Mythos, zur archaischen Verbindung von Tod und Leben, physischer und psychischer Verwesung einerseits und mystischer Ekstase andererseits. Dialektisch schlägt der eingangs erwähnte Antipuritanismus in Millers Neotranszendentalismus stets dort um, wo in dessen Metaphorik all das wieder eingeht, was eigentlich in der Gedankenfigur des Puritanismus – mit dem es eine historisch-analytisch adäquate Auseinandersetzung ja nie gegeben hatte – als ablehnenswert zusammengefaßt war. Das Obszöne verliert sein gesellschaftliches Substrat und begibt sich damit auch seiner aufklärerischen Wirkung. Stattdessen wird in Thoreau, Whitman und anderen eine amerikanische Gegentradition gesehen, eine ›usable past‹, um den gängigsten Terminus der Jung-Amerika-Gruppe anzuführen, der ebenso viel Gesellschaftskritik wie Provinzialität indiziert. Thoreau vor allem dient Miller als Vorbild: »He is nearer to being an anarchist than a democrat, socialist or communist. However, he was not interested in politics; he was the sort of person who, if there were more of his kind, would soon cause governments to become nonexistent. This is to my mind the highest type of man a community can produce ... By living his own life in his own ›eccentric‹ way Thoreau demonstrated the futility and absurdity of the life of the (so-called) masses«[75]. Die Entfernung zu den sogenannten Massen demonstrierten bereits die esoterischen Assoziationen in *Tropic of Capricorn*, z. B. der assoziative Sprung von Laura, der Nymphomanin, zu Petrarcas Laura, die Gegenüberstellung des verfaulten Amerika und der Antike: »The old Greek world, the dawn of sexual intercourse ...«[76]. Die gesellschaftliche Verdrängung der Sexualität zwingt Miller selbst eine metaphorisierende und letztlich mythologisierende Sprache auf. Der Versuch zu entmythologisieren scheitert in neuen Mythen. Die Ästhetik des Obszönen gerät zum Kult, das Profane verliert den Bezug zur sozialen Wirklichkeit. In letzter Instanz werden so alle Repressionen, die Miller kritisierte, heimlich bestätigt. Ohne es zu wollen, dient die Entwicklung einer Ästhetik des Obszönen konservativen Zwecken: die Gesellschaftsordnung, der Miller einst gegenüberstand, die seine Reduktion verlangte, damit er zu sich selber kommen konnte, und die es zu bekämpfen galt, bleibt undurchschaut und wird in neuen Mythen nicht besser durchschaubar, geschweige denn erschüttert. Die Kluft zwischen Kunst und Leben wird nicht verringert, weil die sozialen Bedingungen des Lebens nicht zur Kenntnis genommen wurden, weil die Ästhetik des Obszönen zwar ein anthropologisches Fundament hat, jedoch kein gesellschaftliches.

Horst Albert Glaser

Arthur Schnitzler und Frank Wedekind – Der doppelköpfige Sexus

Wedekinds *›Frühlings Erwachen‹* firmiert als Kindertragödie[1]. Sie erhebt zum dramatischen Gegenstand, was nicht nur der vergangenen Dramatik, sondern bürgerlicher Sexualmoral, der diese Dramatik unbedacht nachgefolgt war, Anathema war: die pubertäre Sexualität. Mochte zwar Shakespeares Julia kaum älter als Wedekinds Wendla gewesen sein, die Grenze der Kindheit war in der Gesellschaft der italienischen Renaissance früher gesetzt als in der bürgerlichen Mitteleuropas des achtzehnten und neunzehnten Jahrhunderts. Kinder, die unter ihrer erwachenden Sexualität weniger leiden als unter den Einschränkungen, die ihr von der pädagogischen Dyas Schule und Elternhaus abgenötigt werden, zeigen den qualvollen Grund, auf dem Freud »unsere Kultur [...] ganz allgemein [...] die Unterdrückung von Trieben aufgebaut« sieht[2]. »Der gemeinsame Kulturbesitz an materiellen und ideellen Gütern«[3] ist Zweck jener ›kulturellen‹ Sexualmoral, die Freud selbst in skeptische Anführungszeichen setzte. Daß sie »die Verzögerung der Sexualentwicklung und Sexualbetätigung [...] anstrebt«, ist ihm akzeptierte soziale »Notwendigkeit, wenn man in Betracht zieht, in wie späten Jahren erst die jungen Leute gebildeter Stände zu selbständiger Geltung und zum Erwerb zugelassen werden«[4]. Sie hat ihn hingegen nicht daran gehindert, die Implikationen solcher »Notwendigkeit« auszusprechen: »Die Vermutung liegt nahe, daß unter der Herrschaft einer kulturellen Sexualmoral Gesundheit und Lebenstüchtigkeit der einzelnen Menschen Beeinträchtigungen ausgesetzt sein können, und daß endlich diese Schädigung der Individuen durch die ihnen auferlegten Opfer einen so hohen Grad erreiche, daß auf diesem Umwege auch das kulturelle Endziel in Gefahr geriete«[5].

Wedekinds *›Kindertragödie‹* ist die dissonante Darstellung solcher »Beeinträchtigungen« jungen Lebens. Da alle ihnen unterworfen sind, ragt keine Gestalt aus der Gruppe der anderen hervor, schließen die disparaten Szenen, wo die Schü-

ler ihre verzweiflungsvollen Erfahrungen mit Normen der Erwachsenen machen, gerade in ihrem Nebeneinander sich zur Einheit des identischen Themas zusammen[6].
Daß Wendla Bergmann gern mit der Rute von ihrem jungen Freund geschlagen werden möchte, Hänschen Rilow auf dem Klosett onaniert und dabei die Aktmalerei von Correggio bis Makart ihrer Bestimmung zuführt, an anderen Tagen auch Ernst Röbel auf dem Weinberg küßt und ihn unzweideutig zum »Abschöpfen« auffordert mit den Worten: »Laß uns nicht traurig sein!«[7] und daß endlich Moritz Stiefel aus Angst vorm Sitzenbleiben »nicht mehr nach Hause« gehen will und sich erschießt, »ohne das Menschlichste kennen gelernt zu haben. – Sie kommen aus Ägypten, verehrter Herr, und haben die Pyramiden nicht gesehn?!«[8] – diese Begebnisse, aus denen Wedekind das Leben der Kinder sich addieren läßt, muten an wie Illustrationen zu jenem Katalog der sexuellen Abirrungen, den Freud in den *›Drei Abhandlungen zur Sexualtheorie‹* wenig später aufstellte[9]. Benjamin hat schon die »allzu krassen, allzu scharfen Masken dieser Kinder« verfrühte Triebfixierungen des Sexus genannt. »Der Sexus ist auf kindlichen Entwicklungsstufen stehengeblieben; Denkmäler, Spuren dieser Stufen sind die Perversionen«[10]. Freud zufolge wird »die gestaute Libido«, der die bürgerliche Sexualmoral »nur die legitime Fortpflanzung als Sexualziel zugelassen«[11] hat, »nun in den Stand gesetzt, irgendeine der selten fehlenden schwächeren Stellen im Aufbau der Vita sexualis auszuspüren, um dort zur neurotischen Ersatzbefriedigung in Form krankhafter Symptome durchzubrechen«[12]. Es kommt zu jenen der Psychoanalyse bekannten infantilen Fixierungen auf vorläufige Sexualziele, die Formen des Autoerotismus und die wohl ursprüngliche Bisexualität. Es ließe sich die Angst Moritz Stiefels nach psychoanalytischem Verfahren diagnostizieren als verwandelte Libido, die das Kind »nicht zur Befriedigung zu bringen vermag«[13], und Hänschen Rilows Onanie, seine homoerotische Freundschaft als Ersatzbefriedigung für die auferlegte Abstinenz von heterosexuellem Verkehr. Wendla Bergmann echappiert einer lesbischen Feundschaft mit Thea und Martha demzufolge nur, indem sie die narzistische Objektwahl, die bei dem Verkehr mit dem gleichen Geschlecht Pate steht, auf den eigenen Körper beschränkt.

Die »dem Sexualtrieb beigemengte« Aggression, der Sadismus, wendet sich »gegen die eigene Person, welche dabei zunächst die Stelle des Sexualobjekts vertritt«[14]. Wendla kreischt: »So schlag mich doch an die Beine!« – und klagt doch: »Ich spüre nicht das geringste«[15].

Dieser Katalog von Perversionen könnte fortgeführt werden, wollte man die *›Kindertragödie‹* als eine Sammlung von neurotischen Fallbeschreibungen verstehen. Die Kritik, die solche ratlos schweifende Sexualität der pubertierenden Schüler an den sexuellen Normen der bürgerlichen Gesellschaft impliziert, ist andererseits an ihr Ideal von Gesundheit und Natürlichkeit gebunden. *›Frühlings Erwachen‹* zeigt zwar deren Negation, kein Zweifel aber kommt darüber auf, daß sie das Falsche ist. Die Perversion bleibt Wedekind traurige Abweichung von der genitalen Normalität, die von den kleinen Perversen nicht erreicht werden kann. Die Lust an den Partialtrieben, an der Homosexualität, sie gehören nicht zu den Forderungen seiner »menschlichen Moral«, die er in den späten Dramen auszurufen nicht müde ward, ohne zu bemerken, daß ihr genitaler Primat identisch mit dem der bürgerlichen war. Mit Karl Kraus' zynischem Satz, daß »der Koitus nur ein ungenügendes Surrogat für die Onanie« sei[16], hätte er sich nicht einverstanden erklärt, wie auch zur Apotheose der Perversion erst die französische Literatur, Genet und nicht Wedekind, übergeht.

Die verworrene Landschaft früher Sexualität, durchzogen von bizarren Schranken und kurvenreichen Abirrungen, liegt unter der glatten Steppdecke bürgerlicher Sexualmoral. Selbstzufrieden stehen ihre Repräsentanten, Eltern und Lehrer, am Grabe Moritz Stiefels, der des »sonderbaren Spieles, das man mit uns treibt«[17] überdrüssig geworden war. Daß einer von ihrer Welt sagen konnte, »ich passe nicht hinein [...], macht mir jemand einen tollen Hund zum Geschenk, dann gebe ich ihm seinen tollen Hund zurück«[18], ist ihnen unverständlicher Frevel an deren sittlicher Ordnung, die sie sich zu ihr einbilden. Rektor Sonnenstich bringt das trostlose Kunststück einer auf die Perfidie heruntergekommenen Dialektik zuwege und doziert, indem er »eine Schaufel voll Erde in die Grube« wirft, als handle es sich um eine letzte Züchtigung: »Der Selbstmord als der denkbar bedenklichste Verstoß gegen die sittliche Weltordnung ist der denkbar bedenklichste Beweis für die sittliche Weltordnung, indem der Selbstmörder der sittlichen Weltordnung den Urteilsspruch zu sprechen erspart und ihr Bestehen bestätigt.«[19] Wo sie dennoch auseinanderzubrechen droht, weil die Jungen, wie Faesi ein wenig kurzsichtig sagt, »den Belastungsproben des Daseins nicht gewachsen« sind[20], wird sie mit den eisernen Gittern der Korrektionsanstalt umzogen, für deren Festigkeit Dr. Prokrustes sorgt. Dort sollen die Zöglinge, wie der Vater Melchior Gabors Mutter autoritativen Bescheid erteilt, finden, »was ihnen zu Hause ungerechterweise vorenthalten wurde: eherne Disziplin, Grundsätze und einen moralischen Zwang, dem er sich unter allen Umständen zu fügen hat. – Im übrigen«, fügt er hinzu und findet dabei Worte, mit denen Jugendrichter heute gelegentlich noch Einweisungen in Heime begründen, die es nicht sind – »im übrigen ist die Korrektionsanstalt nicht der Ort des Schreckens, den du dir darunter denkst. Das Hauptgewicht legt man in der Anstalt auf Entwicklung einer christlichen Denk- und Empfindungsweise«[21]. Was sich insbesondere in der Anstalt an den Jugendlichen entwickelt, ist die Technik der Masturbation. Die folgende Szene mit ihrer eingelegten Wettonanie enthüllt stumm die pädagogischen Phrasen der vorhergehenden. Statt der Worte, die für sexuelle Aufklärung etwa einträten, schwitzen die Szenen jene Atmosphäre einer traurig-glückseligen Jugend aus, die sie wie ein flüssige Element umgibt und zusammenhält.

In die »Variationen ein und desselben Lebenszustandes«[22] fällt auch das Gretchenschicksal Wendla Bergmanns. »Nur daß ihr Faust« – wie Eloesser soweit zutreffend bemerkt – »ein Sekundaner ist, nur daß sie die Mutter nicht umbringt, sondern von der Mutter umgebracht wird, die in ihrer Angst bei Frau Schmidt diskrete Hilfe sucht.«[23] Was im *›Faust‹* das ganze Gewicht einer tragischen Handlung hatte, nimmt im *›Frühlings Erwachen‹* die Stelle einer Episode ein. Die Schuld Fausts hat sich Melchior Gabor zum subjektiven Schuldgefühl bereits abgeschwächt, das dann der vermummte Herr mit der Versprechung eines »warmen Abendessens« ganz beruhigen kann[24]. Wendlas Tod ist nicht der geistige Tod des Wahnsinns, in den Gretchen stürzt, da sie von Faust verlassen ward. »Sie ist lediglich den Abortivmitteln der Mutter Schmidtin erlegen«, gibt Wedekind unmißverständlich an[25]. Als Ursache ihres Todes deckt er mithin die Angst vor dem gesellschaftlichen Tabu der außerehelichen Geburt auf. Diesem die Tochter hinzumorden, ist die Mutter eher bereit zu verantworten, als ihr vordem sexuelle Aufklärung zuteil werden zu lassen; denn just diese kann sie »nicht verantworten. – Ich verdiene ja, daß man mich ins Gefängnis setzt – daß man dich von mir nimmt ...«[26] Mit dieser Ursache kehrt sich die Schuld an dem Tod Wendlas von Melchior gegen die zu einer bürgerlichen Gesellschaft in nuce versammelte Unzulänglichkeit und Verblendung von Eltern und Lehrern. Die Betroffenen sind teils ahnungslose, teils machtlose Opfer, an denen geahndet wird, daß sie das allgemeine Vorurteil Lügen straften, das Adoleszenten sexuelle Aktivität abspricht.

Anders, in playboyhafter Leichtigkeit, hat Schnitzler eine vazierende Sexualität im *›Anatol‹* Gestalt werden lassen. Die lockere Folge von Einaktern schon, die je nur einer seiner Amouren gewidmet sind, drückt eine entspanntere Sinnlichkeit aus als Wedekinds verkrampfte Antimoral. Vermögen dessen pubertierende Schüler ihre Sexualität noch nicht in die Kanäle gesellschaftlicher Institutionen fließen zu lassen, da sie entweder nicht weit genug entwickelt oder ihr der Weg versperrt ist, ereignen sich Anatols Amouren inmitten dieser bürgerlichen Gesellschaft, ohne eine Ehe oder eheähnliche Liaison auch nur ins Auge zu fassen. Nicht zu Kollisionen mit ihr kommt es; sie stellt im Gegenteil den Neigungen des reichen jungen Herrn, wenn er nur zahlen kann, Fiaker und chambres séparées zur Verfügung. Was als Handlung in den Einaktern voll süß-melancholischer Stimmungen bezeichnet werden kann, ist das Enden einer Liebesbeziehung an ihrer eigenen Vergänglichkeit oder das zweifelnde Nachdenken darüber, ob es auch eine gegenseitige gewesen sei, als sie noch gelebt wurde. Anatol, der sich gern einen »Hypochonder der Liebe« nennt, ist mit seinem »bösen Blick« beschäftigt, der nach »innen gewandt« ist und vor dem die »besten Empfindungen« ihm leider dahinsiechen[27]. Unsicher, wie er seiner eigenen fließenden Empfindungen ist, wird ihm auch der Charakter der Frauen schwankend: »Ich denke, wie es gar keine Möglichkeit gibt, sich sicher zu fühlen! Wir wissen nämlich, wenn wir eine

Frau noch so gut kennen, doch immer nur, wie sie uns liebt, nie ... wie sie einen anderen lieben könnte! Darum ist es auch keine Gewähr, wenn uns eine mit Tränen im Auge in hinschmelzender Zärtlichkeit anschwärmt, was uns so oft vertrauensselig macht ... Sie betet vielleicht zugleich einen andern an, als eine ganz andere ... leichtsinnig, graziös und wild ... [...] Sie lügen nicht einmal so oft, als wir glauben ... die Wahrheiten wechseln nur für sie mit jeder Minute ...«[28].

Sozialpsychologisch ließen sich derlei Bedenken ohne Schwierigkeit als Zeitvertreib eines beschäftigungslosen Mitglieds der leisure class definieren. Besagen würde solche Klassifikation noch nichts über die psychologische Wahrheit des erotischen Egotismus. Sie vermag aber als Hilfe zur Erklärung des Umstandes dienen, daß das Sexualleben Anatols an keinem Punkt mit sozialen Verhaltensnormen und deren Instanzen kollidiert – so als sei Anatol wirklich jener Süßwasserfisch, der in seinem Elemente schwebt, zu dem Kraus seinen Autor selber herabsetzte, indem er ihm das »Los der Süßwasserdichter« allenfalls konzedierte, die ihre »Begrenzung spüren, sich unbehaglich fühlen und dennoch drin bleiben müssen«[29]. Die Unbehaglichkeit ist Folge einer psychischen Konstitution, die Anatol der Geliebten immer sagen läßt: »Längst hab' ich dich nicht mehr lieb! ... Ich hab' nicht einmal an dich gedacht, während ich mit dir zusammen war – und wenn ich dich geküßt habe, so meinte ich die andere! – Die andere! – Die andere! –«[30] Trotz solchen Ennuis inmitten raschesten Wechsels steigt kein Pathos leidender Kreatur auf, weil es keinen Adressaten im Gegenüber der bürgerlichen Gesellschaft hätte. Die Schwerelosigkeit, mit der Anatol von einer Liason in die andere gleitet, ist das Gegenteil jenes ratlos grimassierenden, schwerfälligen Verlangens, das Wedekind in der Enge kleinbürgerlicher Prüderie deformieren läßt. Der Unterschied zwischen ihm und Schnitzler ist der zwischen großbürgerlichem Libertinismus und kleinbürgerlichem Sexualtrotz: dem Sex der armen und dem der reichen Leute. Mag der Libertinismus auch verhohlen gewesen sein, der zahlungsfähige Bonvivant konnte sich ihm ungehindert überlassen, während die frei sein wollende Armut Sinnlichkeit vorerst einmal in Aggression gegen ihre Feinde verwandelte. Eine schwache, doch wahrnehmbare Ressentimentstruktur durchzieht Wedekinds Plaidoyer für die wahre Natur. Es bricht weniger das Raubtier Mensch aus, das er schon aus der Philosophie Nietzsches von Bühnenarbeitern in die Arena des *›Erdgeistes‹* tragen lassen mußte, als das Ressentiment der Schwachen, denen, wie es in der *›Genealogie der Moral‹* heißt, »die eigentliche Reaktion, die der Tat versagt ist, die sich nur durch eine imaginäre Rache schadlos halten«[31]. Am vermummten Herrn, der in *›Frühlings Erwachen‹* die Perspektive anderen Lebens aufreißt, hat Michelsen schon die Pose des »Viveurs« bemerkt, der »sich selbst als Nummer einer Schaubude ausschreit«. Er hat das Leben nicht, kann es phrasenhaft nur als Negation der leichenhaften »Ordnung« verkündigen, an deren »Verwesung« der tote Moritz Stiefel sich »wärmt«[32].

Schnitzlers Anatol lebt das Leben und folgt nicht der »Geschlechtsmoral seiner Zeit, wenn er den Frauen nachsteigt«[33]. Politzer mag es so scheinen, aber er betet nur den Kanon traditioneller Philologie nach, die sich das Geschlechtsleben nicht anders denn als Folge der Geschlechtsmoral und nicht vielleicht als eine des Geschlechts zu denken vermag. Es verrät wenig Kenntnis des Geschlechts anzunehmen, daß es die »Willenskraft aufsaugt« – als sei es Bestimmung des Willens, nicht »mit der Geliebten aufs Sofa« zu sinken[34]. »Laster, die Mut erfordern, das sind beinahe schon Tugenden« – wäre in einem nachgelassenen Aphorismus Schnitzlers nachzulesen, der im selben Jubiläumsjahr wie Politzers Würdigung gedruckt wurde – »besonders verglichen mit Tugenden, die nur aus Feigheit geübt werden«[35].

Das Modell solch schweifenden Lebens liefert Schnitzlers Autobiographie. Die aus dem Nachlaß herausgegebene *›Jugend in Wien‹* zeichnet die Bahn der erotischen Abenteuer auf, aus der die *Anatol*-Akte einzelne Stationen isolieren. Die Autobiographie des jungen Mannes aus wohlhabender jüdischer Arztfamilie liefert die Geschichten, deren impressionistischer Stimmungsschimmer in die abgedunkelten Interieurs Anatols fällt. Diesen Schimmer, den farbigen Abglanz des Lebens, der sein subjektiver Schein ist, fangen sie ein. Die Liebe hat jeweils in ihnen schon geendet, beugt sich das zweifelnde Bewußtsein nun über die Geliebte oder de-

ren Andenken. Nuance wechselnder Stimmungen, hat sie ihren Ort ausschließlich im impressionistischen Moment. Und doch ist auch der »Augenblick«, in dem Anatol »fühlt«, daß »ich wahnsinnig geliebt werde«, derselbe, in dem »ich wieder diesen törichten göttlichen Gedanken hatte: Du armes, – armes Kind! Das Episodenhafte der Geschichte kam mir so deutlich zum Bewußtsein. Während ich den warmen Hauch ihres Mundes auf meiner Hand fühlte, erlebte ich das Ganze schon in der Erinnerung. Es war eigentlich schon vorüber. Sie war wieder eine von denen gewesen, über die ich hinweg mußte«[36].
Das Netz der ökonomischen Beziehungen, das die Individuen in der arbeitsteiligen bürgerlichen Gesellschaft zusammenhält und doch entfremdet, hat sich dem arbeitslosen Erotomanen Schnitzler transfiguriert in allseitige erotische Beziehungen. Flüchtige Liaisons verbinden den jungen Herrn mit dem süßen Mädel »aus irgend einem kleinen Häuschen aus der Vorstadt«, einer anderen »aus dem prunkenden Salon ihres Herrn Gemahls« und einer »aus der Garderobe ihres Theaters«, einer »aus dem Modistengeschäft« oder einer »aus den Armen eines neuen Geliebten«[37]. So tief die Liebe zu ihnen im Moment gereicht haben mag, sie reichte nicht so weit, daß Bianca Anatol wiedererkannte, als sie ihm nach einigen Jahren zufällig begegnet. Intimität und Anonymität der Amouren ähneln sie den Vorgängen der Tauschgesellschaft an. Brutaler hat Wedekind ihren Mechanismus auf den »freien Liebesmarkt« reduziert[38], den Schnitzler noch in den Illusionen der Stimmungen auffing. Wie bürgerliche Ökonomie alle Individuen zusammenreißt und doch beliebig austauschen kann, so verkehrt der Liebesbürger Anatol potentiell mit allen Frauen und keiner.
Der spätere *›Reigen‹* erst hat solches Auf und Ab der Liebesbeziehungen als unablässig sich drehendes Karussell etabliert. Der Held der *Anatol*-Akte – »frühgereift und zart und traurig« nennt ihn der junge Hofmannsthal in der Einleitung – hält diese noch in der Kontinuität eines individuellen Lebens zusammen. Es hat sich allerdings eingeschränkt auf den Stimmungsrahmen eines »Typus«, als den Schnitzler Anatol sich selbst benennen läßt: den des leichtsinnigen Melancholikers. Die gleiche Stimmung verbindet die Amouren

eines und desselben Namens zu einer Kette von Abenteuern, in die das Leben dieses Dekadent dissoziierte. Abenteuer ist ihm Existenzform in höherem Grade als Simmel in seinem Essay aus der philosophischen Psychologie es zulassen wollte. Das »sinngebende Zentrum der Existenz« hat sich Anatol gänzlich in die »Exzentrizität des Abenteuers« entäußert, nicht läuft es wieder in jenes zurück[39]. Dessen Leben zu einem »Zauberborn« von Stimmungen geworden ist, kennt nicht das »Lebenszentrum«, wie es im bürgerlichen Dasein die Familie darstellte, in deren Enklave er aus der Exklave des Abenteuers jeweils zurückkehrte. »Das Abenteuer ist die Exklave des Lebenszusammenhanges, das Abgerissene, dessen Beginn und Ende keinen Anschluß an die irgendwie einheitliche Strömung der Existenz haben – während es dennoch, wie über diese Strömung hinweg und ihrer Vermittlung unbedürftig, mit den geheimsten Instinkten und mit einer letzten Absicht des Lebens überhaupt zusammenhängt und sich dadurch von der bloß zufälligen Episode, dem, was uns bloß äußerlich *›passiert‹*, unterscheidet. Wo nun das Liebeserlebnis sich zeitlich kurz begrenzt, lebt es in ebendieser Verwebung eines bloß tangentialen und eines dennoch zentralen Charakters. Es mag unserem Leben einen bloß momentanen Glanz geben, wie ein Strahl, den ein außen vorüberhuschendes Licht in einen Innenraum wirft; dennoch wird damit ein Bedürfnis erfüllt, oder es ist überhaupt nur durch ein Bedürfnis möglich, das – mag man es als physisches oder als seelisches oder als metaphysisches ansprechen – in dem Fundamente oder Zentrum unseres Wesens gleichsam zeitlos besteht und mit dem flüchtigen Erlebnis so verbunden ist wie jene zufällige und gleich verschwindende Helligkeit mit unserer Sehnsucht nach Licht überhaupt«[40]. Jenen geheimen Zusammenhang von abenteuerlicher Exzentrizität des Lebens mit einem identischen Zentrum, den Simmel andeutet, hat Schnitzler mit »einer sozusagen rücksichtslosen Pointiertheit des Einzelerlebnisses als solchen« versehen[41]. Die Abenteuer sind zu dem lockeren Zyklus eines Lebens als Abenteuer versammelt, dessen Einheit in der Farbe ein und derselben Stimmung liegt, die jene überstrahlt.

Konsequent hat Schniztler im *›Reigen‹* die Abenteuer von dem sentimentalischen Stimmungsträger Anatol abgelöst

und als mehr oder minder anonyme Sexualakte nach einem Progressionsschema aneinander gehakt: female a meets male b; male b meets female c; female c meets ... male z meets female a. Wie pornographische Bilderserien verschiedene Positionen vorführen, ziehen im *›Reigen‹* zehn Verhältnisse vorüber, die zu einem quasi repräsentantiven Querschnitt durchs Sexualleben der bürgerlichen Gesellschaft sich addieren. Sie zeigen ihre Praxis und fechten nicht etwa gegen die Fassade ihrer Moral. Diese wird als Lügengespinst transparent nicht im ersten Akt, der den Soldaten mit der Dirne auf den feuchten Donauwiesen zusammenbringt, sondern in dem zentralen, der den Ehegatten mit der Ehegattin vereinigen soll. Die Brutalität des proletarischen Sexus hat den falschen Liebesphrasen des wohlsituierten Ehepaares die simple Aufrichtigkeit voraus.
Liebe steigt hier nicht »von der Venus Meretrix, der käuflichen Liebe, hinauf (...) zur Venus Matrimonialis, der ehelichen Liebe, und wieder hinunter«, sondern die Venus Matrimonialis zeigt sich oben als Spezialform der Venus Meretrix. Ihr Akt wird eingerahmt von zwei anderen, in denen die junge Frau einem flanierenden Herrn ins gemietete Appartement folgt und der Ehegatte ein süßes Mädel von der Straße ins cabinet particulier des Riedhofes führt, um es dort mit süßen Obersschaumbaisers zu traktieren wie der junge Herr seine Frau mit kandierten Birnen zuvor. Der klassische Bildungshorizont, unter den Alewyn den *›Reigen‹* mit der Spannweite von Venus Meretrix bis Venus Matrimonialis einrücken will, erweist sich als zu eng[42]. Er übergoldet eher, als daß er sichtbar machte, wie im Akt ehelicher Liebe durch Vorangegangenes und Nachfolgendes jedes Wort zur Lüge ward. Zur bizarren Groteske gerät die philiströse Moralpredigt, die der scheinheilige Ehemann im Ehebett der lüsternen Gattin über das »materielle und sittliche Elend« der »Geschöpfe« hält, »auf die wir angewiesen sind!« und an deren Dasein sie so unvermuteten Anteil nimmt. »*Der Gatte (küßt sie auf die Stirn)*: Sei froh, mein Kind, daß du nie einen Einblick in diese Verhältnisse erhalten hast. Es sind übrigens meist recht bedauernswerte Wesen – werfen wir keinen Stein auf sie. – *Die junge Frau*: Bitt dich – dieses Mitleid. – Das kommt mir da gar nicht recht angebracht vor. – *Der Gatte (mit schöner Milde)*: Sie

verdienen es. Ihr, die ihr junge Mädchen aus guter Familie wart, die ruhig unter Obhut eurer Eltern auf den Ehrenmann warten konntet, der euch zur Ehe begehrte; – ihr kennt ja das Elend nicht, das die meisten von diesen armen Geschöpfen der Sünde in die Arme treibt. – *Die junge Frau*: So verkaufen sich denn alle? – *Der Gatte*: Das möcht ich nicht sagen. Ich mein ja auch nicht nur das materielle Elend. Aber es gibt auch – ich möchte sagen – ein sittliches Elend; eine mangelhafte Auffassung für das, was erlaubt, und insbesondere für das, was edel ist. – *Die junge Frau*: Aber warum sind die zu bedauern? – Denen gehts ja ganz gut? – *Der Gatte*: Du hast sonderbare Ansichten, mein Kind. Du darfst nicht vergessen, daß solche Wesen von Natur aus bestimmt sind, immer tiefer und tiefer zu fallen. Da gibt es kein Aufhalten. – *Die junge Frau (sich an ihm schmiegend):* Offenbar fällt es sich ganz angenehm«[43].

Weniger dem moralischen Dualismus von entweder käuflicher oder ehelicher Liebe widmet Schnitzler den ›*Reigen*‹ als der promiscuen. Denn in jenen läßt sich das Sexualleben nicht aufteilen, da er eine Konstruktion des Ressentiments und keine empirische ist. Mit der Denunziation der freien Liebe als der käuflichen rächte die eheliche sich eher für ihre Unfreiheit. So spielt in den vielfältigen Formen der promiscuen Liebe Geld kaum eine Rolle, wie gerade die Dirne dem Soldaten unüberhörbar sagt: »Ich brauch kein Geld«, als er ihr ungelegnes Angebot mit den Worten ausschlagen will: »Laß mich in Ruhe, Geld hab ich eh keins.« Sie erklärt's ihm: »So einer wie du kanns immer umsonst bei mir haben«[44].

Mit hintersinniger Ironie hat es Schnitzler wieder dem Ehemann vorbehalten, den moralischen Dualismus im Liebesleben, den er seiner Gattin vorsetzte, mit einer Infektionsphobie zu komplettieren. Nach der Umarmung des süßen Mädels fällt ihm ein, was fürs bürgerliche Vorurteil zusammenhängt: freie Liebe und Lues. »*Gatte (betrachtet das süße Mädel lange, für sich):* Wer weiß, was das eigentlich für eine Person ist – Donnerwetter ... So schnell ... War nicht sehr vorsichtig von mir ... Hm«[45]. Psychoanalytische Untersuchung des Schnitzlerschen opus hat diese Phobie als verschobene Schuldreaktion diagnostiziert. »Es ist gewiß kein Zufall, daß sich hier die Ernüchterung nach dem Akte, hinter der wir ein Schuldgefühl vermuten, das der Todesangst nahesteht, diese Form der Infektionsfurcht gewählt hat. Bei den Zwangsneurotikern kann die Analyse zeigen, daß ihre ständige Berührungs- und Ansteckungsangst auf das Schuldgefühl wegen sexuellerBerührung und Impulse zu solcher zurückgeht«[46]. Der Satz des Ehemannes scheint die geronnene Erfahrung zu enthalten, daß der Liebesreigen der Gesellschaft, von dem er einen Zipfel eben erfaßt hatte, sich leicht in den syphilitischen Reigen verkehren könnte, den der kranke Pangloss in Voltaires *›Candide‹* aufzählt um zu erläutern, wie die Syphilis von einem Begleiter des Christopher Columbus bis auf ihn kam. Solch eine »étrange généalogie« fügt sich leicht als Parallele zu der Zickzacklinie gesellschaftlichen Sexualverkehrs. Nicht abzuweisen ist daher die Spekulation des Freud-Schülers Reik auf eine unbewußte Motivation des *›Reigens‹*: »Primär war wohl auch hier die Ansteckungsangst, und das ganze Werk, das von soviel Lebenslust überschäumt, ist nichts als eine bewußte Besiegung, eine mehr als kompensierende Reaktion jener unbewußten Angst. Wie mächtig muß diese Angst sein, wenn sie solche Reaktionserscheinungen bewirkte«[47].

Bedeutsamer als solche schwer beweisbare Beziehung des *›Reigens‹* zur Autorenpsychologie will jedoch die der Liebe zum Mechanismus des Tausches scheinen, der in gesellschaftliche Unendlichkeit progrediert. Was der »freie Liebesmarkt« meinen könnte, den Wedekinds Marquis Casti Piani als Gegenutopie zur bürgerlichen Ehe preist, bildet nachgerade den Idealtypus für den *›Reigen‹*[48]. Er wird hier allerdings nicht mit Prostitution in einem Bordell verwechselt, wie ihn Wedekind, bürgerlich auch hierin, sich vorstellt. Ähnlich dem ökonomischen kennt der Liebesmarkt des liberalen Modells keine institutionalisierten oder privilegierten Abnehmerbeziehungen des homo sexualis. Die Zirkulationsspäre reguliert sich durch den Mechanismus von Angebot und Nachfrage. Was ihn vom ökonomischen wieder trennt, ist die Abwesenheit des universellen Tauschmittels Geld. Anders als der Moralist Wedekind basiert ihn der Mediziner Schnitzler primär aufs physiologische Bedürfnis, läßt ihn als einen der großen Stoffwechselprozesse der Gesellschaft erscheinen, der nicht ihre

institutionalisierten Beziehungen sprengt als vielmehr unterspült. Das Bordell ist gratis und überall.
Zu einem Schauplatz mannigfaltiger sexueller Beziehungen weitet die bürgerliche Ehe sich im *›Weiten Land‹* aus. Ehebruch, den Kotzebues *›Menschenhaß und Reue‹* mehr als hundert Jahre zuvor zuzugeben bereit war, wenn auch unter der Bedingung, daß er auf der Stelle geheilt werde, ist das zentrale Thema in Schnitzlers Ehedrama. Das Paar ist kaum mit sich, als vielmehr mit der geschickten Einpassung seiner Verhältnisse in den Rahmen der Ehe beschäftigt. Auf nüchterne Ökonomie des gemeinsamen Haushalts und ein Institut zur Erziehung der Kinder ist geschrumpft, was der bürgerlichen Terminologie verschwommen Eheleben hieß. Indem Schmitzler von diesem nur die leere gesellschaftliche Verkehrsform der Geschlechter als solche übrig ließ, öffnet sie den Durchblick auf die materielle Basis der bürgerlichen Ehe schlechthin. Sie hält diese gleich einem Stützkorsett aufrecht, während doch Leben in ihr zum geselligen Verkehr in permanenter Gegenwart anderer aufgetrocknet ist. Das gebildete Personal aus den oberen Kreisen Wiens vermag spielerisch, wenn auch nicht ganz schmerzlos die Entfremdung des Lebens von seiner gesellschaftlichen Form zu leben, ohne zwanghaft, wie es dem Personal der naturalistischen Kleineleutedramen ergeht, mit ihr stets von neuem zusammengepreßt zu werden. Je fremder die gesellschaftliche Form dem Gefühl geworden ist, um so rascher gleitet es außerhalb ihrer dahin, während doch die soziale Existenz der Personen an ihr haftet. Ihrer inneren Autonomie ist dieser Rahmen keine Schranke, an der sie sich aufstießen. Schnitzler berührt sich hier leicht mit dem Typus des konservativen Politikers, den Benjamin vom anarcho-sozialistischen abgrenzte, indem er ihm die Freiheit zusprach, privatim gegen öffentlich von ihm beachtete Normen zu leben. »Der Mann jedoch« – schreibt er unter dem Titel *›Ministerium des Innern‹* – »der sich in Einklang mit den ältesten Überlieferungen seines Standes oder seines Volkes weiß, stellt gelegentlich sein Privatleben ostentativ in Gegensatz zu den Maximen, die er im öffentlichen Leben unnachsichtlich vertritt, und würdigt ohne leiseste Beklemmung des Gewissens sein eigenes Verhalten insgeheim als bündigsten

Beweis unerschütterlicher Autorität der von ihm affichierten Grundsätze«[49]. Als manipulierbaren sozialen Rahmen traktiert Schnitzler die bürgerliche Ehe, nicht hält er auf unerschütterliche Autorität dessen, was er schon ein junges Mädchen den »lauen Dunst der Pflicht« einer »unseligen Gemeinschaft« nennen läßt[50].

Sobald die traditionellen Normen ihre geglaubte Autorität verlieren, verwandelt das Sexualleben sich in jenes weite Land, zu dessen Schauplatz Schnitzler sein Ehedrama auszog. »Warum ich sie betrogen habe –? ... *Sie* fragen mich? Sollt' es Ihnen noch nicht aufgefallen sein, was für komplizierte Subjekte wir Menschen im Grunde sind? So vieles hat zugleich Raum in uns –! Liebe und Trug ... Treue und Treulosigkeit ... Anbetung für die eine und Verlangen nach einer andern oder nach mehreren. Wir versuchen wohl Ordnung in uns zu schaffen, so gut es geht, aber diese Ordnung ist doch nur etwas Künstliches ... Das Natürliche ... ist das Chaos. Ja – mein guter Hofreiter, die Seele ist ein weites Land, wie ein Dichter es einmal ausdrückte ... Es kann übrigens auch ein Hoteldirektor gewesen sein«[51]. Die Bewegung des emotionalen Chaos ist jenes Gleiten, das die Personen an einer virtuell endlosen Kette von anderen vorübertreibt. Die Frau verdoppelt den Ehemann nicht schlicht mit einem Geliebten, führt neben der offiziellen nicht eine zweite geheime Ehe, sondern gleitet von diesem fort, wie sie ihm zutrieb. »*Otto:* Was wirst du tun, wenn ich fort bin? – *Genia:* Ich weiß es nicht. Heute weiß ich's nicht. Was wußten wir zwei vor wenigen Wochen, vor Tagen! ... Man gleitet. Man gleitet immer weiter, wer weiß wohin«[52]. Was an Über-Ich-Strukturen diesem Gleiten sich entgegenstellt, verfällt dem Verdikt des Inhumanen. Einem früheren Verehrer Genias, der nicht erhört worden war und darob sich erschoß, widmet der Ehemann den nie zuvor gehörten Nachruf: »Und verstehst du, dieser Gedanke ... daß irgend etwas, das doch in Wirklichkeit gar nicht ist – ein Schemen, ein Phantom, ein Nichts, wenigstens einem so furchtbaren Ding gegenüber, einem so irreparablen wie der Tod – daß *deine Tugend* – einen Menschen in den Tod getrieben hat, das ist mir einfach unheimlich. Ja ... Ich kann's nicht anders sagen ...« An gleicher Stelle: »... daß der arme Korsakow jetzt unter der Erde liegt und verwest ... die Ursache davon bist ja doch du! ... Natürlich ... unschuldig – in doppeltem Sinn. – Ein andrer als ich würde vielleicht vor dir auf den Knien liegen, dich anbeten – wie eine Heilige – gerade deswegen! ... Ich bin halt nicht so ... Mir bist du gerade dadurch ... gleichsam fremder geworden«[53].

Das Gleiten der Personen von einer Beziehung in die andere, das stete Fließen ihrer Empfindungen läßt das Gegenwärtige, dem sie sich hingeben, auch immer schon das Gewesene sein. Im ›*Einsamen Weg*‹ knüpft sich denn folgerecht an den Begriff des erlebten Augenblicks der des Todes. Der erlebte ist im nächsten Augenblick auch schon der gestorbene Augenblick. Seinem weisen Herrn von Sala attribuiert Schnitzler die genuin lebensphilosophische Sehweise: »Gegenwart ... was heißt das eigentlich? Stehen wir denn mit dem Augenblick Brust an Brust, wie mit einem Freund, den wir umarmen, – oder mit einem Feind, der uns bedrängt? Ist das Wort, das eben verklang, nicht schon Erinnerung? Der Ton, mit dem eine Melodie begann, nicht Erinnerung ehe das Lied geendet? Dein Eintritt in diesen Garten nicht Erinnerung, Johanna? Dein Schritt über diese Wiese dort nicht gerade so vorbei wie der Schritt von Wesen, die längst gestorben sind?«[54] Baumann hat den Charakter der Vergänglichkeit, den Schnitzler erst mit zunehmendem Alter stärker an den Augenblick des Erlebens band, prinzipiell fürs ganze opus behauptet. »Fortgesetzt überkommt das Schnitzlersche Ich das Gefühl, als wäre der Moment, den es eben durchlebt, in Wirklichkeit längst vergangen und von sich selbst empfängt es nur ›*ein verschwimmendes Bild seiner eigenen Erinnerung*‹. Das Erleben erschöpft sich im Erinnern, und Erinnerung bleibt die einzige Form des Erlebens. Daraus resultiert die verhängte wie verhängnisvolle Gegenwartslosigkeit, das Bewußtsein, daß man nichts verloren hat und nichts verlieren kann, Lebensepochen und Jahreszeiten Gerinnen diesen uralten Jünglingen und jugendlichen Greisen unterscheidungslos ineinander; den Frühling gewahren sie herbstlich verdüstert, und jedes Beginnen nimmt schon das Endigen voraus; in jeglichem Besitz erblicken sie bereits Verlust, in jeder Liebkosung den Betrug; während sie noch fühlen, erleben sie das Ganze schon in der Erinnerung; das Geschehen ist von Ahnungen verschattet, und jeder Schatten birgt ein Vorauswissen, jegliche Erinnerung etwas Ungewisses. Das Gedächtnis trügt wie die Hoffnung«[55]. Es ist nicht zu übersehen, wie hier ein Element des impressionistischen Moments, seine Vergänglichkeit, zur ontologischen Struktur eines Nihilismus aufbereitet wird, dem das gesamt opus untertan sein soll. Was Baumann in gehobener Sprache doziert, ist einer ganzen Richtung der Schnitzler-Philologie, von Blumes *›Nihilistischem Weltbild Arthur Schnitzlers‹* angeführt, die Todessymbolik[56]. Im *›Reigen‹* sieht sie beharrlich nicht jenen »übermütigen Zyklus kleiner unsagbarer Umarmungen«, der er für Salten zu Schnitzlers Zeiten noch war, sondern bloß den kahlen Totentanz[57]. Daß man beim Eros allemal nur an den Thanatos denken dürfe, ist ihr ausgemachte Sache. »Die Struktur dieses Liebesreigens ist der des mittelalterlichen Totentanzes frappant nachgebildet. Wie dort Freund Hein Bild nach Bild seine Opfer ohne Ansehen ihres Ranges, Standes oder Verdienstes umwirbt, so unterwirft im *›Reigen‹* das Geschlecht mit einer ebenso stereotypen wie herrscherlichen Gebärde *sein* Gefolge«[58]. Bürgerliche Lustfeindschaft verblendet Politzer mit gleichgültigen Analogien, um nicht offen aussprechen zu müssen, daß es wieder um die der Philologie nun einmal »verbotene Lust« gehe. Ein falscher Finalsatz eröffnet den Blick auf ein Mißverständnis des Schnitzlerschen Lebensbegriffes. Die Liebenden vertreiben sich nicht die Zeit, »um zu vergessen, daß ihr Leben vergeht«, sondern ihr Leben vergeht ihnen mit der Zeit, ohne daß sie dieses Vergehen vergäßen[59]. Für das »Selbst«, das sich dergestalt »verstreue«, setzt Politzer eine naive Identität voraus, die doch im lebensphilosophischen Fluß sich längst aufgelöst hatte[60]. Denn es gehört zur deutschen Lebensphilosophie, wie Gorsen nachgewiesen hat, gerade die »Invarianz der Formen, die Identität ihrer Namen«, die »über die *›absolute Unausgedehntheit‹* und Flüchtigkeit der erlebten Zeit« betrüge[61].

Wo Schnitzlers opus Ernst macht mit der »Auflösung der festen Inhalte in das flüssige Element der Seele, aus der alle Substanz herausgeläutert ist«, in der Simmel das Prinzip impressionistischer Kunst sieht, gestaltet es die radikale Kritik an allen erhärteten Formen des Lebens[62]. Sie rennt

nicht gegen die Institution der bürgerlichen Ehe etwa an, sondern löst sie im Fluß dessen, was sie enthalten soll, widerstandslos auf. In seiner von journalistischem common sense diktierten Argumentation meint Specht das gleiche: »In Wahrheit steckt in Schnitzlers Stücken derselbe Mut gegen alle gedankenlos und herzlos hergebrachte Klassen – und Gesellschaftsmoral, gegen alle Leib- und Geisteigenschaft und gegen alle verknöcherte Unfreiheit, wie in den aufrührerischesten Reden und Schriften agitatorischer Umstürzler; nur daß die Gewähltheit seiner dichterischen Formen, der gepflegte Ton seines Vortrags, der funkelnde Schliff seiner nur scheinbar achtlos hingeworfenen Gedanken, deren Tiefe sich oft gar nicht gleich erschließt, all die Dinge, die unsere persönlichste Angelegenheit sind, zum geistigen Genuß erheben. Das macht sie naturgemäß suspect; die Wahrheit darf offenbar nicht anders als reizlos, grob, scheltend erscheinen«[63].
Freud hat Schnitzler seines Einblicks in die psychische Substruktur wegen einen Doppelgänger genannt. Daß er sich über Schnitzlers ›*Traumnovelle*‹ »einige Gedanken gemacht« habe, ist wahrscheinlich; nicht weil Schnitzler sie ihm gesandt haben könnte, sondern da sie den Traum als verdeckte Wunscherfüllung so einsetzt, wie Freud ihn in der Traumtheorie analysiert hatte[64]. In einem Brief gesteht er Schnitzler von dessen Werken, daß er »hinter [dem] poetischen Schein die nämlichen Voraussetzungen, Interessen und Ereignisse zu finden geglaubt [habe], die mir als die eigenen bekannt waren. Ihr Determinismus wie Ihre Skepsis – was die Leute Pessimismus heißen –, Ihr Ergriffensein von den Wahrheiten des Unbewußten, von der Triebnatur des Menschen, Ihre Zersetzung der kulturell-konventionellen Sicherheiten, das Haften Ihrer Gedanken an der Polarität von Lieben und Sterben, das alles berührte mich mit einer unheimlichen Vertrautheit. [. . .] So habe ich den Eindruck gewonnen, daß Sie durch Intuition – eigentlich aber in Folge feiner Selbstwahrnehmung – alles das wissen, was ich in mühseliger Arbeit an anderen Menschen aufgedeckt habe. Ja, ich glaube, im Grunde Ihres Wesens sind Sie ein psychologischer Tiefenforscher, so ehrlich, unparteiisch und unerschrocken wie nur je einer war [. . .]«[65].
Solche Hinwendung des Subjekts zu seiner Subjektivität

hat neben dem ins Autistische gewendeten künstlerischen Narzismus zum nicht minder starken Motiv den Rückzug aus der Sphäre gesellschaftlicher Objektivität. Beide korrelieren einander. Es ist für das liberale Wiener Bürgertum um die Jahrhundertwende symptomatisch, daß es mit Gefühlskultur auf die »atmosphère de violentes passions politiques« reagierte, in der das gleicherweis nationalistische und antisemitische Kleinbürgertum unter der Führung von Luegers Christlich-Sozialen politische Macht in Wien erlangte. Diese Gefühlstruktur, die für Theater und Musik »more genuine enthusiasm« aufbrachte als »any other city in Europe«[66], kulminierte in der exzessiven »Kunst der Nerven«[67] des Café Griensteidl, in dem die Literaten von Jung-Wien sich zu versammeln pflegten. Kraus, der von diesem Zirkel in der *›Demolirten Literatur‹* eine sarkastische Schilderung gibt, hat darin eine Karikatur Schnitzlers entworfen, der dem Zirkel neben Bahr, Beer-Hofmann, Salten und anderen angehörte. »Nicht um Leben aufzunehmen, treten diese Nachempfinder dann und wann aus dem Schneckengehäuse ihres angeblichen Ich heraus: nur um dessen kokette Windungen andächtig zu betrachten«[68]. »Es erfüllt mit ehrfurchtsvollem Schauer, wenn man den von seiner Zeit nicht erfaßten Geist in seiner Zurückgezogenheit belauscht. Von Allen weiß er sich am längsten mit sich selbst zu beschäftigen, auf sich zu concentriren. Ferne dem lärmenden Treiben, sitzt er stundenlang vor dem Spiegel: – enfin seul mit seiner Cravatte!«[69] Mit dem vitalistischen Begriff der »Nervenschwäche« erklärt Kraus sich den heimlichen Kult der Nerven Jung-Wiens. Daß solcher nervenschwache Impressionismus Teil der Gefühlskultur des Wiener Bürgertums war und diese mit der politischen Niederlage des Liberalismus 1895 in Zusammenhang stand, ist von ihm nicht recht ausgesprochen worden. Die Wahlen von 1895 liquidierten die innenpolitische Herrschaft des liberalen Bürgertums, die es zusammen mit der Aristokratie und der staatlichen Bürokratie seit den sechziger Jahren auf Grund eines limitierten Wahlrechts innehielt[70]. Schorske hat in der einzigen für diesen Zusammenhang relevanten sozialpsychologischen Skizze dargetan, wie der Kollaps der bürgerlichen Honoratiorenparteien zur Flucht ins kulturelle Leben und dort in den äußersten Subjektivismus führte. »The threat of the political mass movements lent new intensity to this already present trend (i. e. narcissism and a hypertrophy of the life of feeling) by weakening the traditional liberal confidence in its own legacy of rationality, moral law, and progress. Art became transformed from an ornament to an essence, from an expression of value to a source of value. The disaster of liberalism's collapse further transmuted the aesthetic heritage into a culture of sensitive nerves, uneasy hedonism, and often outright anxiety«[71].

Wedekind kannte die ökonomische Freiheit Schnitzlers nicht. Weder Melchior Gabor, noch Lulu, noch der Marquis von Keith verfügen über jene unerschöpflichen Ressourcen, von denen Schnitzlers Anatol zehrt. Mit der ökonomischen Schranke, die sich vor ihrem Willen aufrichtet, gewinnt auch die der Verhaltensnormen an Gewicht. Ökonomische Abhängigkeit verlängerte sich ihnen in eine von den Normen, die das Leben in der bürgerlichen Gesellschaft regulierten. Der Marquis von Keith, der sie meinte hochstaplerisch überspringen zu können, landet auf der »Rutschbahn« des Lebens, die ihn wieder nach unten führt, wo er, wie der Bankier Puntschu in der ›*Büchse der Pandora*‹, den »Kampf um eine gesicherte Existenz zum sechsunddreißigstenmal aufnehmen« kann[72]. Vor seinem Rutsch erkennt er den »Stein der Weisen«, über den er stolperte, daß nämlich »das glänzendste Geschäft in dieser Welt [...] die Moral« ist[73]. Wedekinds Amoralismus vermag nicht wie der Schnitzlers, den Weg in den privaten Libertinismus zu nehmen, sondern wird antithetisch an die Moral der bürgerlichen Gesellschaft gebannt, da ihm die Mittel zur Autonomie fehlen. Daher der messianische Zug in seinem opus, das stets etwas verkündigen will. Negativ fordern die Opfer des ›*Frühlings Erwachen*‹, fordert Lulu eine Naturmoral, die sie nicht wie die bürgerlich-repressive zerstörte. Das Bedürfnis nach gesellschaftlicher Sanktion der individuellen Lebensform erfüllt das opus eines Autors, der unbeirrt andererseits diese Lebensform gegen die Verhaltensnormen der bürgerlichen Gesellschaft ins Recht setzte. Dies hat literarische Kritik des Wedekindschen opus zum Anlaß genommen, sein Postulat einer Naturmoral, der Versöhnung von Geist und Sinnlichkeit, als moralischen Dogmatismus anderer Art, als das Reversbild der geltenden Moral bloß in Frage zu stellen. Eloesser und Blei haben der Kritik dies Einfallstor in Wedekinds Front geöffnet, das dann Michelsen dazu diente, sie gänzlich aufzurollen, um ihre geheime Identität mit der Praxis, wenn auch nicht der Theorie, der bürgerlichen Gesellschaft zu decouvrieren. Für Eloesser war Wedekind nicht der Viveur, sondern ein »Besessener, ein Fanatiker der einen Idee von der völligen sexuellen Befreiung, die zu einer neuen Ordnung der Gesellschaft, zu ihrer Erlösung führen mußte«[74]. »Seine Sünden hat er wohl noch mehr im Geist als im Fleisch begangen, sonst wäre er nicht ein so methodischer Theoretiker der Erotik geworden. Ich habe einmal die Vermutung ausgesprochen, daß Wedekind bei der Heilsarmee enden könnte. Er hat etwas von ihrer Ekstase der Nüchternheit, von ihrem Bänkelsängertum, von ihrer Posaunenfreude. Auch hat er sich des öfteren darüber beklagt, daß man ihn nicht für einen Apostel oder Propheten halten wollte«[75]. Solches Apostolat einer Gegenmoral, das ihm auch von Blei attestiert ward, verharrt in der leeren Abstraktheit, unerfüllt von Sinnlichkeit wie nur die lustfeindliche Moral der Gesellschaft, die Lust auf die Genitalfunktion zum Zweck der Propagation reduzierte. Das rhetorische Feuer, mit dem er den »freien Liebesmarkt« der Prostitution als ein »urewiges Naturgesetz der unabänderlichen Schöpfung« preist, »auf dem die Tigerin ihre Triumphe feiert«, kommt aus der Wortonanie[76]. Nicht zu übersehen ist als Vorbild dieser Gegenmoral Nietzsches *›Zarathustra‹*, dessen Moral bei Wedekind sich allerdings auf jene »zwei, drei Gedanken« bereits verkürzt hatte, mit denen »in der moralischen Welt kein Staat zu machen [ist], nur in der künstlerischen«[77]. Wo diese Gedanken als kahles weltanschauliches Gerüst allein seine Dramen tragen, verweist Blei sachlich auf ihre Übereinstimmung mit den Meinungen »aller unserer Aufklärer, Kunstwarte, Monisten, Eugenisten, Frauenrechtlerinnen, liberalen Abgeordneten«[78]. Zarathustra, Apostel einer Gegenmoral, die nicht Amoral ist, verkündet die Rückführung der Moral auf die Bedürfnisse des Leibs, aus deren Unterdrückung der bürgerlichen ihr Idealismus emanierte. Als Motto könnten nachgerade folgende Sätze über Wedekinds Dramen stehen, die ihr zuerst unausgesprochenes, später in allegorischen Gestalten zutage tretendes Programm formulieren: »Bleibt mit der Erde treu, meine Brüder, mit der Macht eurer Tugend! Eure schenkende Liebe und eure Erkenntnis diene dem Sinne der Erde! Also bitte und beschwöre ich euch. – Laßt sie nicht davonfliegen vom Irdischen und mit den Flügeln gegen ewige Wände schlagen! Ach, es gab immer so viel verflogene Tugend! – Führt, gleich mir, die verflogene Tugend zur Erde zurück – ja, zurück zu Leib und Leben; daß sie der Erde ihren Sinn gebe, einen Menschen-Sinn! [...] Euer Geist und eure Tugend diene dem Sinn der Erde, meine Brüder: und aller Dinge Wert werde neu von euch gesetzt! Darum sollt ihr Kämpfende sein!«[79]

Die Erkenntnis Nietzsches, daß unterdrückte Sinnlickeit die Physiognomie der Sittlichkeit verzerre, hat Wedekind in der Frauenrechtlerin Elfriede von Malchus Gestalt werden lassen. Der Charakter des Ressentiments, den Nietzsche vor Kraus der Sittlichkeit bereits attestierte, wendet diese aggresiv gegen jene Sinnlichkeit, von der sie zugunsten der Arbeitsmoral etwa abstrahiert hatte. Der dekadente Marquis Casti Piani, Wedekinds ein wenig müder, doch pointiert argumentierender Bordellbesitzer in *›Tod und Teufel‹*, stellt der Frauenrechtlerin im »modernen Reformkleid« eine Diagnose, die sie nicht erwartet hatte. Ihr, die in sein gepflegtes Etablissement kam, »um ein unglückliches Geschöpf aus den Krallen des Lasters zu befreien«[80], entgegnet er: »Sie haben in ihrem Leben so unendlich viel Unnützes zur sittlichen Hebung der Freudenmädchen getan! Tun Sie doch endlich einmal etwas zur sittlichen Hebung der Freude! Dann brauchen Ihnen die armen Geschöpfe nicht mehr leid zu tun!« – Brutal fragt er sie sodann: »Aber wissen Sie, mein Fräulein, wodurch Sie Ihre, wie Sie zugeben, allerdings sehr schwachen sinnlichen Empfindungen befriedigt haben? – *Elfriede:* Nun? – *Casti Piani:* Durch Ihren Eintritt in den Internationalen Verein zur Bekämpfung des Mädchenhandels. [...] Ihnen hat die Natur eine äußerst kärgliche Sinnlichkeit verliehen. Mich haben die Stürme des Lebens längst zu einer schauerlichen Einöde gemacht. Aber was für Ihre Sinnlichkeit die Bekämpfung des Mädchenhandels ist, das ist für meine Sinnlichkeit, falls Sie mir etwas der Art noch zugestehen wollen, der Mädchenhandel selbst«[81]. Die psychologische Explikation einer Sittlichkeit, die nicht viel mehr als eine perverse Form der Sinnlichkeit ist, entwickelt Nietzsche dergestalt: »Die Keuschheit ist bei einigen eine Tugend, aber bei vielen beinahe ein Laster. – Diese enthalten sich wohl: aber die Hündin Sinnlichkeit blickt mit Neid aus allem, was sie tun. – Noch in die Höhe ihrer Tugend und bis in den kalten Geist hinein folgt ihnen dies Getier und sein Unfrieden. [...] Ihr habt mir zu grausame Augen und blickt lüstern nach Leidenden. Hat sich nicht nur eure Wollust verkleidet und heißt sich Mitleiden«[82]. Wedekind gibt diesem Doppelgesicht der Sittlichkeit eine groteske Wendung: nachdem sie zum ersten Mal Einblick ins Bordell genommen hat, fleht die Frauenrechtlerin dessen Besitzer an: »Verkaufen Sie mich! Ich beschwöre Sie, verkaufen Sie mich an solch ein Haus! [...] Ich will im Sinnengenuß meinen Tod finden! Ich will mich auf dem Blutaltar sinnlicher Liebe schlachten lassen!«[83] Auch hierfür findet sich im *›Zarathustra‹* der Kommentar vorgebildet: »Nicht wenige, die ihren Teufel austreiben wollten, fuhren dabei selber in die Säue«[84].

Der Sinnlichkeit der Hündinnen, die Sittlichkeit genannt wird, stellt Wedekind das Gegenbild schrankenloser Lust entgegen: Lulu. Sie ist Tigerin, »das wahre Tier, das wilde, schöne Tier«. Im Prolog des *›Erdgeists‹* wird sie als emblematische Figur auf die Bühne getragen, deren Bedeutung, während sie selbst stumm bleibt, vom »Tierbändiger« ausgeschrieen wird: »Mein süßes Tier, sei ja nur nicht geziert / Nicht albern, nicht gekünstelt, nicht verschroben, / Auch wenn die Kritiker dich weniger loben. / Du hast kein Recht, uns durch Miaun und Fauchen / Die Urgestalt des Weibes zu verstauchen, / Durch Faxenmachen uns und Fratzenschneiden / Des Lasters Kindereinfalt zu verleiden!«[85]

Die Schwierigkeiten der Kritik mit *›Lulu‹* gehen auf ihren allegorischen Charakter zurück, der tief in ihre Gestalt und deren Geschick versenkt ist und nur vom Prolog beim Namen genannt wird. Sie ist dramatische Figur eines Gedankens. In der berühmt gewordenen Rede zu einer Privataufführung der *›Büchse der Pandora‹* in Wien hat Kraus ihren allegorischen Charakter bereits ausgesprochen und verteidigt: »Er ist der erste deutsche Dramatiker, der wieder dem Gedanken den langentbehrten Zutritt auf die Bühne verschafft hat. Alle Natürlichkeitsschrullen sind wie weggeblasen. Was über und unter den Menschen liegt, ist wichtiger, als welchen Dialekt sie sprechen. [...] Man kommt dahinter, daß es eine höhere Natürlichkeit gibt als die der kleinen Realität, mit deren Vorführung uns die deutsche Literatur durch zwei Jahrzehnte im Schweiße ihres Angesichts dürftige Identitätsbeweise geliefert hat«[86]. Den Gedanken jener höheren Natürlichkeit hat wiederum Nietzsche bereits in dem Projekt einer nicht von Erziehung verstümmelten, zum Haustier reduzierten Frau entworfen. Sie ist das Gegenteil der »Haustiere, die so wohlgesittet fühlen, / An blasser Pflanzenkost ihr Mütchen kühlen [...]«[87] Statt dessen ist »das, was am Weibe Respekt und oft genug Furcht« einflößen soll, Nietzsche sowohl wie Wedekind »seine Natur, die *›natürlicher‹* ist als die des Mannes, seine echte raubtierhafte listige Geschmeidigkeit, seine Tigerkralle unter dem Handschuh, seine Naivität im Egoismus, seine Unerziehbarkeit und innerliche Wildheit, das Unfaßliche, Weite, Schweifende seiner Begierden und Tugenden ... Was, bei aller Furcht, für diese gefährliche Katze *›Weib‹* Mitleiden macht, ist, daß es leidender, verletzbarer, liebesbedürftiger und zur Enttäuschung verurteilter erscheint als irgendein Tier«[88].

Wedekind hat Lulu, die Allegorie der Lust, im Prolog zum Dressurakt eines Dompteurs gemacht, wie sie im Drama selbst als Geliebte und Ehefrau des Herrenmenschen Dr. Schön fungiert. Daß sie, die allen und keinem gehört, dennoch unter der Peitsche des einen und dem eisernen Willen des andern stehen soll, läßt sie in einen Widerspruch zu sich geraten. Sie soll »Würgengel«, »unabwendbares Verhängnis« der Männer sein, die vermeinten, sie zu besitzen, und doch stolz darauf sein, daß sie von Dr. Schön »so tief« erniedrigt worden ist, »wie man ein Weib erniedrigen kann«[89]. Verzichtet zwar die Interpretation hier darauf, weibliche Lust als sadomasochistischen Komplex auseinanderzufalten, ist Lulu dennoch als Projektionsfigur männlicher Lust verstehbar. Diese bildet sich als Raubtier ein, um den Genuß an seiner Beherrschung zu steigern. Kraus, Feind zwar der Psychoanalyse ob ihrer banausischen Auskratzung der Werke, hat doch den Projektonsmechanismus schon ausgesprochen, dem Lulu unterliegt. »Sei die Hetäre ein Traum des Mannes. Aber die Wirklichkeit soll sie ihm zur Hörigen – Hausfrau oder Maitresse – machen, weil das soziale Ehrbedürfnis ihm selbst über den Traum geht. So will auch jeder, der die polyandrische Frau, diese für sich«[90]. Somit entschleiert sich das polymorphe Naturwesen, an dem, solange es jung ist, die bürgerlichen Männer zugrunde gehen, wie es, alt geworden, endlich von ihnen ruiniert wird, als ein Geschöpf dieser Männer. »Die unbeseelte Kreatur« wird »gebändigt durch das menschliche Genie«, das den »Schädel« des Bürgers hat[91]. Lust darf zwar unter der Herrschaft hervorkriechen, doch ihr nicht entrinnen. Vor dem »Schädel hat das Tier Respekt«[92]. Bürgerliche Triebrepression ist nicht aufgehoben; Trieb und Repression sind allein zu den zwei Prinzipien des Bewußten und Unbewußten auseinandergetreten, die ihr Dualismus wieder zusammenzwingt[93]. Solcher Naturbegriff ist bürgerlichem Denken von Beginn an vertraut. Er ist Korrektiv einer dem Naturleben entfremdeten Gesellschaft, deren Verkehrsformen wesentlich vom ökonomischen Profitinteresse modelliert sind. Wo erinnerte Natur als Begriff die Verfassung der Gesellschaft nicht sprengt, tendiert diese dazu, Natur sich als Naturpark anzugliedern. Wie in der darwinistischen Theorie wiederholt sich als ursprünglicher Kampf zwischen Mann und Weib der Konkurrenzkampf des liberalistischen ökonomischen Modells. Der ökonomisch Schwächere unterliegt hier auch als die physisch Schwächere. Michelsen hat dies bürgerliche Prinzip in Wedekinds antibürgerlichem Drama kritisiert. Sein Bemühen allerdings, Lulu zur sexuellen Gestalt des bürgerlichen Naturbegriffs werden zu lassen, die »als bloßer Trieb verstanden, gerade in einer durch nichts als Angebot und Nachfrage geregelten Welt sich noch am ehesten realisieren läßt«, muß ihr eine abstrakte Unmittelbarkeit des Triebs unterstellen, wie sie dem koitierenden Prinzip allein zukäme[94]. Das »Prinzip«, von dem der lemurenhafte Schigolch behauptet, daß es in Lulu »immer das gleiche« bleibe, konkretisiert sich dennoch in einem Indivduum. Die verschiedenen Namen schon, die ihr die Liebhaber geben, drücken das je andere Verhältnis zu ihnen aus. Ihre Lust ist kein Abstraktum, sondern differenziert in die nach Intensität schwankende Affinität zu den Liebhabern, am schwächsten zu Schwarz, am stärksten zu

Dr. Schön. Daß die »dergestalt zum Geschlechtstier mit bloßen Gattungsinstinkten herabstilisierte Frau«[95] das schlechteste Freudenmädchen der Welt ist, wäre in einer Reflexion zu bedenken, die für sich konsequent »der Banalität des nackten Geschlechts [...] die Abstraktheit der blanken Banknote« vindiziert[96]. »Gibt es etwas Traurigeres auf dieser Welt als ein Freuden-Mädchen«, seufzt Lulu auch für den Philologen unüberhörbar, bevor sie mit einem »O verflucht!« auf die Straße geht, um sich ihren Mörder heraufzuholen[97]. Das Abstraktum Lust ist ein bürgerliches Vorurteil, das sich in ihr nicht auskennt. Was Blei über Gelehrte schrieb, denen die Sinnlichkeit oder die Kälte der Freudenmädchen Streitgegenstand sei, aber »diese Mädchen nicht besuchen, sondern nur untersuchen«, trifft auch für ein Denken zu, das aus dem Umstand, daß eine Frau viele liebt, schließt, sie könne überhaupt nicht lieben. Die vulgivage Lust ist nicht deshalb bloß ein Prinzip, weil sie keine monogame ist. Solches Denken ist in viel stärkerem Maße bürgerlich als Wedekinds polemische Apologie des Freudenmädchens, die vorläufige Statthalterin der Sinnlichkeit in der bürgerlichen Gesellschaft sein soll. »Die wie ein wildes Tier aus der menschlichen Gemeinschaft hinausgehetzte Dirne« findet in seinem Werk immerhin eine, wenn auch illusionäre Freiheit, ohne als Preis sogleich zum abstrakten Prinzip sterilisiert zu werden[98]. Die Sterilisation vollzieht im Mord erst der Lustmörder: »Er nimmt ihr, womit sie an den Männern gesündigt hat«[99]. Die Herrschaft des gesellschaftlichen Leistungsprinzips über den Sexus reproduziert sich in seiner antibürgerlichen Utopie als Sadismus. Er schneidet ihr das Muster einer Verletzung ein.

›Mine-Haha‹, ein Fragment über *›die körperliche Erziehung junger Mädchen‹*, beschreibt eine Art von Internat, wo die Mädchen »gewissermaßen mit den Hüften denken lernen«[100]. Nicht ihr Verstand soll die traditionelle kategoriale Zurichtung erfahren, sondern ihr Ich, das bloß denkender Körper ist, eine tänzerische Schulung. »Wenn eine *›Ich‹* sagte, so meinte sie sich immer ganz damit, vom Scheitel bis zur Fußspitze. Wir fühlten unser Selbst in den Beinen und Füßen beinahe noch mehr als in den Augen und Fingern. Von keinem der Mädchen ist mir im Gedächtnis geblieben, wie sie sprach. Ich weiß von jeder nur noch, wie sie ging«[101].

Anders jedoch als Sades *›120 journées de Sodome‹* es wollen, mit deren Anlage die Ordnung in der Mädchenkolonie von *›Mine-Haha‹* eine strukturelle Ähnlichkeit zeigt, ist die körperliche Erziehung der Mädchen in der Vorpubertät nicht ein Training für die Orgie. Die endlose Tanzerei, zu der sie von gestrengen Erzieherinnen angehalten werden, hat Triebenergien bloß in ein Körperritual fließen lassen, statt sie in Verstandesarbeit zu sublimieren. Solch raffinierte Sublimation mit dem Körper rückt die freisinnige Mädchenerziehung in die Nähe der asexuellen Freikörperkultur, die alte Prüderie auf neuem Niveau wiederholt. Ihr korrespondiert das totalitäre Regiment der Erzieherinnen über die unmündigen Mädchen, die in eine Holzkiste verpackt dem pädagogischen Institut überstellt und als abgerichtetes corps de ballet bei einsetzender Menstruation mit der Untergrundbahn ins Freie befördert werden. Was die Utopie eines Lebens nur mit dem Körper verdrängt, demonstrieren die sadistischen Rutenstrafen, denen die Mädchen ausgesetzt werden, wenn ihnen der schwierige und ganz unnatürliche Gang auf der Spitze des Fußes mißlingt. Der unselige Geist ist Wedekind in die Körperbeherrschung gefahren. »Alles, was wir wußten, war, daß das Zubettgehen zu zweien verboten war[102]«. Geistige Unschuld hat die Physis derer in Banden geschlagen, die das orgiastische Ballett vom *›Mückenprinzen‹* vorm brünstigen Beifallsgeheul eines Publikums hinter Gittern aufführen durften. »Um Kopf und Kragen trugen sie einen goldenen Ring mit einem langen, biegsamen, blutroten Stachel«[103], hatten aber dennoch keine »Ahnung von dem, was sie spielten«[104].

Von solch selbst verschuldeter Unschuld ist Lulu frei. Des »Lasters Kindereinfalt«, die ihr der Prolog zuspricht, meint nicht Dummheit. Keineswegs aus einer Laune setzte Wedekind wohl in Hardens Merkbuch hinter die Frage nach der *›Liebling-Eigenschaft am Weibe‹* die Antwort: Klugheit[105]. Aus solcher Begriffskonstellation erklärt sich leicht, was die Kindereinfalt des Lasters nur meinen kann: das Gegenteil jener Einfalt, die bürgerliche Illusion bereits falsch im kindlichen Charakter sehen wollte. Wedekind betrieb mit den bürgerlichen Wertbegriffen, was man heute ihre Umfunktionierung nennt. Als Lulus Unschuld bezeichnet er, was von Theologen ihre Schuld genannt würde. Kindereinfalt ergibt sich nach »Ausschaltung all der Begriffe [...], die logisch unhaltbar sind wie: Liebe, Treue, Dankbarkeit«[106]. Lulu hat »auch subjektiv mit diesen Begriffen nichts zu tun [...], weil sie keine Erziehung genossen [...] hat«. Zu solch amoralischer Kindereinfalt hat sich in Lulu die Raffinesse einer »Frauenanmut« geläutert, die sich den Zwängen einer armseligen Männerwelt entziehen will, die ihr allein »in das Prokrustesbett ihrer Moralbegriffe zu steigen erlaubt«[107]. Die Lust will sich und nicht die Moral. Unter dem Druck ihrer herrschenden Begriffe deformiert Lust zur Gestalt der Raffinesse, um sich zu behaupten. Sie wird zur geistigen Gestalt jener Elastizität, von der Wedekind als dem »maßgebenden Prinzip der Manege« sprach und die ihm »Lebensweisheit« schlechthin war. Seinen *›Zirkusgedanken‹* hat er solche Lebensweisheit anvertraut. Wo das Leben »zu einer ununterbrochenen, rast- und ruhlosen Steeplechase über nichts als Hindernisse und Fallgräben hinweg geworden ist«, bedarf es der Elastizität. »Jeder von uns stürzt einmal zur Tiefe nieder. Wem aber dann die Elastizität im Fußgelenk fehlt, dem wird jene Ferse zur Achillesferse; sie zerreißt, er bleibt liegen, und die wilde Jagd geht johlend und kläffend achtlos über ihn hinweg«[108]. Auf diese Weise wird Lulu zur elastischen Projektionsfläche der Männer, die sich ihre Eigentümer dünken. »Eine Seele – die sich im Jenseits den Schlaf aus den Augen reibt ...« – so stehen sie da, wenn sie aus der Illusion der Eigentümer erwachen[109]. Jeder meinte sie zu haben, während alle von ihr gehabt wurden. Den greisen Medizinalrat Goll, ihren ersten Mann, nach dessen Peitsche sie sich später »zurücksehnen« soll, trifft der Schlag, als er sie mit dem Portraitmaler Schwarz im Atelier toben hört. Dieser, der ihr zweiter Mann wird, schneidet sich das Rasiermesser in die Gurgel, als ihm über seine Liebe die »Augen aufgehen«. »*Lulu:* Er liebt mich. – *Schön:* Das ist freilich fatal. – *Lulu:* Er liebt mich ... – *Schön:* Das ist eine unüberbrückbare Kluft. – *Lulu:* Er kennt mich nicht, aber er liebt mich! Hätte er nur eine annähernd richtige Vorstellung von mir, er würde mir einen Stein an den Hals binden und mich im Meer versenken, wo es am tiefsten ist!«[110] Schön, ihren stärksten Beherrscher, erschießt sie von hinten, da er sie zwingen will, sich mitsamt dem »Augiasstall« der Liebhaber hinwegzuräumen, zu dem ihm sein »Lebensabend« einer Ehe mit ihr geworden ist. »Man soll mir einen Winkel zeigen, der noch rein ist. Die Pest im Haus. Der ärmste Tagelöhner hat ein sauberes Nest. Dreißig Jahre Arbeit, und das mein Familienkreis, der Kreis der Meinen«[111]. Hinter Portieren, unterm Tisch und im Nebenzimmer warten die Kokurrenten des Ehemanns auf ihren Anteil. Schön, mit dem Revolver in der Hand, steht auf der Galerie seines Hauses und beobachtet das Huschen und Jagen. »Der Schmutz, der Schmutz« – sind die Worte, die dem alt gewordenen Herrenmenschen noch einfallen, da er seine Ehe in solchen Augenschein nimmt. Schöns Sohn Alwa wird Lulus letzter Gatte. Von der Syphilis, die »sie [...] mir von ihrem Casti-Piani übermacht [hat]«, bereits ruiniert, für die »sie selbst [...] längst nicht mehr [...] erreichbar« ist, wird er im Londoner Elendsquartier, der letzten Station ihres Lebens von Stufe zu Stufe, mit dem Totschläger eines afrikanischen Kunden Lulus wirklich in das Land jener »schönen Träume« expediert, das er in Lulu ehedem zu besitzen vermeinte[112].

Die veränderliche Lust, die im Augenblick den Männern sich anbequemt, um sie umschlingen zu können, wird mit ihrer »Haut wie Satin« zur diffusen Projektionsfläche ihrer Begierden. Dem Maler, der Lulus Portrait malen soll, entgleitet schon ihr Gesicht, so wie er sie als Ehefrau späterhin nicht halten kann. »Ich habe noch niemanden gemalt, bei dem der Gesichtsausdruck so ununterbrochen wechselte. – Es war mir kaum möglich, einen einzigen Zug dauernd festzuhalten«[113]. Die Dialektik ihrer Gestalt ist, durch die Veränderlichkeit, die ihr Wesen ausmacht, auch zum plastischen Material ihrer Beherrscher werden zu können, die es doch im nächsten Augenblick nicht länger sind. Hierin personifiziert auch Lulu die lebensphilosophische Idee des Gleitens, die Schnitzler umschreiben mußte. Namen können sie nicht treffen. Da sie jedem anders heißt, kommt es zu symptomatischen Verwechslungen, sprechen ihre düpierten Beherrscher von verschiedenen Frauen, die doch eine sind. Der eine liebt sie als Kind, der andre als Frau »*Escerny:* Sie hat zwei Ballerinakostüme, wenn ich nicht irre? – *Alwa:* Ich finde, daß ihr das weiße besser steht als das in Rosa. – *Escerny:* Finden sie? – *Alwa:* Sie nicht? »*Escerny:* Ich finde, sie sieht in dem weißen Tüll zu körperlos aus. – *Alwa:* Ich

finde, sie sieht in dem rosa Tüll zu animalisch aus. – *Escerny:* Das finde ich nicht. – *Alwa:* der weiße Tüll bringt mehr das Kindliche ihrer Natur zum Ausdruck! – *Escerny:* Der Rosatüll bringt mehr das Weibliche ihrer Natur zum Ausdruck!«[114] Daß ihre Veränderlichkeit nicht Verstellung ist, sagt sie zu Beginn: »Ich mich verstellen? Wie kommen Sie nur darauf? Das hatte ich niemals nötig«[115]. In der letzten Szene des ›*Erdgeists*‹ sagt sie es dem schlechten Spekulanten Schön noch einmal, der ihr, da er sich in ihr verrechnet hatte, mit falscher moralischer Empörung »Eine Korruption!!« vorgeworfen hatte: »Ich habe nie in der Welt etwas anderes scheinen wollen, als wofür man mich genommen hat, und man hat mich nie in der Welt für etwas anderes genommen, als was ich bin«[116]. Was sie ist, hat Kraus mit Worten bestimmt, die von keinem philologischen Kommentar der ›*Lulu*‹ bisher eingeholt worden sind. Er erkennt in ihr das »Vollweib mit der genialen Fähigkeit, sich nicht erinnern zu können, [die] Frau, die ohne Hemmung, aber auch ohne die Gefahren fortwährender seelischer Konzeption lebt und jedes Erlebnis im Vergessen wegspült. Begehrende und nicht Gebärende; nicht Genus-Erhalterin, aber Genuß-Spenderin. Nicht das erbrochene Schloß der Weiblichkeit; doch stets geöffnet, stets wieder geschlossen«[117].
Monogamem Besitzdenken ist die Frau ein Ding, dessen Liebe unveränderlich zu sein hat, selbst wenn sie mit Recht dann in »Haß und Verachtung« umschlägt. Daß ihre Unschuld in Wahrheit aber nicht beständiger ist als das Geldkapital, mit dem sie durch die Kategorie des Besitzes verbunden ist, zeigt Wedekind ironisch am Steigen und Fallen der Jungfrauaktien, auf denen zuletzt Lulus und Alwas ökonomische Existenz als einem schwindelhaften Grund ruhte. Sie fallen mit ihnen ins Bodenlose. »Aber träum' ich denn, oder hör' ich nicht recht?! Die Jungfrauaktien sollen gesunken sein??« – fragt eine Lebedame im Pariser Salon Lulus den Bankier Puntschu. »Noch tiefer gesunken als Sie!« – entgegnet dieser lakonisch[118].

Wenn etwas an dieser Lulu zweifelhaft ist, dann nicht ihr Vaginismus, noch das Bewußtsein, das sie hat. Daß das Denken in innigem Zusammenhang mit Sexualität steht, darauf hat Marcuse, Freuds Traumtheorie folgend, erneut hingewiesen. »Die Erinnerung an die Befriedigung steht am

Ursprung alles Denkens, und der Impuls, eine verflossene Befriedigung wiederzuerlangen, ist die verborgene treibende Kraft hinter dem Denkprozeß«[119]. Blei, der das Sprechen des Fleisches über sich für einen Widerspruch hält, verrät darin, daß er wie Wedekind in dem bürgerlichen Dualismus von Geist und Sinnlichkeit noch befangen ist, den dieser krampfhaft zwar, doch immerhin zu versöhnen trachtete. Geist soll nicht die Rolle des zensurierenden Staatsanwaltes, sondern die des Verteidigers übernehmen. Solche Versöhnung endet für Blei allemal in Hysterie. Ätiologisch falsch, aber bürgerlich richtig leitet er sie aus dem Bewußtsein des Triebs und nicht aus dessen Repression her, die allerdings bislang Inhalt des bürgerlichen Geistes war. Nietzsches Einsicht, daß das Bewußtsein historisch auch eine Funktion von Verboten und Strafen ist, eine Einsicht, die mit Freuds These vom Bewußtsein als der Domäne des Realitätsprinzips korreliert, sei hier unberücksichtigt. »Die Darstellerin der Lulu müßte nichts als Fleisch sein und weder Nerven noch Intellekt haben, um Wedekinds Absichten zu erfüllen; denn für ihn sind Lulu und Lisiska reine Toren, Unschuld und schönes Gefäß; wollen nichts, denken nichts; wirken alles, was geschieht, durch nichts sonst aus, als durch ihre Animalität, von der sie keine Bewußtheit haben, aber allen ihren Verstand vielmehr haben sollten, denn der programmatische und predigende Eifer Wedekinds macht oft auch diese Unschuldigen zu Sprachrohren dessen, was er zu seinem Thema zu sagen hat,und zerstört damit eben ihre Unschuld. Und so werden diese Rollen doch immer der intellektuellen Darstellerin zufallen müssen und den hysterischen Klaps bekommen, durch den sie überhaupt erst menschlich werden«[120]. Den allegorischen Charakter Lulus trifft Blei mit dem Namen des Vaginismus: »Diese unersättlichen Mädchen, diese Raubtiere leben zu sehr immer mit den offenen Schenkeln, die mehr an die Position vor dem untersuchenden Arzt, als an die dem Liebhaber gefällige erinnern: sie sind wunschgenährte Erdenkungen Wedekinds, denen er seine Sinnlichkeit zu geben glaubt, indem er ihnen seine Anschauungen über die Sinnlichkeit gibt«[121]. Lulus Vaginismus zeigt sich bloß als abstrakte Repetition des Coitus, in der die Monotonie einer auf Genitalität reduzierten Sexualität mahnend sich schon anmeldet. Aber es ist nicht einmal der kaum erotisch sich gebende Vaginismus, der mit der Idee der Lust zusammenstößt, deren allegorische Figur Lulu ist und die Blei mit einer ingeniös ersonnenen Maschine vergleicht, die leider nicht gehe; vielmehr ist es Lulus Ekel vor der lesbischen Geschwitz. Wedekind macht eine strikte Heterosexualität Lulu zur Triebstruktur, die immer schon das Produkt von Trieberziehung ist. Die nicht auf Monogamie domestizierte Lust vermag zwar virtuell Serien bürgerlicher Ehen zu zerstören, die heterosexuelle Lulu zeigt sich jedoch entscheidend immer noch vom patriarchalischen Realitätsprinzip der bürgerlichen Gesellschaft modelliert. Wenn Lulu das von den Normierungen der bürgerlichen Moral befreite Triebwesen sein soll, wäre sie auf eine mythologische Stufe narzistischer Prägenitalität zu versetzen gewesen. »Die primäre Erfahrung der Realität ist [dann] die Erfahrung einer libidinösen Einheit«[122]. Als solch ein mythologisches Wesen, ohne Vater und ohne Mutter, deutet Wedekind Lulu an. »*Rodrigo:* Sie ist also nicht dein Kind? – *Schigolch:* Fällt ihr nicht ein. – *Hugenberg:* Wie heißt denn ihr Vater? – *Schigolch:* Sie hat mit mir renommiert! – *Hugenberg:* Wie heißt denn ihr Vater? – *Schigolch:* Was meint er? – *Rodrigo:* Wie ihr Vater heißt: – *Schigolch:* Sie hat nie einen gehabt. – *Lulu (kommt von der Galerie herunter und setzt sich wieder zu Hugenberg auf die Armlehne):* Was habe ich nie gehabt? – *Alle drei:* Einen Vater. – *Lulu:* Ja gewiß, ich bin ein Wunderkind«[123]. Trieberziehung, für die Vater und Mutter stehen, soll Lulu demzufolge nicht erfahren haben. Die utopische Idee der Lust vermag nicht, die ihr allein adäquate Figur polymorpher Sexualität zu entwerfen. Sie entläuft zwar dem Prokrustesbett bürgerlicher Ehen, bewahrt aber in der Ich-Struktur den entscheidenden Abdruck anderer Normen auf. Der unmittelbare Trieb schließt den Lesbianismus so wenig aus wie die narzistische Autoerotik. Von diesen beiden ursprünglichen Komponenten der Sexualität berichtet Wedekind nichts. Lulu ist auf den Mann fixiert wie nur die dressierte Hausfrau. Mit dem Namen des Vaginismus hat Blei treffend nicht nur den allegorischen Charakter, sondern auch den phallischen ihrer Lust bezeichnet. Polygamie ist ihrem Dogmatiker deren einzige Freiheit.

Der zweite Teil des Doppeldramas, ›*Die Büchse der Pando-*

ra‹, wendet die Triumphallee des ›*Erdgeists*‹ in die nicht minder groteske Geisterbahn des Untergangs. Lulu, die im ›*Erdgeist*‹ von dem Blut ihres zweiten Gatten sagen konnte, »es läßt keine Flecken«, verendet in dem Blutbad, das Jack aus ihr veranstaltet. So wird die Reihe ihrer Liebhaber abgelöst von der Reihe ihrer Peiniger. Rodrigo Quast, der impotente Athlet mit der Nilpferdpeitsche, Casti-Piani, syphilitischer Mädchenhändler und Polizeispitzel in einer Person, und schließlich der sexuellste Mann Jack – sie zahlen Lulu heim, was ihre Vorgänger aus Dummheit mit dem Leben bezahlten. Das Publikum, wenn ihm die Zensur überhaupt eine Aufführung der ›*Büchse der Pandora*‹ zu sehen verstattete, konnte sich angesichts der Grobheit des Stoffes mit der Gewißheit beruhigen, daß das hemmungslose Weib doch endlich mit dem Tode bestraft wird. Solche Männermoral, der Lulu zuletzt unterliegt, argumentiert nicht anders als mit dem Messer. Was sie praktiziert, ist der Lustmord; sadistischer Triumph eines »Feudalismus der Liebe«, von dem Wedekind nicht nur die bürgerliche Gesellschaft bestimmt sah. Zu den Feinheiten seines groben Dramas gehört, daß Lulu ihrem Mörder zutreibt wie die Motte dem Licht. Nicht bezahlt Jack sie für die Liebe, die sie ihm verkaufen will, sondern sie ist es, die ihm ihren Schandlohn gibt, damit sie um diese Liebe »nicht länger betteln« muß[124]. Sie hat ihn »so gern«, und um was sie da bettelt, ahnte ihr in früherer Zeit bereits. Lulu »im Märchenton« zu Alwa: »Mit träumte allle paar Nächte einmal, ich sei einem Lustmörder unter die Hände geraten. Komm, gib mir einen Kuß!«[125] Bevor sie mit diesen Worten den Sohn Schöns auf den Diwan zieht, fragt sie ihn, gerade wie um sich zu vergewissern: »Ist das noch der Diwan, auf dem sich dein Vater verblutet hat?«

Wie in dieser Szene das Bild des Todes ahnungsvoll schon das der Lust überlagert, so endet Lulu im Mord. Venus Libitina nennt sie Michelsen, die als »Göttin der Lust zugleich die des Todes, Aphrodite und Persephone in einem« ist. Solche Mythologie dient ihm als Beleg, daß das Prinzip Lust sich nun einmal nicht gesellschaftlich realisieren könne, während Wedekind allein die lustfeindliche Verfassung der bürgerlichen Gesellschaft, ihre – in den Worten Marcuses – »zusätzliche Unterdrückung« als Hemmnis solcher Realisierung ansah[126]. Eros ist auch für Michelsen nicht ohne Thanatos zu denken, wobei der scharfsichtige Kritiker Wedekinds nicht gelten lassen will, was dieser selbst über die historische Form solcher Beziehung meinte. In ›*Tod und Teufel*‹ stellt Wedekind nicht nebenbei die Gretchenfrage nach der Prostitution mit den Worten: »Wie manches Jahrhundert lang soll noch himmelschreiende Unsittlichkeit die Welt mit dem Henkerbeile der Sittlichkeit verwüsten!«[127] Michelsens »Wahrheit« hingegen ist die petitio principii, daß »sich diese Lust, indem sie sich zum unbedingten Prinzip aufbläht, durch sich selbst zur Groteske verzerrt und dem Tode ausgeliefert« wird[128]. Auflösen ließe sich die Bindung von Thanatos an den Eros, indem die Interpretation gerade dem Motiv der Lust im Lustmord nachginge, der nicht bloß als Vernichtung der Lust zu begreifen wäre. Der Lustmord als die radikale Realisierung von Lust: dieses erstmals von Sade anvisierte und dann der Moderne vertraut gewordene Bild hat Blei, in derlei Dingen erfahren, auf die ›*Büchse der Pandora*‹ bezogen: »Den Trieb, den andern ganz zu besitzen, befriedigt nur der Lustmörder: er nimmt das andere Leben für immer in sich auf; er vernichtet die Möglichkeit einer Wiederholung, die ihn an das Vergebliche seines ersten Versuches lächelnd verweist; er ist der konsequente Liebhaber«[129]. Insofern der Lust durch den Mord die Möglichkeit der Wiederholung genommen wird, kann der Tod zur Permanenz ihrer Erfüllung transfigurieren. Er stillt für immer ihre Erregung, die der Coitus doch nur vorübergehend befriedigt. Freud hat aus dieser regressiven Tendenz des Lustprinzips seinen Zusammenhang mit dem Todestrieb entwickelt. Ziel des Lustprinzips sei es, die im seelischen Apparat »vorhandene Quantität von Erregung möglichst niedrig oder wenigstens konstant zu erhalten«[130]. ›*Nirwana*‹ ist merkwürdigerweise der Titel eines Fragments in Wedekinds Nachlaß; als »Nirwanaprinzip«, in das Freud das Lustprinzip wendet, begründet dieses seine Affinität mit dem Todestrieb. Diesem gleich ist es das »allgemeinste Streben alles Lebenden zur Ruhe der anorganischen Welt zurückzukehren. Wir haben alle erfahren, daß die größte uns erreichbare Lust, die des Sexualaktes, mit dem momentanen Erlöschen einer hochgesteigerten Erregung verbunden ist«[131]. Wenn das Lustprinzip die »Erledigung« von »Spannungen« fordert, bei der »Lust empfunden wird«, kann es mit gleichem Ziel dann »geradezu im Dienste der Todestriebe [...] stehen«. Beide wachen, wenn auch auf verschiedene Weise, über die »Reizsteigerungen« von innen und außen, »die eine Erschwerung der Lebensaufgabe erzielen«[132]. Daß die Triebregungen nun einmal fürs individuelle Dasein als »Störenfriede« auftreten, hat bürgerliches Denken auf die rauschhafte Apotheose des Liebestodes kommen lassen. Er ist das melancholische Bild ihrer Emanzipation. Die Verbindung des freien Triebs mit der Ruhe des Todes indiziert, daß ihm in Realität nur modifizierte Befriedigung möglich ist. Das von Freud dem Lustprinzip entgegengesetzte Realitätsprinzip hat im Ich die Triebimpulse zu organisieren, zu steuern und auch abzuwandeln, da das Individuum »ohne Rücksicht auf diese gewaltige Außenmacht im blinden Streben nach Triebbefriedigung der Vernichtung nicht entgehen würde«[133]. Marcuse, der die gesellschaftskritischen Implikate der Freudschen Libidotheorie aus ihren ontologischen Formulierungen herausschält, kann dies, indem er auf die historische Form des Realitätsprinzips abzielt. Wenn das Maß des Triebverzichts, das unter seiner Herrschaft den Individuen abgenötigt werde, von der Ökonomie der Industriegesellschaft nicht mehr so hoch angesetzt werde, könne das Lustprinzip tendenziell Positionen des Realitätsprinzips einnehmen. »Ist das Ziel des Todestriebs nicht die Beendigung des Lebens, sondern das Ende des Leidens – das Fehlen von Spannung – dann ist, paradoxerweise, im Sinne des Triebs der Konflikt zwischen Leben und Tod um so geringer, je mehr sich das Leben dem Zustand der Befriedigung nähert. Gleichzeitig würde Eros, befreit von der zusätzlichen Unterdrückung, erstarken und als solcher die Ziele des Todestriebes absorbieren. [...] Wäre der erreichte Lebenszustand erfreulich und wünschenswert, so würde das der unbewußten Anziehung, die die Triebe auf einen *›früheren Zustand‹* zurückzieht, erfolgreich entgegenwirken. Die *›konservative Natur‹* der Triebe käme in einer erfüllten Gegenwart zur Ruhe. Der Tod hörte auf, ein Triebziel zu sein«[134]. – Daß Lulu im Wohlleben der Salons die Triumphe einer Liebesgöttin feiert, im Elend des Londoner Mansardenquartiers hingegen den Tod einer Prostituierten findet, faßt wie in einem Doppelbild die zwiefache Richtung des Triebs zusammen. Im Mangel sucht er seine Befriedigung im Tod, im Leben jedoch hält ihn die Fülle. Lulus Untergang kann insofern nicht nur als Sieg der größeren gesellschaftlichen Bataillone über einen exorbitanten Fall von deviant social behaviour gesehen werden, sondern ihre eigene Triebstruktur, die im Lustmord sich erfüllt, konvergiert mit der Sehnsucht nach dem Nirwana, das die spätbürgerliche Gesellschaft als ihre regressive Utopie in sich erzeugte. Was die Opern Wagners ihr zu Gefallen vorsangen, haben Wedekinds Dramen ihr polemisch als Schuld vorgehalten. Die Zensur, der die ›*Büchse der Pandora*‹ bis 1918 verfiel, rächte das denunzierte Betriebsgeheimnis.

Das Doppeldrama vom elastischen Auf und Ab unverkleideter Lust, das Lulu durch ein Gruselkabinett von Ehen jagt, will nicht Bild bürgerlichen Daseins geben, nicht zeigen, wie domestizierte Lust in ihm gänzlich verendet. Über solchen Inhalt bürgerlicher Trauerspiele spricht der Prolog des ›*Erdgeists*‹ bereits hohnvoll ab: »Was seht ihr in den Lust- und Trauerspielen?! – / Haustiere, die so wohlgesittet fühlen, / An blasser Pflanzenkost ihr Mütchen kühlen / Und schwelgen in behaglichem Geplärr, / Wie jene andern – unten im Parterre: / Der eine Held kann keinen Schnaps vertragen, / Der andre zweifelt, ob er richtig liebt, / Den dritten hört ihr an der Welt verzagen, / Fünf Akte lang hört ihr ihn sich beklagen, / Und niemand, der den Gnadenstoß ihm gibt. – / Das wahre Tier, das wilde, schöne Tier, / Das – meine Damen! – sehn Sie nur bei mir«[135]. Wedekinds »zur Amoral verkehrter moralischer Fanatismus«[136] setzt der bürgerlichen Gesellschaft das grobe *al fresco*-Bild eines Lebens entgegen, dessen »angeborenes Recht« sie »in barbarischer Weise verkürzt« hat[137]. In ihr ist dieses Bild des »allerergiebigsten Lebensgenusses«, wie ihn der Marquis von Keith versteht, nicht anzusiedeln. Denn dort »verzehrt« die Hausfrau sich »vor Sehnsucht nach ihrer kleinbürgerlichen Welt, in der man, Stirn gegen Stirn geschmiedet, sich duckt und schuftet und sich liebt! Kein freier Blick, kein freier Atemzug! Nichts als Liebe! Möglichst viel und von der gewöhnlichsten Sorte!«[138] Solange Normalität dergestalt das Leben besetzt hält, kann sein emphatischer Begriff, den Wedekind dem sozial denaturierten entgegenwirft, nur die Randzonen der Gesellschaft ergreifen. »Die zerfransten, zackigen Ränder der bürgerlichen Gesellschaft, die Gegend dort, wo der Kehricht abgeladen wird«, formieren sich zum Zentrum der dramatischen Welt Wedekinds[139]. Bourgeoise Outsider, Deklassierte und Verkommene nehmen die Plätze ein, die vordem braven Hausvätern, unschuldsvollen Töchtern und ihren sentimentalen Liebhabern vorbehalten waren. Im Bordell, wie später bei Genet, und im Zirkus soll die Heimstatt des wahren Lebens sein. Deshalb entrollt Wedekind das Problem der bürgerlichen Gesellschaft aus der Sicht von *unten*. Die Szenen, die sich hierbei ergeben, haben den Gehalt von Demonstrationen. Wedekind ist der Moritatensänger, der mit schreiender Stimme und dem Zeigestock auf die ruckweise vorüberziehenden Bilder deutet. Daß sie »Staffage des Lebens sind«, vor denen »mumifizierte Leiber« als »Fotomodelle« sich »in Positur setzen«, hat schon Michelsen ausgesprochen[140]. Das Bild des Lebens, wie es der Vollmensch lebt, gerät zur Parodie, da es in die Negativität konstruiert werden muß. Rilla hat vor Rothe den lebensphilosophischen Impuls Wedekinds kritisiert, das Leben aus der bürgerlichen Gesellschaft herauszunehmen, um es ihr bloß als rudimentäre Allegorie vorzuhalten. »Das Leben – Wedekind setzt hier wie auch sonst *›das Leben‹*, wo er das Sich-Ausleben asozialer Instinkte (die er für die natürlichen Urinstinkte hält) als Protest gegen die konventionelle bürgerliche Moral gestaltet. [...] Die bürgerliche Ordnung (oder Unordnung) wird nicht in ihren gesellschaftlichen Grundlagen angegriffen, sondern zugunsten eines Lebenselans negiert, der überhaupt keine gesellschaftliche Bindung mehr anerkennt. Es kommt, wenn gegen diese bürgerliche Ordnungswelt die Selbstherrlichkeit des großen Instinktmenschen zugleich verkündet und im gewendeten Pathos tragisch-witzig bezweifelt wird, doch nur auf jene unordentliche Künstlerbohème hinaus, die im München der Jahrhundertwende sich als ungefährlicher Bürgerschreck etabliert hatte.«[141] Das scheinhafte Wesen solcher Gegenwelt wird vom Moritatenpanorama gemalt, in das Wedekind sie projiziert. Statt neuromantischer Utopie des Lebens, wie es träumerisches Anliegen des dichtenden Alwa sein könnte, der Lulu beharrlich Mignon nennt, gibt er ihre Persiflage. Als Casti Piani die Augen auch übers glücklose Leben in seinem Bordell aufgegangen sind, erschießt sich »die leibhaftige Mission des Mädchenhandels«[142]. Die Utopie befreiten Lebens, da sie ohne diesseitige Schwere nicht auf dem Boden der Tatsachen stehen kann, vielmehr wie ein bunter Luftballon voll flüchtiger Hoffnungen über den geduckten Köpfen davonflöge, nimmt verbissen ihr Gegenteil in sich hinein. Dessen falsche Bewegungen bringen die ihrigen aus dem Takt. So verwandelt sich der Freudenquell des Lebens in einer Dichtung dieser Welt notwendig zur Büchse der Pandora, die deren Unrat erbricht.

Peter Horn

Vladimir Nabokov – Die Erschaffung und Zerstörung der Nymphe Lolita

»Wie wundervoll waren die Abenteuer meiner Phantasie«, schreibt Humbert Humbert in seiner kurzgefaßten Einführung in der Kunst und Wissenschaft der Nympholepsie: »Ich könnte eine lange Liste von solchen einseitigen, auf Nichts beschränkten Romanzen aufstellen. Manche von ihnen endeten mit einem würzigen Vorgeschmack der Hölle. Zum Beispiel kam es vor, daß ich von meinem Balkon aus gegenüber ein erleuchtetes Fenster sah und etwas, das wie ein Nymphchen schien, im Begriff sich vor einem kupplerischen Spiegel auszuziehen. In ihrer Isolierung, in dieser Entfernung war die Vision von ganz besonders starkem Reiz, der mich in höchster Geschwindigkeit meiner einsamen Befriedigung zurasen ließ. Aber plötzlich, teuflisch, verwandelte sich das zarte Bild der Nacktheit, das ich vergöttert hatte, in den widerlichen, lampenbeleuchteten Arm eines Mannes in Unterzeug, der in dieser heißen, feuchten, trostlosen Sommernacht am offenen Fenster seine Zeitung las«[1]. Was sich hier im Raum einiger weniger Sätze abspielt, das ist in weit komplexerer Form das Thema des Romans: die Enttäuschung, die Humbert Humbert aus dem kunstvoll gebauten Käfig seiner kreativen erotischen Phantasie *befreit* – und ihn in ein wirkliches Gefängnis einsperrt. Aber man wird der subtilen Intelligenz eines Autors nicht gerecht, der die Konstruktion eines Romans mit der Konstruktion eines Schachproblems verglichen hat, wenn man gleich beim ersten Mal die allzu offensichtliche Lösung wählt und so prompt in die Falle stürzt, die der Autor für die Unbedachtsamen ausgelegt hat; gleich hier muß man das Vorurteil, das den nackten, lampenbeleuchteten Arm des zeitungslesenden Mannes für realer hält als die Vision des sich entkleidenden Nymphchens, nur weil das erstere den Tatsachen entspricht und das zweite eine Illusion zu sein scheint, suspendieren. Daß etwas, was als wirklich erlebt wird, deswegen noch nicht wirklich sein muß, dieser Erfahrungssatz des naiven Realismus ist in dem Selbstverständnis der erotischen Phantasie Humbert Humberts gerade außer Geltung gesetzt[2]. Hier liegt der eigentliche Konflikt des Romans: der Konflikt zwischen der unbegrenzten kreativen Phantasie des Autors, für die es nichts Unmögliches gibt, und der fußgängerhaften Vorstellungskraft des Lesers, der vom Autor verlangt, daß er das Unmögliche wenigstens möglich *erscheinen* läßt. In seinem Nachwort spricht Nabokov davon, daß er vor der Aufgabe stand, Amerika zu erfinden, »lokale Ingredienzen zu erlangen, die es mir gestatten würden, dem Gebräu individueller Phantasie eine Prise *durchschnittlicher ›Realität‹* beizufügen«[3]. Im Gegensatz zu einem Kind glaubt der erwachsene Leser die Geschichte vom Rotkäppchen und dem bösen Wolf nur, wenn sie in Ort und Zeit genau fixiert ist, wenn er anhand eines Reiseführers das Hotel zum verzauberten Jäger als wirklich existent nachweisen kann, und wenn Humbert Humberts Besitzergreifung von der Nymphe Lolita gerade so real erscheint, daß auch der phantasieloseste Leser sich vorstellen kann: ja so könnte es unter Umständen tatsächlich geschehen sein. Da wo der *Autor* Humbert Humbert melodramatisch von »fünf Tabletten einer Quecksilber-Chlorverbindung« träumt oder sich genau überlegt, wie er die arme Charlotte beim Baden im See auf elegante Weise ertrinken lassen kann, und es dann doch nicht tut, weil er ja, vom realitätsbesessenen Leser gezwungen, die polizeilichen Folgen seiner Untaten über sich ergehen lassen müßte, spielt der *Spielleiter* Nabokov dem Leser ein Schnippchen, indem er Charlotte genau im verzweifeltsten Augenblick, da alles auf dem Spiel steht, bequemerweise von einem Auto überfahren läßt, und so ohne offensichtliche Verletzung der Spielregeln der Realität den bösen Wolf doch noch die Mutter und dann das arme Rotkäppchen fressen läßt.

Während Nabokov es sich leisten kann, die Prinzessin von Humberts Kinderparadies, dem »Prinzenreich am Meer«, mit durchweg phantastischen, ja märchenhaften Zügen auszustatten[4], kann er nicht umhin, Lolita schärfer, *realer*, gewöhnlicher zu zeichnen: »Lolita war ein Gemisch aus Naivität und Verstellung, Anmut und Gewöhnlichkeit, grauem Trüb- und rosa Frohsinn und konnte, wenn sie wollte, ein ganz unerträglicher Balg sein. Ich war nicht gefaßt auf ihre Anfälle chaotischer Langeweile, auf ihr intensives, heftiges Bauchweh, auf ihre schlacksigen, maulenden Manieren und auf das, was man Quatschmachen nennt: eine blödsinnige Alberei, die sie für jungenhaft forsch hielt. Ich entdeckte, daß sie geistig ein schrecklich banales kleines Mädchen war«[5]. Es ist gerade nicht so, daß Humbert die Fähigkeit verliert, zwischen der Wirklichkeit seiner Phantasie und der Wirklichkeit der Welt zu unterscheiden, wie Page Stegner meint[6], sondern eher so, daß die Realität immer stärker in seine Phantasiewelt eindringt und deren Geschlossenheit gefährdet. Für Humbert Humbert ist die Nymphe, dieses nicht menschliche, sondern dämonische Wesen viel realer als das banale kleine Mädchen, deren *Realität* er im Laufe seiner langen Fahrten durch den amerikanischen Kontinent entdeckt. Zunächst einmal *ist* Lolita eine Nymphe, und diese Nymphe hat eine »Koboldsgrazie, den ungreifbaren, verschmitzten, seelenzerrüttenden, heimtückischen Zauber, die das Nymphchen von seinen Altersgenossinnen unterscheiden, welche unvergleichlich stärker in der Raumwelt synchroner Erscheinungen zu Hause sind als auf der unfaßbaren Insel entrückter Zeit, wo Lolita mit ihresgleichen spielt«[7]. Die Vulgarität und Banalität Lolitas kann, wie Humbert bemerkt, die geheimnisvolle Zauberkraft des Nymphchens nicht beeinträchtigen; man muß allerdings ein »Künstler sein, und ein Wahnsinniger obendrein, ein tiefmelancholisches Geschöpf, dem das heiße Gift in den Lenden kocht und eine Wollustflamme unablässig in der elastischen Wirbelsäule lodert ... um sofort, durch untrügliche Anzeichen – ... den tödlichen kleinen Dämon unter den gewöhnlichen Kindern herauszuerkennen«[8]. Und diese ihre Nymphennatur erkennt Humbert Humbert im ersten Augenblick, in dem er Lolita sieht, mitten in der grauenhaften ernüchternden Atmosphäre des banalen amerikanischen Mittelstandes mit mexikanischem Kitsch und van Goghs *Arlésienne*, rosarotem Überzug über der Toilette und dem Gummischlauch am Badewannenhahn: »Und dann, ohne die geringste Warnung, hob sich eine blaue Meereswelle unter meinem Herzen, und auf einer Matte in einem Teich von Sonne, halbnackt, knieend und sich auf den Knien herwendend, hockte meine Rivieraliebe und sah mich über dunkle Brillengläser forschend an«[9]. Der Dunst aus Leiden und Leidenschaft, in dem Humbert die Zeit zwischen der kindlichen Traumwelt und seinem vierzigsten Lebensjahr zugebracht hatte, verdichtet sich zu Dolores Haze; die schöpferische erotische Phantasie entdeckt in dem kleinen banalen ungewaschenen Mädchen (›obgleich ich ihren berauschenden braunen Duft liebe, finde ich doch, sie könnte sich manchmal ihre Haare waschen‹) die »honigfarbene Haut«, »dünnen Arme«, den »braunen Pagenkopf«, die »langen Wimpern«, den »leuchtenden großen Mund« seiner Annabel Leigh wieder. Und aus diesen Versatzstücken mittelmäßiger Liebesromane entsteht eine Gestalt, die in der Phantasie des Humbert und der des Lesers so lebendig ist wie nur je eine Gestalt der Weltliteratur: »Es war dasselbe Kind – dieselben zarten, honigfarbenen Schultern, derselbe biegsame, seidige nackte Rücken, derselbe kastanienbraune Haarschopf. Ein weißgepunktetes schwarzes Tuch, um ihre Brust geknotet, verbarg meinen alternden Affenaugen, nicht aber den Blicken lebendiger Erinnerung, die jugendlichen kleinen Brüste, die ich eines unvordenklichen Tages liebkost hatte«[10]. Nun geht es Nabokov sicher nicht um die tiefsinnigbanale Botschaft, daß Trugbild und Wirklichkeit in der Liebe miteinander verschmelzen, über die sich Humbert Humbert im Zusammenhang mit dem Theaterstück von den *Verzauberten Jägern*[11] lustig macht. Aber ohne Zweifel ist die Frage nach der Realität des erotischen Objekts in seiner ganzen Zweideutigkeit und Unbestimmtheit eines der zentralen Themen des Romans.

Schon daß Nabokov die Fiktion einer autobiographischen Aufzeichnung benutzt, ist ein Anzeichen für den Zerfall der sozialen Realität des fiktiven Erzählers Humbert Humbert. Das Tagebuch, die Autobiographie, jede Art von Ego-Dokument, ist ja das literarische Korrelat der Verinnerlichung, der steigenden Bedeutung des Privaten, der sozialen Isolierung des bürgerlichen Individuums. Die Autobiographie, die Dokumentation eines solchen Ich- und Alleinseins stellt nämlich das Problem der *Realität* der Außenwelt schärfer als alle objektiveren epischen Formen (wie z. B. der auktoriale Roman), weil die *Realität* der Autobiographie nicht auf einer intersubjektiv anerkannten *Realität* der Außenwelt, sondern auf einer nur subjektiv richtigen Realität der Innenwelt beruht. Das Selbst isoliert sich als ein *Ich*, für das alle Ereignisse in seiner Umwelt kein Eigenleben mehr haben, son-

dern das alles Geschehen nur noch als Funktion seiner eigenen autistischen Bedürfnisse wahrnimmt. Auch diese Bedürfnisse selbst werden nicht länger als Auswirkungen einer im Individuum wirkenden allgemeinen und umfassenden Natur, sondern nur noch als isolierte Funktion eines Ichs erlebt, das mit dem Zerfall der Wahrnehmungen in Ich und Nicht-Ich auch selbst immer mehr in voneinander isolierte Teilbereiche zerfällt. Im sozialen Bereich bedeutet das, daß nicht mehr Menschen mit Menschen, sondern nur noch »Teilaspekte von Menschen ... miteinander in Verbindung treten«[12], die nur noch zerebral als Teile eines Ganzen erkannt, aber nicht mehr als Ganzes erlebt werden. Die reale Existenz, die auf Grund der lebhaften menschlichen Kontakte in der vorbürgerlichen Gesellschaft fast naiv akzeptiert wurde, wird zum Problem. In der Welt Humberts, dessen seelischer Habitus ganz dem Stereotyp des von der Welt abgetrennten Außenseiters entspricht, wird die Existenz der Nymphe Lolita um so scheinhafter, je eindringlicher die sinnliche Körperlichkeit des Kindes beschworen wird. Gerade die sexuelle Besessenheit, die sich scheinbar ausschließlich auf das gegenwärtige sinnliche Objekt wirft, ist ein Indikator für die »Abwesenheit« des Objekts dieser Besessenheit; Abwesenheit übrigens auch in einem ganz wörtlichen Sinn, denn Humbert Humbert schreibt den Roman ja im Gefängnis, von Lolita aber nicht nur durch die Gefängnismauern getrennt. Der selbstreflektorische Vorgang, dessen Aufzeichnung der Roman ist, wird durch die Abwesenheit der Geliebten in Bewegung gesetzt.
Humbert selbst weiß, daß Lolita seine eigene Schöpfung ist. Er spricht von der Phantasie-Lolita – »vielleicht wirklicher noch als Lolita – die über sie hinausreicht und sie umschließt, die zwischen ihr und mir schwebt, willenlos, unbewußt – noch mehr: die kein eigenes Leben hat«[13]. Hier greift Humbert ein Thema auf, das zu den wichtigsten im ganzen Buch gehört, das Thema von der leblosen, bewußtlosen und willenlosen Puppe, die dem Nympholepten völlig zur Verfügung steht, die seinen Wünschen keinerlei Widerstand entgegensetzt, weil sie sich eben der ungeheuerlichen Verletzung, die ihr angetan wird, gar nicht bewußt ist. Das fängt an, da er als junger Mann Waisenhäuser und Besserungsanstalten besucht, »wo man dicht bewimperte, blasse,

in der Pubertät befindliche Mädchen mit so völliger Straffreiheit anstarren durfte, wie es einem sonst nur in Träumen erlaubt ist«[14]. Hier fällt auf, in welch engem Zusammenhang die Distanzierung und Objektivierung der sexuellen Beziehung zu anderen Menschen mit der vorherrschend visuellen Kontaktaufnahme steht. Solange man sich bei der Wahrnehmung der Außenwelt auf alle Sinne verließ, auf Gehör, Tastsinn und Geruch, statt nur auf den Gesichtsinn, sah man keine Schranken zwischen dem Einzelnen und der Gesellschaft, dem Innen und dem Außen.

In dem Maße, in dem die anderen Sinne bei der Wahrnehmung durch das Auge ersetzt werden, wächst das Abgetrenntsein der Dinge von dem Wahrnehmenden. Aktive physische Kontakte werden durch passives Ansehen ersetzt. In unserer Zivilisation wird ja auch das Anschauen erotischer Darstellungen leichter möglich und eher toleriert als Anfassen und Handeln[15]. Dieselbe Distanzierung zeigt Humbert auch auf den Parkbänken und in der Metro, wo er sich unbemerkt seinen kleinen Nymphen nähert und findet einen ersten Höhepunkt in der großartig erotischen Szene, wo er auf dem bonbongestreiften Sofa »die Süße eines Orgasmus erlistet, ohne die Moral einer Minderjährigen zu verletzen. Überhaupt keinen Schaden angerichtet«[16]. Ein wenig später träumt er davon, beiden, Mutter und Tochter, ein starkes Schlafmittel zu geben, so daß er Lolita ungestraft die ganze Nacht hindurch liebkosen kann, er experimentiert während Lolitas Abwesenheit mit Schlaftabletten, und läßt sich schließlich von Dr. Byron die stärksten Schlaftabletten verschreiben, die erhältlich sind (die allerdings im entscheidenden Moment versagen), und als er Lolita durch den unerwarteten Tod ihrer Mutter plötzlich in seiner Gewalt hat, ist er immer noch fest entschlossen, bei seiner Strategie zu bleiben, »das heißt, ihre Reinheit zu schonen und nur in der Verschwiegenheit der Nacht und an einer völlig anästhetisierten kleinen Nacktheit zu operieren«[17]. Das Nichtwissen oder die Bewußtlosigkeit des »Opfers« bedeutet für Humbert natürlich zunächst einmal die Folgenlosigkeit seiner Lust: nicht nur an dem Kind richtet er keinen Schaden an, sondern auch er selbst hat nichts zu befürchten. Aber hier greifen auch gesellschaftliche Tabus ein, deren Bestehen Humbert erkennt, ohne sie zu durchschauen.

Humbert Humbert begreift zwar, daß es gesellschaftliche Zwänge sind, die ihn hindern, sich als Erwachsener in eine Zwölfjährige zu verlieben, daß es die Gesetze der Gesellschaft und nicht etwa ein Naturgesetz ist, das ihn zum Abnormalen macht; aber die eigentlichen Zusammenhänge entgehen ihm ebenso wie Nabokov; sie können im Zusammenhang und in der autobiographischen Perspektive des Romans nicht sichtbar werden. Was erst in unserer Zeit zur Paedophilie, zur (unerlaubten) Liebe zu einem Kind wird, war ja in vielen Kulturen etwas Normales. Die Asexualität des Kindes und das Ideal des unschuldigen, sexuell anästhetischen Kindes ebenso wie sein *Schutz* vor den Übergriffen Erwachsener hängt engstens zusammen mit einer »gründlichen Neustrukturierung des lustgerichteten Kindes zum Leistungswesen«[18], d.h. aber einem immer größeren Zwang zur Triebbeherrschung. Selbst die Entstehung der Begriffe *Kind*, *Jugendlicher* und *Erwachsener* ist ein Symptom für die durch den Zwang zur Triebbeherrschung immer sichtbarer werdenden Unterschiede zwischen den Altersgruppen: »Vor dem 17. Jahrhundert gab es in der Gemeinschaft keine formale Grenze zwischen Jugendlichen und Erwachsenen und auch hinsichtlich der Affektbeherrschung unterschieden sich Jugendliche kaum von Erwachsenen... Ein Mädchen konnte heiraten, sobald es geschlechtsreif war«[19]. Die Infantilisierung des jungen Menschen, seine künstliche Unmündigkeit und der Zwang zur Leistung und Unterwerfung unter etablierte Autoritäten in Familie und Staat hängen zusammen mit der Entstehung der industriellen Leistungsgesellschaft.

Gesellschaftliche Zwänge zerstörten seine frühere, die ganze Person umfassende Liebe zu Annabel Leigh; sie stehen ebenso zwingend zwischen ihm und Lolita, selbst dann noch, als mit dem Tod Charlottens scheinbar nichts mehr ihn an der Besitznahme Lolitas hindert. Die einmal in der Kindheit erzwungene Entfremdung vom Du, die gleichzeitig Entfremdung vom Selbst ist, treibt ihn in ständiger Regression hinter jene Konfliktsituation zurück, in der er in einem ersten Erlebnis einer infantilen erotischen Gemeinschaft über die autistische Selbstgenügsamkeit hinauskam. Seitdem geht ihm nicht nur jede wirkliche Beziehung zu *normalen* Frauen ab; auch zu den *Opfern* seiner obsessiven Paedophilie gelingt ihm nie wieder eine über die autistische Selbstbefriedigung hinausreichende Beziehung. Der Zwang, das zu wiederholen, was die Gesellschaft ihm als Kind versagte, führt gerade in seiner Zwanghaftigkeit dazu, daß Humbert die Wiederholung der kindlichen Konfliktsituation als nymphisch-dämonische Lust mit Hilfe der Phantasie erleben kann, indem nämlich diese Phantasie einmal alles das auslöscht, was an Lolita nicht Annabel ist (also z. B. ihre Vulgarität, Banalität), und zum andern aus den Fragmenten, die übrig bleiben, eine neue Phantasie-Lolita aufbaut. Der schlafende, bewußtlose Körper Lolitas ist ein solches Fragment eines Menschen, das Humberts Lust zur höchsten Intensität anspornen könnte[20].

Das ist auch der Grund seiner Sorge um die »Reinheit dieses zwölfjährigen Kindes«[21]. An einer Stelle des Romans nimmt diese Vorsorge fast mystische Formen an, als er sich nämlich fragt, was aus den Nymphchen geworden ist, die er »besessen« hat, ohne daß sie es je erfuhren: »Aber würde es sich nicht irgendwann doch auswirken? Hatte ich nicht irgendwie ihre Zukunft verpfuscht, indem ich ihr Bild mit meiner Lust verflocht? Ach, es war und bleibt die Quelle einer schrecklichen Ungewißheit«[22]. Aus dieser nur von Nabokov, nicht aber von Humbert selbst ironisierten Sorge um das Kind spricht das zur Ideologie verklärte Schuldbewußtsein des Bürgers, der seinem eigenen Paradies der verlorenen weil unterdrückten Sexualität unter dem Bild der engelhaften, geschlechtslosen Existenz des Kindes nachtrauert. Je tiefer das Schuldbewußtsein der Erwachsenen, desto panikartiger das Pochen auf der Aufrechterhaltung des Schutzes für das Kind[23].

Das Thema der Reinheit ist eng verbunden mit dem Thema der Unmöglichkeit und des Todes: ein reines Kind hört auf ein reines Kind zu sein in dem Augenblick, in dem es der Lust eines Erwachsenen dient. Nur, wo das Nymphchen unbewußt oder bewußtlos der Lust Humberts dient, bleibt es gleichzeitig – Voraussetzung seines Nymphentums – Kind. Darum besteht derselbe Mann, der weiß, daß nur die Tabus der spätbürgerlichen Gesellschaft ein Kind zwischen sieben und siebzehn Jahren unter den speziellen Schutz des Gesetzes stellen, der weiß, daß diese Gesetze auf einer sentimentalen Verniedlichung der kindlichen Reinheit beruhen, daß sie zugleich Mittel und Ausdruck der erzwungenen Verinnerlichung von Triebregungen im bürgerlichen Zeitalter sind, dennoch bis zum Schluß des Buches auf der »Reinheit« seiner Lolita, und nimmt als Vater wegen ihrer »Vergewaltigung« an Quilty eine lächerlich melodramatische Rache. Derselbe Humbert, der sich vorrechnet, »daß Rahab im Alter von zehn Jahren eine Hure war«, der über die zwei »vormannbaren Niltöchter des Königs Amenophis und der Königin Nophretete ... die, auf Kissen ruhend, nichts am Leib tragen außer Halsketten aus glänzenden Perlen«, spekuliert; der die zehnjährigen Bräute, »die in Tempeln klassischer Gelehrsamkeit gezwungen wurden, sich auf das Fascinum, das virile Elfenbein zu setzen«, in seiner Phantasie aufruft; der Dante und Beatrice, Petrarca und Laura, kurz die ganze Kulturgeschichte jugendlicher Erotik an den Fingern herzählen kann; der weiß, wann die physiologischen Veränderungen der Pubertät einsetzen – er dichtet Lolita, wenn er es auch besser weiß, immer wieder eine Freiheit von Begierden an, in der die mühevolle Entsagung, die er selbst zu leisten hatte, mühlos verwirklicht ist.

Der Rückzug in die Kindheit, in die Idylle der »unfaßbaren Insel entrückter Zeit, wo Lolita mit ihresgleichen spielt«[24] ist die Sehnsucht nach dem zeitlosen, unsterblichen, unkomplizierten Märchenland, in dem Mädchen vor der Pubertät zu leben scheinen. Es ist der Versuch, die Vergangenheit in den veränderten Umständen der Gegenwart neu zu erschaffen[25], aber dieser Versuch ist zum Scheitern verurteilt, denn das gelobte Land der Sehnsucht Humberts kann, da es unendlich und ohne Grenzen in der Zeit sein muß, nur in der Phantasie oder in der Kunst bestehen. Hier stoßen wir auch auf die verborgenen Gründe für den ungeheuren Erfolg dieses Buches: die reale Entsagung, die die herrschende Keuschheits- und Enthaltsamkeitsnorm jedem in seiner Kindheit auferlegte und die die Entfaltung der kindlichen Sexualität verkrüppelte, äußert sich normalerweise in einer völlig irrationalen und unangemessen heftigen Reaktion gegen jeden sogenannten *Sittlichkeitsverbrecher*, der nicht zu leisten bereit ist, was man selber notgedrungen leisten muß. Andererseits aber drängen dieselben verdrängten Wünsche nach einer gesellschaftlich akzeptablen *Erfüllung*. Akzeptabel ist eine *sublimierte* Erfüllung nur dann, wenn sie z. B. *Kunst* und nicht etwa Pornographie ist. Von Kunst wird ja erwartet, daß sie nicht etwa die *böse Sinnlichkeit* anheizt, wie die *auf rein kommerziellen Profit ausgerichtete* Pornographie, nein, sie soll angeblich das Sinnliche überwinden, indem sie es in das (bürgerliche) Weltbild integriert, es als Element zwar zuläßt, aber anderen, *höheren Zwecken* unterordnet. Nabokov gibt sich daher die größte Mühe, sein Werk soweit wie möglich aus der Nachbarschaft solcher *Machwerke* wie *Die Memoiren eines Freudenmädchens* oder *Les Amours de Milord Grosvit* zu entfernen und allen dümmlichen und verbohrten Lektoren und Kritikern zum Trotz mit dem Gütesiegel Literatur zu versehen. Gerade dadurch aber, daß Nabokov auf diese Weise die Paedophilie als Kunst genießbar macht, verweist er die durch die Repression verschärfte Sehnsucht nach einer nicht durch Verbote verstellten Sexualität in den Bereich der Phantasie und zementiert so die Unmöglichkeit der realen Erfüllung. Gerade die Leser der *Lolita*, das sogenannte *gebildete* Bürgertum, können von ihrer gesellschaftlichen Struktur her eine Aufhebung der Repression überhaupt nicht wünschen: der Versuch, die Triebmodellierung des Bürgers – vor allem die Formung des Kindes – rückgängig zu machen, käme einer Vernichtung der psychischen Basis der modernen bürgerlichen Industriegesellschaft gleich. Aber sie können und dürfen in der Kunst genießen, was sie sich im Leben versagen müssen.

Diese Überlegungen führen schließlich zu einem Begriff, der von Humbert selbst im Roman angesprochen wird: dem der Verewigung. Es soll ja überhaupt das Einmalige, Individuelle und unvergleichlich Besondere, das gerade deswegen aber auch zeitlich ist, aus dieser Zeitlichkeit erlöst und durch die Kunst verewigt werden. Die Veränderlichkeit des Individuums, Humberts eigene, diejenige Annabels und Lolitas, stehen einer Wiederholung des einmal Gewesenen in seiner konkreten Besonderheit im Wege. Die (romantische) Liebe, d. h. die erotische zärtliche Bindung an einen bestimmten Menschen, verlangt aber die nie endende Dauer: »Ich wußte, daß ich mich für immer in Lolita verliebt hatte; ich wußte aber auch, daß sie nicht immer Lolita bleiben konnte. Am ersten Januar würde sie dreizehn werden; in etwa zwei Jahren aufhören ein Nymphchen zu sein und ein

›junges Mädchen‹ werden und dann der Schrecken aller Schrecken – ein *College-Girl*«[26]. Die Realität ist veränderlich und daher vom Standpunkt des zum Individuum vereinzelten Bürgers – Illusion. Nur die künstlerische Vorstellungskraft kann die dauernde, die ewige und daher wirkliche Lolita schaffen: »Die Bezeichnung *für immer* bezog sich nur auf meine Leidenschaft für die ewige Lolita, die mir im Blute lag. Die Lolita, deren Hügel sich noch nicht wölbten, die ich heute fühlen und riechen und hören und sehen könnte, die Lolita mit der schrillen Stimme und dem vollen braunen Haar und den Ponys und den Schläfenwirbeln und den Locken im Rücken und dem klebrigen heißen Nacken und dem ordinären Vokabularium«[27]. Am Ende des Buches spielt Humbert Humbert auf Steinzeitkunst und mittelalterliche Engel an, die uns nicht nur die reale Gestalt des Auerochsen, sondern auch die Einstellung des Jägers zum gejagten Tier; nicht nur das Sinnbild des Reinen aus der Vorstellung des mittelalterlich-religiösen Menschen, sondern auch seine Ehrfurcht *für immer* in »dauerhafter Pigmentierung« hinterlassen haben. Das flüchtige Erlebnis des Menschen verewigt sich in der »Zufluchtstätte der Kunst«: »Und dies, meine Lolita, ist die einzige Unendlichkeit, an der wir gemeinsam teilhaben dürfen, du und ich, meine Lolita«[28]. Ganz abgesehen davon, daß Humbert hier von den konkreten gesellschaftlichen Bedürfnissen der magischen Kunst der Vorzeit und der religiösen Kunst des Mittelalters abstrahiert und diesen fremden Kunstübungen die Ich-stabilisierenden Bedürfnisse der neueren Kunst als eigene Bedürfnisse unterstellt, ergibt sich an dieser Stelle eine Frage, die spezifisch die Problematik der bürgerlichen Kunst als *Verewigung* des gelebten Augenblicks umreißt: schließen sich die zwei Wertsysteme – das als einmalig und individuell erlebte Leben und seine auf Verewigung gerichtete Verdinglichung in der Kunst – nicht gegenseitig aus? Setzt zudem das vom Künstler geschaffene Paradies nicht voraus, daß er nicht im Paradies ist? Braucht denn der, der im Rausch der sinnlichen Ekstase lebt, der die Ewigkeit im Augenblick findet, noch die *Unsterblichkeit* der Kunst? Weist nicht gerade die Sehnsucht nach *Verewigung* darauf hin, daß der zum Individuum modellierte Bürger, in seiner solipsistischen und autistischen Welt verarmt und verelendet, mit gierigen Händen die letzten Brosamen Glücks zu konservieren versucht, um sich über die Misere der repressiven Kultur hinwegzuretten? Humbert Humbert sagt über den, der »im Besitz und Bann eines Nymphchens ist«, daß er sich *»jenseits des Glücklichseins* befindet«; denn keine »Seligkeit auf Erden ist der vergleichbar, ein Nymphchen zu liebkosen. Sie ist *hors concours*, diese Seligkeit, sie gehört einer anderen Klasse an, einer anderen Ebene der Empfindungsfähigkeit. Trotz unserer kleinen Kabbeleien, trotz ihrer Garstigkeit, trotz aller Schwierigkeit und allen Gesichterschneidens und trotz der Vulgarität und der Gefahr und der grauenvollen Hoffnungslosigkeit lebte ich tief in meinem erwählten Paradies, dessen Himmel die Farbe der Höllenflammen hatte – und dennoch ein Paradies war«[29]. Aber braucht der, welcher im Paradies ist, noch das papierene Paradies der Literatur? Diese unaufgelöste Ambivalenz der Wertungen macht beides suspekt: die Wirklichkeit der rauschhaften Ekstase, in der Humbert aufhört »Humbert der Hund zu sein, der triefäugige, degenerierte Köter, der den Stiefel umklammert, welcher ihm gleich einen Tritt geben wird«[30] – und die Möglichkeit der *Unsterblichkeit* in der Kunst. Die Kunst wird bloßes Surrogat für die rauschhafte Vereinigung und kann daher die Vergänglichkeit des Zaubers des Nymphchens nur noch begrifflich überwinden; das Maßlose der Ekstase erweist sich als nicht maßlos genug, den Käfig des Fleisches zu durchbrechen. Die sinnliche Ausschweifung, die Lust am Orgiastischen und am Tode hält sich immer in den Grenzen des Möglichen, in den Grenzen des Kompromisses. Der Kompromiß zwischen der Märchenliebe Annabel Leigh und der totalen Repression des Glücks, dieser Kompromiß, auf dem die bürgerliche Gesellschaft ihre Existenz begründet, heißt Liebe – ein anti- oder asoziales Verhältnis[31] – heißt hier: Lolita. Die hohe Einschätzung der passionierten Liebe kann ohne den Desozialisierungsprozeß, der den einzelnen auf sich selbst zurückwirft, kaum verständlich gemacht werden. Das Zuwenig an Kontakt zwingt ihn, sein Kontaktbedürfnis ganz in einen einzigen Menschen zu investieren. Das erklärt, warum Humbert auch die längst nicht mehr nymphenhafte Dolores Schiller mit seiner nun wirklich *ewigen* Liebe verfolgt. Je stärker sich das reale Bild Lolitas vor und über das

Phantasiebild schiebt, desto stärker müssen die zärtlich-romantischen Bindungen werden, die das persönliche Gebundensein auch über jene vorher mit Abscheu erwartete Zeit des »College-Girls« bis zur vollen körperlichen Reife Lolitas hin aufrechterhalten. Aus der psychopathologischen, *perversen* Inzestparodie entwickelt sich so gegen Ende des Romans genau das, was Humbert Humbert immer als die platteste Verkehrung jeder sexuellen Bindung erschien: die partnergebundene Liebesbeziehung. Nichts sehnlicher wünscht sich Humbert Humbert, da er Lolita zum letzten Mal wiedersieht, als eine normale Beziehung zu ihr; wünscht sich das zu werden, worüber er sich früher lustig gemacht hat: der normale erwachsene Mann, »der sich mit seiner normalen erwachsenen Gattin in jenem üblichen Rhythmus wiegt, der die Welt bewegt«.

So gewiß der Autor seinen Roman auch als einen Angriff auf das kleinbürgerliche und verklemmte Sexualgewissen des damaligen Amerikas verstehen darf und so gewiß er unter den damaligen Umständen auch eine begrenzte emanzipatorische Wirkung gehabt haben mag, so gewiß ist seine Romangestalt Humbert Humbert keineswegs der Anarchist, als den ihn der Autor hingestellt hat. Trotz aller Auflehnung gegen die Gesellschaft, trotz aller geheimen Leiden und Leidenschaften, kann er sich nie aus den Zwängen der von ihm so gehaßten Gesellschaft befreien. Er ist ein »gesitteter Feigling«, »korrekt und zivilisiert«, zu ängstlich, sich den Ekstasen ganz hinzugeben. Zwar, das maßlos Süchtige Humberts kommt immer wieder zur Sprache, schon in seiner Liebe zu Annabel Leigh: »Mit einem Mal waren wir wahnsinnig, unbeholfen, schamlos, qualvoll ineinander verliebt, hoffnungslos, sollte ich hinzufügen, denn dieses rasende Verlangen nach gegenseitigem Besitz wäre nur dadurch zu stillen gewesen, daß wir des anderen Leib und Seele in jeder Faser in uns aufgesogen und uns zu eigen gemacht hätten«[32], noch stärker in seinen ungeschickten und schüchternen Versuchen sich den Nymphchen zu nähern, ganz deutlich schließlich in jener längsten »Ekstase, die Mensch oder Monstrum je erfahren hatte«[33] auf dem bonbongestreiften Sofa, wo er sich selbst ganz »dem Bereich des Lächerlichen entrückt« fühlt, »jenseits von Vergeltungsmöglichkeiten«. Aber schon der Satz, »ich habe nicht die Ab-

sicht, den Eindruck zu erwecken, als hätte ich es nicht geschafft, glücklich zu sein«[34] ist äußerst verräterisch – als sei Glück eine Leistung, eine Bewährung, eine Prüfung.
Nein, ein Anarchist ist Humbert wohl nicht, genausowenig wie der normale Bankeinbrecher es ist. Humbert rebelliert nicht gegen das Bestehende, und er wüßte mit der Ausrufung des Anarchismus wenig anzufangen. Im Grunde akzeptiert er die Normen der Gesellschaft: wenn Humbert Humbert sein eigener Strafrichter wäre, würde er sich selber »wegen Vergewaltigung zu mindestens fünfunddreißig Jahren verurteilen«[35]. Noch in seinem *Verbrechen* akzeptiert Humbert Humbert die doppelte Moral der bürgerlichen Gesellschaft, ihre Vorurteile und geheimen Machtstrukturen, und nutzt sie zu seinem Vorteil aus. So besteht er z. B. als Mann darauf, daß ihm »in Fragen legaler und illegaler Bindung allein die Entscheidung zukam« und regt sich darüber auf, daß »diese komische Figur«, seine Frau Valeria, es wagt, nach ihrem eigenen Ermessen über seine Bequemlichkeit und sein Schicksal zu verfügen. Ebenso bedenkenlos nutzt er gegenüber seiner Stieftochter die Autorität eines Vaters. Wenn Humbert Humbert nicht zu feige wäre, könnte er sich die nahezu unumschränkten, despotischen Befugnisse des Vaters sogar legal zulegen. Schon so wie es ist, kümmert sich niemand darum, was der »Vormund« mit dem unmündigen Mädchen anstellt. Und wo Humbert Humbert sich kraft dieser ihm gesetzlich gegebenen Autorität nicht mehr durchsetzen kann, nutzt er Lolitas Konsum-Mentalität und seine beherrschende Stellung als Besitzer des Geldes aus, um doch noch seine Zwecke zu erreichen. Mit Hilfe des Geldes wird der sexuelle Akt für Lolita zum immer wiederholten, wiederholbaren Vorgang, zur Arbeit. Hermann Broch hat auf den prinzipiellen Unterschied zwischen Rebell und Verbrecher hingewiesen: »das Wesentliche eines Verbrechens liegt in seiner Wiederholbarkeit; in seiner Wiederholbarkeit ist es nichts anderes als ein bürgerlicher Beruf«[36]. Die Beziehungen zwischen Humbert und Lolita sind schließlich genauso geregelt wie die zwischen Arbeitgeber und Arbeitnehmer, einschließlich der Zahlungen für Akkordarbeit und eines Bonus für außerordentliche Anstrengungen: »Ihr wöchentliches Taschengeld, unter der Bedingung gezahlt, daß sie ihren Hauptverpflichtungen nach-

komme, betrug bei Beginn der Beardsley-Ära einundzwanzig Cents und stieg zum Schluß auf einen Dollar und fünf Cents. Das war eine mehr als großzügige Zubilligung, wenn man bedenkt, daß sie dauernd alle möglichen kleinen Geschenke von mir bekam und bei der geringsten Bitte auch alles nur Erdenkliche an Süßigkeiten und Kinobesuchen – obgleich ich natürlich gern einen Zusatzkuß oder sogar eine ganze Kette von Liebkosungen dafür forderte, wenn ich wußte, daß es sie nach dem einen oder dem anderen jugendlichen Vergnügen ganz besonders gelüstete«[37]. Aber in der Wiederholung wird Humbert um eben das gebracht, was er sucht, die absolute kompromißlose, bedingungslose Lust, die Steigerung über alles je schon Erfahrene hinaus, die Grenzenlosigkeit des Glücks in jenem Kinderparadies, das Lolita ihm zu versprechen schien.

Und so beginnt die Zerstörung der Nymphe Lolita – und es geht gar nicht um die reale Zerstörung des im Roman als real geschilderten Mädchens, sondern um die Zerstörung des Phantasiebildes, das sich Humbert von ihr geschaffen hat – eben in dem Augenblick der Erfüllung, als Lolita sagt: »Gut, dann fangen wir einmal an«[38]. Eben diese Phantasie-Lolita ist aber nach den Gesetzen dieses Romans die *eigentliche* Lolita. Schon daß sie Humbert »verführt«, daß Humberts anfänglicher Plan, »an einer völlig anästhetisierten Nacktheit zu operieren«[39] fehlgeschlagen ist, daß sie also nicht bewußtloses Opfer sondern willige Mitspielerin ist, ändert ihre Dimensionen schlagartig. Sie verliert jene Aura von Reinheit, die die Grundlage ihres dämonischen Nymphentums war, sie ist von da ab nur noch ein etwas frühreifes Mädchen, auch wenn Humbert über weite Strekken den Mythos ihres Nymphchentums weiterhin aufrecht erhält. Auffällig ist schon bei dieser ersten Gelegenheit die ausgesprochene Sachlichkeit in Lolitas Einstellung zur Sexualität im Gegensatz zu der emotionellen und sinnlichen Intensität, der »Hingabe«, die bereit war, »ihr alles zu schenken, mein Herz, meine Kehle, meine Eingeweide«[40], die die Liebe zu Annabel kennzeichnet. Schon daß Lolita »alle Liebkosungen, außer Küssen auf den Mund und den nackten Liebesakt – für ›romantischen Quatsch‹ oder ›anomal‹ hielt«, ist zwar psychologisch richtig aber gleichzeitig der Beginn des Verbürgerlichungsprozesses Humberts, die Reduktion auf die genitale Sexualität, ja auf das rein Mechanische des Geschlechtsakts: »Mein Leben wurde von Klein-Lo auf so energische, sachliche Weise gehandhabt, als sei es ein fühlloser mechanischer Apparat ohne Beziehung zu mir«[41]. Diese Reduktion auf das rein Mechanische wird an dieser Stelle von Humbert noch einmal geschickt durch eine lyrische Passage über den »gefährlichen Zauber des Nymphchens« überdeckt.

Aber die Diskrepanz zwischen dem phantastischen Mythos des Nymphchens Lolita und der Darstellung des realen Mädchens wird schließlich so unübersehbar, daß einerseits die banale Realität immer stärker zerstörend in Humberts Phantasiewelt einbricht, andererseits Humbert in seinen Anstrengungen, die Phantasiewelt aufrechtzuerhalten, zu immer abstruseren Mitteln greifen muß. Besonders deutlich wird dieser desillusionierende Einbruch der Realität, als Humbert entdeckt, daß Lolita ihre Klavierstunden geschwänzt hat, um mit ihrer Freundin Mona unbeaufsichtigt in den Parkanlagen herumzustreunen: »Der Nebel der Lüste war weggefegt und hinterließ diese schreckliche, klare Sicht. Oh, wie hatte sie sich verändert! Ihr Teint war jetzt der irgendeines gewöhnlichen, unordentlichen Schulmädchens, das auf ein ungewaschenes Gesicht mit schmuddeligen Fingern von allen gemeinsam benutzte Schönheitsmittel schmiert und dem es einerlei ist, mit welcher pickeligen Epidermis ihre Haut in Berührung kommt. Der weiche, zarte Schmelz war früher so köstlich gewesen, so tränenglänzend, wenn ich ihren zerzausten Kopf spielerisch auf meinen Knien rollte. Eine rauhe Röte war an die Stelle des unschuldigen Schimmers getreten. Was hier unter Laufschnupfen verstanden wird, hatte die Ränder ihrer verachtungsvollen Nasenflügel mit flammendem Rosa bemalt. Von Entsetzen gepackt, senkte ich den Blick: er glitt mechanisch an der Unterseite ihres straff gestreckten, nackten Schenkels entlang – wie waren ihre Beine glatt und muskulös geworden! ... Wie hatte ich mich nur so täuschen können! Wie war ich verrückt!«[42] Auch hier darf man natürlich nicht tun, wovor wir schon am Anfang gewarnt haben, nämlich die hier schlagartig durchbrechende *Realität* gegenüber der immer noch wirksamen Phantasie-Gestalt der Nymphe absolut zu setzen. Die durch Eifersucht geschärfte klare Sicht dauert nicht lange. Über sie hinweg spült die »Reue, die schmerzliche Süße schluchzender Buße, kriechende Liebe, die Hoffnungslosigkeit der sinnlichen Versöhnung«[43]. Sinnliche Versöhnung heißt aber: ein Kompromiß, der die unaufhebbare Spannung zwischen der Seligkeit der Nymphomanie und der Misere der *Realität* aufhebt. Sinnliche Versöhnung heißt hier auch, sich trotz eines besseren Wissens um jenes grenzenlose, rauschhaft himmlisch-höllische Glück auf das Mögliche, das *Reale* beschränken – den von der Gesellschaft beschränkten Raum des *Glücks* auszunutzen und seine Grenze zu übersehen, zu vergessen.

Von daher erhalten Begriffe wie *normal* und *real* eine ganz neue Dimension: *normal* ist nicht das, was einer *natürlichen*, dem Menschen immer und zu allen Zeiten wesensgemäßen Norm entspricht, normal ist vielmehr das, woraufhin die gesellschaftlichen Zwänge und Einebnungsprozesse den Menschen einschränken wollen; *real* ist nicht das, was wirklich und in der Wirklichkeit möglich ist, sondern das, was die gesellschaftlichen Anpassungsmechanismen allein noch in der Wirklichkeit als *reale* Möglichkeiten übriglassen. *Diese* Realität und *diese* Norm üben auch auf Humbert einen ständig wachsenden Druck aus, sich *normal* zu verhalten, sich anzupassen, seine eigene innere Realität als Wahnsinn zu begreifen. Anpassungsversuche von seiner Seite her gibt es denn auch genug: »Humbert Humbert gab sich große Mühe, artig zu sein«. Er versucht mit dem, was die Gesellschaft seine *Abartigkeit* nennt, auf dem Wege der Prostitution fertig zu werden – notwendiges Korrelat und Sicherheitsventil jeder sexualverneinenden Gesellschaft, er versucht es mit Monique und der widerlichen Marie. Er heiratet Valeria wegen ihrer Fähigkeit, das kleine Mädchen zu spielen. Aber auch Lolita selbst ist ein Kompromiß zwischen der wirklichen Seligkeit der Liebe zu Annabel Leigh, die die Gesellschaft nicht zuläßt, und dem auf bürgerliche Maße, auf Sparflamme reduzierten *Lebensglück*. Damit Lolita Annabel sein könnte, oder zumindest ersetzen könnte, müßte Humbert die repressive Gesellschaft, in der er und sie leben, zerstören. Aber dazu fehlen Humbert Humbert und seinem Autor Nabokov die Einsicht in die gesellschaftlichen Mechanismen und in die Möglichkeiten, sie umzustürzen. Es bleibt die ohnmächtige Rebellion, der immer neu ansetzende Versuch, die kleinbürgerliche, angepaßte Mittelmäßigkeit der Umgebung durch Karikatur und Sarkasmus zu zerstören, es bleibt schließlich der schizoide Mord an Quilty, eine letzte und äußerste Rache – nicht an der Gesellschaft und ihren Zwängen – sondern nur an seinem verzerrten Ebenbild. Selbst diese Rache ist noch pathetisch und lächerlich. Der Mord an Quilty beginnt mit einer Faustkampfszene, die an Wildwestfilme erinnert, nur daß eben nicht zwei jugendliche Helden sondern zwei »große, mit schmutziger Watte und Lumpen ausgestopfte Puppen« aufeinander losgehen: »Es war eine stille, weiche, formlose Balgerei zweier Literaten, von denen der eine durch Rauschgifte ganz zerrüttet war und der andere behindert durch den Zustand seines Herzens und zuviel Gin«[44]. Es fehlt das Moment des Entscheidenden und Endgültigen: »der Schuß ging mit einem lächerlich schwachen Kinderknall los. Die Kugel drang in den dicken rosa Teppich, und ich hatte den lähmenden Eindruck, daß sie nur hineingesickert war und wieder herauskommen konnte«[45]. Quilty nimmt ihn nicht ernst, und Humberts Entschlossenheit verpufft angesichts eines Opfers, das trotz all des Bleis, das er in seinen gedunsenen Körper feuert, nicht umzubringen ist.

In diesem Alptraum der Selbstzerstörung, in dieser unentwirrbaren Spiegelung von »Phantasie« und »Realität«, oder wie wir jetzt sagen müssen, von der unverstellten Realität und der durch die Gesellschaft verengten Realität, entfaltet sich noch einmal das zentrale Thema des Romans: die Phantasie findet in der sich immer mehr zur Norm verengenden Realität keinen *Gegenstand* mehr vor, kein adäquates Korrelat, kein Du, sei es nun als Geliebte, sei es als Feind. Humbert Humbert nimmt nur noch Bruchstücke der Realität als Auslöser für seine Phantasie wahr, die aber, weil sie immer mit sich selbst identisch ist, die Begierde nach dem Andern, nach der *eigentlichen Realität*, nie befriedigen kann. In den kurzen Augenblicken der Enttäuschung, in denen seine kreative Phantasie vor dem Ansturm der banalen, weil verengten Wirklichkeit zusammenbricht, begreift Humbert das grausame Spiel, das er mit sich selber spielt, aber nicht das grausame Spiel, das die Gesellschaft mit ihm spielt.

Anmerkungen

Libri obscoeni – ein philologisches Divertimento statt einer Einleitung

[1] Johannes David Schreber, *De libris obscoenis*. Diss. Leipzig 1688.
[2] Zit. nach Iwan Bloch, *Das Sexualleben unserer Zeit in seinen Beziehungen zur modernen Kultur*. Berlin 1908, S. 794.
[3] Zit. nach Paul Englisch, *Geschichte der erotischen Literatur*. Stuttgart 1927, S. 173.
[4] Zit. nach *Geschichte der erotischen Literatur* S. 207.
[5] Karl Rosenkranz, *Ästhetik des Häßlichen*. Königsberg 1853 (Neudruck: Stuttgart 1968), S. X f.
[6] *Ästhetik des Häßlichen* S. 8.
[7] *Ästhetik des Häßlichen* S. 235.
[8] *Sexualleben* S. 795.
[9] *Sexualleben* S. 795.
[10] *Geschichte der erotischen Literatur* S. 6.
[11] Vgl. Horst Albert Glaser, *Literarischer Anarchismus bei de Sade und Burroughs*. In: Literaturwissenschaft und Sozialwissenschaften I, Grundlagen und Modellanalysen. Stuttgart 1971.
[12] *Geschichte der erotischen Literatur* S. 473.
[13] Edgar Mertner und Herbert Mainusch, *Pornotopia*. Das Obszöne und die Pornographie in der literarischen Landschaft. Frankfurt/Main und Bonn 1970, S. 67.
[14] *Pornotopia* S. 5.
[15] Peter Gorsen, *Das Prinzip Obszön*. Kunst, Pornographie und Gesellschaft. Reinbek bei Hamburg 1969, S. 109 f.
[16] Donatien Alphonse François Marquis de Sade, *Die 120 Tage von Sodom* (1785). In: Ausgewählte Werke Bd. 1, hg. von Marion Luckow. Frankfurt/Main 1972, S. 88.
[17] Jacques Lacan, *Kant mit Sade*. In: Marquis de Sade, Die Philosophie im Boudoir (mit Zeichnungen von Sibylle Ruppert). München 1972.
[18] Wilhelm Reich, *Die sexuelle Revolution*. Zur charakterlichen Selbststeuerung des Menschen. Stuttgart [2]1969, S. 56.
[19] Vgl. neuerdings etwa Reimut Reiches ›Abwehr repressiver Entsublimierung‹. In: *Sexualität und Klassenkampf*. Frankfurt/Main 1968.
[20] *Die sexuelle Revolution* S. 50.
[21] *Die sexuelle Revolution* S. 255.

[22] Peter Gorsen, *Sexualästhetik.* Zur bürgerlichen Rezeption von Obszönität und Pornographie. Reinbek bei Hamburg 1972, S. 90.

[23] Phyllis und Eberhard Kronhausen, *Erotische Fantasien.* Die erotische Literatur im Licht der modernen Sexualpsychologie. Mit zahlreichen Textbeispielen. München 1972.

[24] *Sexualästhetik* S. 136.

[25] Peter Bürger, *Moral und Gesellschaft bei Diderot und Sade.* In: G. Mattenklott und K. R. Scherpe (Hg.), Literatur der bürgerlichen Emanzipation im 18. Jahrhundert. Ansätze materialistischer Literaturwissenschaft. Kronberg 1973.

[26] *Moral und Gesellschaft* S. 98.

[27] *Moral und Gesellschaft* S. 103.

Das Auge als Fetisch

[1] Christian Enzensberger, Größerer Versuch über den Schmutz. München 1968, S. 52.

[2] Die *Histoire de l'oeil* ist Batailles erster Roman. Veröffentlicht wurde er zunächst 1928 in Paris unter dem Pseudonym Lord Auch. Zwei weitere Ausgaben mit der gleichen Namensnennung tragen die Bezeichnungen Sevilla 1940 und Burgos 1941. Die erste mit dem Namen des Verfassers gezeichnete Ausgabe erschien posthum 1967 in Paris bei Jean-Jacques Pauvert. Die drei letztgenannten Ausgaben stellen eine überarbeitete Fassung der Erstausgabe dar. Sie unterscheiden sich von ihr in einer Fülle sprachlicher Details, nicht jedoch in der Handlungsführung. Der erste Band der Oeuvres Complètes, die seit 1970 bei Gallimard erscheinen, enthält beide Fassungen. Eine deutsche Übersetzung der zweiten Fassung, die von Marion Luckow besorgt wurde, ist in dem Sammelband: Georges Bataille *Das obszöne Werk* enthalten, der 1972 bei Rowohlt erschienen ist. Wir zitieren im folgenden, wo nicht anders vermerkt, die zweite Fassung nach den Oeuvres Complètes und dieser Übersetzung, wobei gelegentlich Übersetzungsfehler stillschweigend korrigiert wurden.

[3] Peter Gorsen, *Die Erotik des hermaphroditischen Bildes. Hans Bellmer*, in: *Das Bild Pygmalions.* Reinbek 1969, S. 70.

[4] Roland Barthes, *Die Augenmetapher*, in: *Strukturalismus als interpretatives Verfahren*, hg. Helga Gallas. Darmstadt und Neuwied 1972, S. 25–34; zuerst frz. in: Critique 15 (1963) S. 770–777.

[5] – »Teller sind doch zum Hinsetzen da, sagte Simone. Wollen wir wetten? Ich setze mich auf den Teller. – Ich wette, daß du es nicht wagst, versetzte ich atemlos. Es war heiß. Simone hob den Teller auf einen Fußschemel, stellte sich vor mich hin,

und ohne mich aus den Augen zu lassen, hockte sie sich nieder und tauchte ihren Hintern in die Milch. Eine Zeitlang stand ich regungslos da, das Blut war mir in den Kopf geschossen, und ich zitterte, während sie zusah, wie mein steifer Schwanz die Hose spannte. Ich legte mich zu ihren Füßen nieder. Sie rührte sich nicht mehr; zum erstenmal sah ich ihr ›rosaschwarzes Fleisch‹, das sich in der weißen Milch badete. Lange Zeit verharrten wir regungslos, einer so rot wie der andere.« S. 17 f.

[6] vgl. Sigmund Freud, *Totem und Tabu*, in: Ges. Werke, Bd. IX, S. 108 (im folgenden zitiert als GW).

[7] »Wir waren nicht schamlos, im Gegenteil, aber etwas Gebieterisches zwang uns, der Scham zu trotzen.« (vgl. S. 19).

[8] »stumme und absolute Verkrampfung.« S. 19.

[9] »die reinste und rührendste unter unseren Freunden« S. 20.

[10] vgl. Georg Simmel, Soziologie. Berlin 1958, S. 75–94.

[11] Sigmund Freud, GW XIV, S. 467.

[12] a.a.O., S. 467.

[13] a.a.O., S. 471.

[14] Sigmund Freud, GW XIII, S. 157.

[15] vgl. Sigmund Freud, GW VIII, S. 78–91.

[16] »eine Inkarnation der Traurigkeit und der Wutausbrüche, die unsere Körper unaufhörlich der Ausschweifung zutrieben.« S. 41 f.

[17] Jean-Paul Sartre, *Das Sein und das Nichts*. Versuch einer phänomenologischen Ontologie. Hamburg [6]1952, S. 530–540.

[18] *Das Sein und das Nichts* S. 534.

[19] *Das Sein und das Nichts* S. 535.

[20] Georg Wilhelm Friedrich Hegel, *Phänomenologie des Geistes*, ed. J. Hoffmeister. Hamburg 1952, S. 142.

[21] Ernst Bloch, *Spuren*. Berlin und Frankfurt/M 1959, S. 106.

[22] »beide merkwürdig zufrieden mit der Gegenwart des Anderen, die der jeweils anderen Gegenwart glich in der gemeinsamen Isolierung aus Schamlosigkeit, Müdigkeit und Absurdität.«

[23] »Eines Tages versuchte ich Simone Gewalt anzutun.
– Du bist verrückt mein Kleiner! schrie sie. Daran habe ich kein Interesse, im Bett, wie eine Familienmutter! Nein, mit Marcelle ...
– Was sagst du da? fragte ich enttäuscht, aber im Grunde einig mit ihr.
Sie besann sich und sagte zärtlich mit verträumter Stimme:
– ... wenn sie zusieht, wie wir miteinander schlafen ... muß sie Pipi machen (...)
Oftmals bemächtigte sich unserer die schmerzhafte Lust, uns paaren zu wollen. Aber es kam uns niemals die Idee, es ohne

Marcelle zu tun, deren Schreie uns noch immer in den Ohren gellten und Teil unseres Verlangens, unserer wildesten Wünsche waren. Unter solchen Bedingungen war unser Traum nur ein langer Alptraum. Das Lächeln Marcelles, ihre Jugend, ihr Schluchzen, die Scham, die sie erröten machte (...) das alles entstellte, verzerrte, zerfetzte unsere Begierden auf immer.« S. 31 f.

24 Ernest Bornemann, Artikel *Perversion* in: *Lexikon der Liebe.* München 1968, Bd. II, S. 195.

25 *Das Sein und das Nichts.* S. 534.

26 »Ich machte mir nichts aus dem, was man ›Fleischeslust‹ nennt, weil sie in der Tat fade ist. Ich liebte das, was man für ›schmutzig‹ hält. Die übliche Ausschweifung hingegen konnte mich nicht befriedigen, beschmutzt sie doch nur die Ausschweifung selbst und läßt auf alle Fälle eine erhabene und untadelig reine Wesenheit unberührt. Die Ausschweifung, die ich kenne, beschmutzt nicht nur meinen Körper und meine Gedanken, sondern alles, was ich mir dabei vorstellen kann.« S. 55.

27 vgl. zur Psychodynamik der Exhibition die Schilderung bei: Christian Enzensberger, a.a.O., S. 46 ff.

28 Otto Fenichel, *Hysterien und Zwangsneurosen.* Psychoanalytische spezielle Neurosenlehre. Darmstadt ²1973, S. 24 (zuerst Wien 1931).

29 »das komische Hemmnis, das der Tod bedeutet.« S. 57.

30 »ein schwerreicher Engländer« S. 51.

31 Michel Leiris, *Du temps de Lord Auch,* in: L'Arc 44 (1971) S. 10.

32 »ein blonder, noch junger und ungewöhnlich schöner Priester mit den mageren Wangen und den bleichen Augen eines Heiligen.« S. 70.

33 »vor dem Auge des Beichthäuschens« S. 72.

34 Ernest Bornemann, Artikel *Triolismus,* a.a.O., Bd. II, S. 461.

35 zit. nach Ernest Bornemann, a.a.O., S. 465 f.

36 Max Horkheimer und Theodor W. Adorno, *Dialektik der Aufklärung.* Amsterdam 1947, S. 108.

37 »unter den roten Augen« bzw. »unter den halb blutigen Augen Sir Edmonds.« S. 81.

38 *Du temps de Lord Auch* S. 3.

39 »wo die elementaren, *sämtlich obszönen* Bilder zusammentrafen, das heißt die anstößigsten Bilder, an denen das Bewußtsein immer wieder entlanggleitet, unfähig, sie ohne Ausbruch, ohne Verwirrung zu ertragen.« S. 351.

40 »An ein Kalbsauge, wegen der Farbe, und im übrigen sei das Eiweiß das Weiße des Auges, und der Dotter die Pupille. Die Form des Auges, fand sie, gleiche der des Eis.« S. 46 f.

[41] »Eier mit dem Hintern zu zerbrechen. Dazu nahm sie eine Stellung ein, bei der ihr Kopf auf dem Sitz eines Sessels ruhte, ihr Rücken sich an die Lehne schmiegte und ihre gekrümmten Beine sich zu mir hin öffneten, während ich mir den Schwanz rieb, um ihr meinen Samen ins Gesicht zu spritzen. Sodann legte ich ihr das Ei auf das Loch: sie fand Vergnügen daran, es in der tiefen Spalte hin und herzubewegen. Und in dem Moment, da der Samen hervorschoß, zerbrachen die Hinterbacken das Ei und die Lust überwältigte sie.« S. 23.

[42] vgl. Eugen Mogk, *Das Ei im Volksbrauch und Volksglauben*, in: Zs. des Vereins für Volkskunde, 25 (1915) S. 215–223.

[43] Sigmund Freud, *Fetischismus*, in: GW XIV, S. 312.

[44] *Fetischismus* S. 312.

[45] *Fetischismus* S. 314.

[46] *Fetischismus* S. 313.

[47] Guy Rosolato, *Der Fetischismus, dessen Objekt sich ›entzieht‹*, in: Objekte des Fetischismus, ed. J. B. Pontalis. Frankfurt/Main 1972, S. 75.

[48] *Fetischismus* S. 317.

[49] vgl. Anm. 39.

[50] *Der Fetischismus, dessen Objekt sich ›entzieht‹* S. 72.

[51] Karl Marx, *Das Kapital*. Kritik der politischen Ökonomie, MEW, Bd. 23. Berlin 1969, S. 85–98, hier: S. 86.

[52] *Fetischismus* S. 313.

[53] »Nichts dergleichen hat sich seit damals zwischen uns zugetragen; *von einer Ausnahme abgesehen*, haben wir aufgehört, von Eiern zu reden. Wenn wir solche zu Gesicht bekamen, konnten wir einander nicht ansehen, ohne daß eine bestürzende Frage in unsere Augen trat. Das Ende der Erzählung wird zeigen, daß diese Frage nicht ohne Antwort bleiben sollte und daß die Antwort die Leere ergründete, die unsere Spiele mit den Eiern in uns aufgetan hatten.« S. 48.

[54] vgl. z. B. Karl Abraham, *Bemerkungen zur Psychoanalyse eines Falles von Fuß- und Korsettfetischismus*, in: Klinische Beiträge zur Psychoanalyse aus den Jahren 1907–1920. Leipzig 1921, S. 85–94 (zuerst: Jb. für psychoanalytische und psychopathologische Forschungen, 3 (1912) S. 557–567).

[55] Emilio Servadio *Die Angst vor dem bösen Blick*, in: Imago 22 (1936) S. 401; vgl. ähnlich: Géza Róheim, *The Evil Eye*, in: The American Imago 9 (1952), S. 358 f.

[56] Karl Abraham, *Über Einschränkungen und Umwandlungen der Schaulust bei Psychoneurotikern nebst Bemerkungen über analoge Erscheinungen in der Völkerpsychologie*, in: Psychoanalytische Studien zur Charakterbildung und andere Schriften,

ed. J. Cremerius. Frankfurt/Main 1969, S. 333 (zuerst: Jb. der Psychoanalyse 6 (1914), S. 25–88.

[57] Otto Fenichel, *Schautrieb und Identifizierung*, in: Internationale Zs. für Psychoanalyse 21 (1935), S. 577.

[58] Sigmund Freud, *Die Ichspaltung im Abwehrvorgang*, in: GW, Bd. XVII, S. 61.

[59] Otto Fenichel, *The Psychoanalytic Theory of Neurosis*. New York 1945, S. 37; vgl. dazu ferner: Siegfried Bernfeld, *Über Faszination*, in: Imago 14 (1928).

[60] *Über Einschränkungen und Umwandlungen* ... S. 348.

[61] *Fetischismus* S. 313.

[62] Otto Fenichel, *Perversionen, Psychosen, Charakterstörungen*. Psychoanalytische Spezielle Neurosenlehre. Darmstadt 1967, S. 34 (zuerst: Wien 1931).

[63] Sigmund Freud, *Drei Abhandlungen zur Sexualtheorie*, GW, Bd. V, S. 56.

[64] *Perversionen, Psychosen, Charakterstörungen* S. 33.

[65] *Perversionen* ... S. 33.

[66] *Perversionen* ... S. 162.

[67] Otto Fenichel, *Hysterien und Zwangsneurosen*. Psychoanalytische spezielle Neurosenlehre. Darmstadt 1967, S. 24 (zuerst: Wien 1931).

[68] »Eines Tages nun, als die schräg einfallende Sechs-Uhr-Sonne das Badezimmer beleuchtete, drang Wasser in ein halb ausgeschlürftes Ei, und nachdem es unter bizarrem Geräusch vollgelaufen war, versank es vor unseren Augen; dieser Vorfall hatte für Simone eine derart gesteigerte Bedeutung, daß sie sich ausstreckte und eine langanhaltende Lust sie überkam, während sie sozusagen mein Auge mit den Lippen trank. Dann, ohne das angesogene Auge loszulassen, das so widerspenstig wie eine Brustwarze war, hockte sie sich, meinen Kopf gewaltsam mitziehend, auf den Sitz und pißte mit gellender Kraft und Befriedigung auf die schwimmenden Eier. Von da an durfte ich sie als geheilt betrachten. Sie bekundete ihre Freude, indem sie mir lange von vertraulichen Dingen sprach, obwohl sie gewöhnlich weder von sich noch von mir sprach.« S. 46.

[69] Hans Christoffel, *Trieb und Kultur*. Zur Sozialpsychologie. Physiologie und Psychohygiene der Harntriebhaftigkeit mit besonderer Berücksichtigung der Enuresis. Basel 1944, S. 214.

[70] Karl Abraham, *Zur narzißtischen Bewertung der Exkretionsvorgänge in Traum und Neurose*, in: Klinische Beiträge zur Psychoanalyse aus den Jahren 1907–1920, Lpz. etc. 1921, S. 301 (zuerst in: Internationale Zs. für Psychoanalyse 6 (1920) S. 64–67.)

[71] »Als ich sie fragte, woran sie bei dem Wort urinieren den-

ken müsse, antwortete sie: Strahl, stechen, die Augen, mit einem Rasiermesser, an irgendetwas Rotes, die Sonne.« S. 46.

72 »Sagte sie bald: *ein Auge zerbrechen*, bald: *ein Ei ausstechen*« S. 47.

73 *Über Einschränkungen und Umwandlungen* ... S. 353.

74 »ein Urinstrahl ›ein Schuß, wie ein Lichtstrahl gesehen‹« S. 47.

75 vgl. zur Selbstblendung des Ödipus als symbolischer Selbstkastration: Sándor Ferenczi, *Symbolische Darstellung des Lust- und Realitätsprinzips im Ödipus-Mythos*, in: Imago 1 (1912) S. 280 f.; zur Blendung allgemein: Sigmund Freud, *Das Unheimliche*, in: GW, Bd. XII, S. 243 sowie Karl Abraham, a.a.O., S. 334.

76 vgl. Guillaume Apollinaire, *Les onze mille verges*. Paris 1968 (zuerst: anonym 1907); deutsch: *Die elftausend Ruten*. München [2]1970.

77 Es ist dies der einzige Punkt, an dem ein autobiographisches Moment nachweisbar in den Roman Eingang findet. »Bataille se trouvait effectivement à Madrid le 7 mai 1922.« vgl. Oeuvres Complètes, a.a.O., Bd. I, S. 612.

78 »zwei nackte Hoden auf einem Teller; diese Drüsen von der Form und Größe eines Eis waren von einem perlmutterglänzenden rotgeäderten Weiß ähnlich dem des Augapfels.« S. 64.

79 »Was dann folgte, geschah ohne Übergang und scheinbar auch ohne Zusammenhang. Nicht daß die Vorgänge zusammenhanglos gewesen wären, aber ich nahm sie wie ein Abwesender wahr. Innerhalb weniger Sekunden sah ich zu meinem Entsetzen Simone in eine der beiden Kugeln beißen, Granero hervortreten und dem Stier das rote Tuch hinhalten; dann Simone, mit blutrotem Kopf, in einem Augenblick schwüler Obszönität ihre Vulva entblößen und in die Vulva den anderen Hoden schieben; Granero hintenübergeneigt, gegen die Barrera gedrängt, und über der Barrera die Hörner, die in vollem Schwung dreimal zustießen: eines der Hörner drang in das rechte Auge und in den Kopf ein. Das sich überschlagende Geschrei in der Arena traf mit Simones krampfartigem Orgasmus zusammen. Sie erhob sich von der Steinplatte, schwankte und schlug hin, geblendet von der Sonne, aus der Nase blutend. Männer stürzten herbei und bemächtigten sich Graneros. Die Menge in der Arena war von den Plätzen aufgesprungen. Das rechte Auge des Leichnams hing heraus.« S. 66.

80 vgl. Sigmund Freud, *Neue Folge der Vorlesungen zur Einführung in die Psychoanalyse*, in: GW, Bd. XV, S. 137 und Karl

Abraham, *Äußerungsformen des weiblichen Kastrationskomplexes*, in: Internationale Zs. für Psychoanalyse, 7 (1921) S. 428.

[81] Sigmund Freud, *Vorlesungen zur Einführung in die Psychoanalyse*, in: GW, Bd. XI, S. 158.

[82] Sándor Ferenczi, *Zur Augensymbolik*, in: Internationale Zs. für ärztliche Psychoanalyse, 1 (1913) S. 163.

[83] *Über Einschränkungen und Umwandlungen* ... S. 336.

[84] Georges Bataille, *Oeil*, in: Oeuvres Complètes, Bd. I, a.a.O., S. 188.

[85] Sigmund Freud, *Die Traumdeutung*, in: GW, Bd. II/III, S. 328.

[86] *Das Unheimliche* S. 243.

[87] »Am Ende ... empfing Simone das Auge aus den Händen Sir Edmonds und führte es in ihr Fleisch ein ... in der behaarten Vulva *Simones* erblickte ich das blaßblaue Auge *Marcelles*, das mich anschaute und Tränen von Urin vergoß.« S. 80.

[88] vgl. Georges Bataille *Oeil*, a.a.O., S. 188.

[89] »Anderen mag das Universum anständig erscheinen. Den anständigen Leuten erscheint es anständig, weil sie kastrierte Augen haben. Darum fürchten sie die Obszönität.« S. 55.

[90] vgl. Erwin Straus, *Vom Sinn der Sinne*. Berlin [2]1956, S. 393.

[91] Karl Jaspers, *Allgemeine Psychopathologie*. Berlin [8]1965, S. 59.

[92] Theodor W. Adorno, *Zur Metakritik der Erkenntnistheorie*. Studien über Husserl und die phänomenologischen Antinomien. Stuttgart 1956, S. 23 f.

[93] *Das Sein und das Nichts* S. 344 f.

Jean Genet – Die Metaphysik des Verrats

[1] Charles Baudelaire, *Oeuvres complètes*. Texte établi et annoté par Y.-G. Le Dantec. Ed. revisée, completée et presentée par C. Pichois. Paris 1961 (Bibliothèque de la Pléiade 1 u. 7) S. 152.

[2] Max Weber, *Gesammelte Aufsätze zur Wissenschaftslehre*[3], hg. v. J. Winckelmann. Tübingen 1968, S. 545.

[3] Jean Genet, *Tagebuch eines Diebes*, dt. v. G. Hock u. H. Voßkämpfer, Hamburg 1961, S. 72.

[4] *Tagebuch* S. 44.

[5] Jean Genet, *Journal du voleur*. Paris 1949, S. 31.

[6] *Tagebuch* S. 126.

[7] *Tagebuch* S. 84 f.

[8] Jean Genet, *Notre-Dame-des-Fleurs*, dt. v. G. Hock, Hamburg 1962, S. 20.

[9] *Tagebuch* S. 204.
[10] *Tagebuch* S. 204.
[11] *Tagebuch* S. 217.
[12] *Tagebuch* S. 224.
[13] *Tagebuch* S. 97.
[14] *Tagebuch* S. 181.
[15] *Tagebuch* S. 179.
[16] S. Freud, *Gesammelte Werke*, hg. v. A. Freud, E. Bibring, W. Hoffer, O. Isakower. Bd. V[4], Frankfurt am Main 1968, S. 60 (*Drei Abhandlungen zur Sexualtheorie I*, Die sexuellen Abirrungen).
[17] *Tagebuch* S. 61.
[18] *Tagebuch* S. 61.
[19] *Notre-Dame* S. 69.
[20] *Sexualtheorie* S. 52.
[21] *Sexualtheorie* S. 52.
[22] *Sexualtheorie* S. 61.
[23] *Notre-Dame* S. 165.
[24] *Notre-Dame* S. 125.
[25] *Notre-Dame* S. 150.
[26] *Notre-Dame* S. 248.
[27] *Notre-Dame* S. 248.
[28] *Notre-Dame* S. 250.
[29] *Notre-Dame* S. 82.
[30] Jean Genet, *Pompes Funèbres* (Das Totenfest), dt. v. M. Luckow. Hamburg 1966, S. 146.
[31] *Notre-Dame* S. 207.
[32] *Notre-Dame* S. 135.
[33] Jean Genet, *Das kriminelle Kind*, Ein Rundfunkvortrag, dt. v. M. Griesebach. Hamburg 1961, S. 19.
[34] *Notre-Dame* S. 41.
[35] *Notre-Dame* S. 75.
[36] *Notre-Dame* S. 18.
[37] *Totenfest* S. 238.
[38] Jean Genet, *Briefe an Roger Blin, Der Seiltänzer*. Hamburg 1967, daraus: Der Seiltänzer, dt. v. M. Griesebach, S. 81.
[39] *Seiltänzer* S. 82.

Henry Miller – Der Konservative Avantgardist und das Obszöne

[1] *Reflections on Writing*, in: *The Wisdom of the Heart*. New York 1960, S. 19–30; S. 24.
[2] Vgl. Van Wyck Brooks, *The Early Years: A Selection from His Work 1908–1921*, hg. v. Clare Sprague, New York 1968.

[3] Vgl. V. W. Brooks, *The Early Years*, sowie Lilian Schlissel, Hg., *The World of Randolph Bourne*. New York 1965.

[4] Vgl. Andrew Turnbull, Hg., *The Letters of F. Scott Fitzgerald*. New York 1971, S. 547.

[5] Neben dieser formalen Feststellung läßt sich zudem festhalten, daß Millers Kindheit in Brooklyn Erfahrungen mit sich brachte, die sich in seinen ersten Werken deutlich niederschlugen. Das Maß an sozialer Mobilität, verursacht durch ständig wechselnde ethnisch verschiedene Einwanderergruppen, das bis ans Chaos grenzend den Charakter von Brooklyn um 1900 prägte, bedeutet zugleich jene »Freiheit der Straße«, die Miller in Paris beschreiben sollte. »To be born in the street means to wander all your life, to be free. It means accident and incident, drama, movement. It means above all dream. A harmony of irrelevant facts which gives to your wandering a metaphysical certitude. In the street you learn what human beings really are; otherwise, or afterwards, you invent them. What is not in the open street is false, derived, that is to say, *literature*.« – *Black Spring*. New York 1963, S. 3. Daß solche Passagen in der Tradition jenes amerikanischen Mythos des *Bum* stehen, wie er sich z. B. in dem bekannten und oft variierten Lied »Hallelujah, I'm A Bum« ausdrückt, ist offensichtlich.

[6] *Art and Outrage. A Correspondence about Henry Miller between Lawrence Durrell and Alfred Perlès. With Intermissions by Henry Miller*. New York 1961, S. 27.

[7] *An Open Letter to Surrealists Everywhere* in: *The Cosmological Eye*. New York 1939, S. 151–196; S. 160 u. 162.

[8] Kingsley Widmer, *Henry Miller*. New York 1963, S. 176 f.

[9] *Art and Outrage* S. 27.

[10] *Tropic of Cancer*. [1]1934, New York 1972, S. 19, und *Black Spring* S. 1 u. 3.

[11] Malcolm Cowley, *Exile's Return: A Literary Odyssey of the 1920s*. New York 1969, S. 60; *Cancer*, S. 9.

[12] *Exile's Return* S. 35.

[13] *Exile's Return* S. 60.

[14] Millers Nähe zu Emerson, Whitman und Thoreau ist von ihm selbst mehrfach betont worden. Vgl. etwa *Cancer* S. 8 u. 76; *Henry David Thoreau*, in: *Selected Prose*. London 1965, Bd. II, S. 11–18; *The Books in My Life*. London 1961; *Art and Outrage*, S. 34: »My loyalty and adoration have been constant – for the same men, all throughout my life: Whitman, Emerson, Thoreau, Rabelais, above all.« Die Nähe des Millerschen Erfahrungsbegriffs zu dem Emersons zeigt eine Lektüre von Emersons Essays »Compensation« und »Experience« in Ralph Waldo Emerson, *Essays: First* bzw. *Second Series*. Cambridge 1903. Zu Millers Begriff

von ›sublime indifference‹ (bzw. ›acceptance‹) s. *Creative Death* und *Reflections on Writing*, in: *The Wisdom of the Heart* S. 1–12 und a.a.O.

[15] *An Open Letter* ..., a.a.O., S. 161; vgl. auch Millers Reaktion auf eine Kritik Edmund Wilsons zu *Tropic of Cancer:* »The theme of the book, moreover, is not at all what Mr. Wilson describes: the theme is myself, and the narrator, or the hero, as [Wilson] puts it, is also myself ... the narrator ... is me, because I have painstakingly indicated throughout the book that the hero is myself. I don't use ›heroes‹, incidentally, nor do I write novels. I am the hero, and the book is myself.« – Brief an die *New Republic*, 100/21 (18. 5. 1938).

[16] *Cancer* S. 9 f.

[17] *Cancer* S. 10 f.

[18] *Cancer* S. 13 u. S. 50.

[19] *Cancer* S. 50.

[20] *Peace! It's Wonderful!* in: *The Cosmological Eye* S. 1–7; S. 4.

[21] *Cancer* S. 9, und *Creative Death* a.a.O., S. 4.

[22] *Obscenity and the Law of Reflection*, in: *Remember to Remember*. New York 1947, S. 274–91; S. 287.

[23] *Cancer* S. 142.

[24] *Cancer* S. 102 f.

[25] *Cancer* S. 104.

[26] *Cancer* S. 33 u. 186.

[27] *Cancer* S. 37.

[28] *Cancer* S. 249.

[29] *Creative Death* a.a.O., S. 3.

[30] *Cancer* S. 85 ff.

[31] *Cancer* S. 292 f.

[32] *Cancer* S. 148.

[33] *Cancer* S. 125.

[34] *Cancer* S. 258.

[35] Vgl. *The Books in My Life*.

[36] *The Enormous Womb*, in: *The Wisdom of the Heart* S. 94–102; S. 97.

[37] *The Air-Conditioned Nightmare*. New York 1945.

[38] *Tropic of Capricorn*. [1]1939, New York 1970, S. 93.

[39] *Capricorn* S. 171.

[40] *Capricorn* S. 170.

[41] *Capricorn* S. 174.

[42] *Capricorn* S. 238.

[43] *Capricorn* S. 98.

[44] *Capricorn* S. 12.

[45] *Capricorn* S. 231.

[46] *Cancer* S. 250.

[47] *Capricorn* S. 229 u. 242.

[48] *Capricorn* S. 111.

[49] In dem Maße wie Form und Material des Obszönen unmittelbar gesellschaftlich geprägt sind, muß eine adäquate, d. h. nicht neutralisierende Darstellung den spezifischen Charakter sozialer Zwänge gegenüber Form und Material in sich aufnehmen. So erst kann sie emanzipatorischen Anspruch erheben. Sowohl eine Ästhetisierung als auch plattes Abbilden bedeuten Regreß in die etablierten Nischen von Kultur- und Pornoindustrie.

[50] *Capricorn* S. 110.

[51] *Creative Death*, a.a.O., S. 6.

[52] *Writing Is Its Own Reward – Hamlet* in: *Henry Miller on Writing*. New York 1964, S. 103–5; S. 104.

[53] *Hamlet*, a.a.O., S. 105.

[54] *Capricorn* S. 111 f.

[55] *Capricorn* S. 172.

[56] *Uterine Hunger*, in: *The Wisdom of the Heart* S. 187–91; S. 191.

[57] *The Enormous Womb* a.a.O., S. 99.

[58] *Capricorn* S. 164 u. 176.

[59] *Into the Future*, in: *The Wisdom of the Heart* S. 159–172; S. 163.

[60] *Capricorn* S. 176.

[61] *Third or Fourth Day of Spring*, in: *Black Spring* S. 17–29; S. 21 f.

[62] *An Open Letter* . . . a.a.O., S. 193.

[63] *Capricorn* S. 177.

[64] *Capricorn* S. 178.

[65] *Capricorn* S. 179.

[66] *Reflections on Writing* a.a.O., S. 22.

[67] *Capricorn* S. 187.

[68] *Capricorn* S. 214.

[69] *Capricorn* S. 185.

[70] *Reflections on Writing* a.a.O., S. 24.

[71] *Artist and Public*, in: *Remember to Remember* S. 407–24; S. 414 f. und S. 413.

[72] *Obscenity and the Law of Reflection* a.a.O., S. 287.

[73] *Obscenity* a.a.O., S. 289.

[74] *Obscenity in Literature*, in: *Henry Miller on Writing* S. 189 bis 203; S. 190.

[75] *Henry David Thoreau* a.a.O., S. 11 f.

[76] *Capricorn* S. 182.

Arthur Schnitzler und Frank Wedekind – Der doppelköpfige Sexus

1 Frank Wedekind, *Frühlings Erwachen*. Eine Kindertragödie (1890/91), in: Prosa, Dramen, Verse. Bd. 1, München o. J. (1960).

2 Sigmund Freud, *Die ›kulturelle‹ Sexualmoral und die moderne Nervosität* (1908). In: Gesammelte Werke, Bd. 7, London 1955, S. 149.

3 *Sexualmoral* S. 149.

4 *Sexualmoral* S. 159.

5 *Sexualmoral* S. 143 f.

6 Robert Faesi, *Frank Wedekind*. In: *Deutsche Literatur im 20. Jahrhundert. Strukturen und Gestalten*. Hg. von Otto Mann und Wolfgang Rothe. Bd. 2, Bern und München 1967, S. 282.

7 *Frühlings Erwachen III*, 6.

8 *Frühlings Erwachen II*, 7.

9 Sigmund Freud, *Drei Abhandlungen zur Sexualtheorie* (1905). In: Gesammelte Werke, Bd. 5, London 1949.

10 Walter Benjamin, *Wedekind und Kraus in der Volksbühne*. In: Die literarische Welt, 1929, Nr. 44, S. 7 f.

11 *Sexualmoral* S. 152.

12 *Sexualmoral* S. 156 f.

13 *Drei Abhandlungen* S. 126.

14 *Drei Abhandlungen* S. 57 f.

15 *Frühlings Erwachen I*, 5.

16 Zitiert nach S. Freud, *Sexualmoral* S. 163.

17 *Frühlings Erwachen I*, 2.

18 *Frühlings Erwachen II*, 7.

19 *Frühlings Erwachen III*, 2.

20 Faesi, *Wedekind* S. 282.

21 *Frühlings Erwachen III*, 3.

22 Faesi, *Wedekind* S. 282.

23 Arthur Eloesser, *Die deutsche Literatur*, Bd. 2: Von der Romantik bis zur Gegenwart. Berlin 1931, S. 448.

24 *Frühlings Erwachen III*, 7.

25 *Frühlings Erwachen III*, 7.

26 *Frühlings Erwachen II*, 2.

27 Arthur Schnitzler, *Anatol: Agonie* (1890).

28 Arthur Schnitzler, *Anatols Größenwahn* (1891).

29 Karl Kraus, *Schnitzler-Feier*. In: Literatur und Lüge. München 1958, S. 166.

30 Anatol: *Abschiedssouper* (1891).

31 Friedrich Nietzsche, *Zur Genealogie der Moral*. In: Werke

in drei Bänden, hg. von Karl Schlechta, Bd. 2. München 1966, S. 782.

[32] *Frühlings Erwachen III*, 7.

[33] Heinz Politzer, *Diagnose und Dichtung*. In: Forum, Mai 1962, Heft 101, S. 219.

[34] *Diagnose und Dichtung*.

[35] Arthur Schnitzler, *Bemerkungen aus dem Nachlaß*. In: Die neue Rundschau, 73. Jg., 1962, 2. und 3. Heft, S. 348.

[36] Anatol: *Episode* (1888).

[37] Anatol: *Episode*.

[38] Frank Wedekind, *Tod und Teufel*. Totentanz in drei Szenen (1905). In: Prosa, Dramen, Verse. Bd. 2.

[39] Georg Simmel, *Das Abenteuer*, in: Philosophische Kultur. Gesammelte Essais. Leipzig 1911, S. 15.

[40] *Abenteuer* S. 21 f.

[41] *Abenteuer* S. 26.

[42] Richard Alewyn, *Nachwort zur Taschenbuchausgabe von Schnitzlers ›Liebelei‹ und ›Reigen‹*, Frankfurt/Main 1960, S. 158.

[43] Arthur Schnitzlers, *Reigen* (1896/97) V.

[44] *Reigen I*.

[45] *Reigen VI*.

[46] Theodor Reik, *Arthur Schnitzler als Psycholog*. Minden o. J. (1913), S. 80.

[47] Schnitzler als Psycholog S. 83 f.

[48] Casti Piani ist der philosophierende Bordellbesitzer in *›Tod und Teufel‹*.

[49] Walter Benjamin, *Schriften*, Bd. 1, hg. von Th. W. Adorno und Gretel Adorno. Frankfurt/Main 1955, S. 523 f.

[50] Arthur Schnitzler, *Der Gang zum Weiher* (1921) III, 3.

[51] Arthur Schnitzler, *Das weite Land*. Tragikomödie in fünf Akten (1910). III.

[52] *Das weite Land III*.

[53] *Das weite Land II*.

[54] Arthur Schnitzler, *Der einsame Weg*. Schauspiel in fünf Akten (1903) IV.

[55] Gerhart Baumann, *Arthur Schnitzler. Die Welt von gestern eines Dichters von morgen*. Frankfurt/Main und Bonn 1965, S. 12 f.

[56] Bernhard Blume, *Das nihilistische Weltbild Arthur Schnitzlers*. Diss. Stuttgart 1936.

[57] Felix Salten, *Schnitzler*. In: Der Merker. Österreichische Zeitschrift für Musik und Theater, 3. Jg. 1912, Heft 9, S. 328.

[58] *Diagnose und Dichtung* S. 219.

[59] *Diagnose und Dichtung* S. 219.

[60] *Diagnose und Dichtung* S. 219.

[61] Peter Gorsen, *Zur Phänomenologie des Bewußtseinsstroms.* Bergson, Dilthey, Husserl, Simmel und die lebensphilosophischen Antinomien. Bonn 1966, S. 87.
[62] S. 201.
[63] Richard Specht, *Schnitzler-Glossen.* In: Der Merker, 3. Jg. 1912, Heft 9, S. 353.
[64] Sigmund Freud, *Briefe an Arthur Schnitzler.* Brief vom 24. 5. 1926, in: Die neue Rundschau, 66. Jg. 1955, Heft 1, S. 100.
[65] Brief vom 14. 5. 1922, S. 97.
[66] Carl E. Schorske, *Politics and the Psyche* in fin de siècle Vienna: *Schnitzler and Hofmannsthal.* In: The American Historical Review, vol. LXVI, no. 4, 1961, S. 934.
[67] Karl Kraus, *Die demolirte Litteratur.* Wien 1899, S. 8.
[68] *Demolirte Litteratur* S. 18.
[69] *Demolirte Litteratur* S. 20.
[70] *Politics and the Psyche* S. 932.
[71] *Politics and the Psyche* S. 936.
[72] Frank Wedekind, *Die Büchse der Pandora.* Tragödie in drei Aufzügen mit einem Prolog (1893/94). In: Prosa, Dramen, Verse. Bd. 1, S. 517.
[73] Frank Wedekind, *Der Marquis von Keith.* Schauspiel in fünf Aufzügen (1900). In: Prosa, Dramen, Verse. Bd. 1, S. 652.
[74] Eloesser, *Deutsche Literatur* S. 451.
[75] Eloesser, *Deutsche Literatur* S. 450.
[76] *Tod und Teufel* S. 216.
[77] Franz Blei, *Marginalien zu Wedekind.* In: Das Wedekindbuch, hg. von Joachim Friedenthal. München und Leipzig 1914, S. 134 und S. 148.
[78] *Marginalien* S. 147.
[79] Friedrich Nietzsche, *Also sprach Zarathustra.* Ein Buch für Alle und Keinen. In: Werke in drei Bänden, Bd. 2, S. 338 f.
[80] *Tod und Teufel* S. 209.
[81] *Tod und Teufel* S. 209.
[82] *Zarathustra* S. 319.
[83] *Tod und Teufel* S. 229 f.
[84] *Zarathustra* S. 319.
[85] Frank Wedekind, *Erdgeist.* Tragödie in vier Aufzügen (1893/94). In: Prosa, Dramen, Verse. Bd. 1, S. 383.
[86] *Literatur und Lüge* S. 14 f.
[87] *Erdgeist* S. 382.
[88] Friedrich Nietzsche, *Jenseits von Gut und Böse.* Vorspiel einer Philosophie der Zukunft. In: Werke in drei Bänden, Bd. 2, S. 703.
[89] *Erdgeist* S. 454 und S. 439.
[90] *Literatur und Lüge* S. 11.

[91] *Erdgeist* S. 381 und S. 383.
[92] *Erdgeist* S. 383.
[93] Frank Wedekind, *Was ich mir dabei dachte.* In: Prosa, Dramen, Verse. Bd. 1, S. 957.
[94] Peter Michelsen, Frank Wedekind. In: *Deutsche Dichter der Moderne. Ihr Leben und Werk.* Hg. von Benno von Wiese, Berlin [2]1969, S. 57.
[95] Michelsen, *Wedekind* S. 59.
[96] Michelsen, *Wedekind* S. 57.
[97] *Büchse der Pandora* S. 522.
[98] Frank Wedekind, *Karl Hetmann – der Zwergriese (Hidalla),* Schauspiel in fünf Akten (1903/04). In: Prosa, Dramen, Verse. Bd. 2, S. 177.
[99] *Literatur und Lüge* S. 14.
[100] Frank Wedekind, *Mine-Haha oder Über die körperliche Erziehung der jungen Mädchen.* In: Prosa, Dramen, Verse. Bd. 1, S. 190.
[101] *Mine-Haha* S. 214.
[102] *Mine-Haha* S. 226 f.
[103] *Mine-Haha* S. 222.
[104] *Mine-Haha* S. 226.
[105] Frank Wedekind, *Gesammelte Briefe,* Bd. 1, hg. von Fritz Strich. München 1924, S. 9.
[106] *Was ich mir dabei dachte* S. 945.
[107] *Literatur und Lüge* S. 11.
[108] Frank Wedekind, *Zirkusgedanken* (1887). In: Prosa, Dramen, Verse. Bd. 1, S. 881 f.
[109] *Erdgeist* S. 453.
[110] *Erdgeist* S. 414.
[111] *Erdgeist* S. 444.
[112] *Büchse der Pandora* S. 522.
[113] *Erdgeist* S. 385.
[114] *Erdgeist* S. 435.
[115] *Erdgeist* S. 399.
[116] *Erdgeist* S. 457.
[117] *Literatur und Lüge* S. 20.
[118] *Büchse der Pandora* S. 517.
[119] Herbert Marcuse, *Triebstruktur und Gesellschaft. Ein philosophischer Beitrag zu Sigmund Freud.* Frankfurt/Main 1965, S. 36.
[120] Blei, *Marginalien* S. 139 f.
[121] *Marginalien* S. 139.
[122] *Triebstruktur und Gesellschaft* S. 226.
[123] *Erdgeist* S. 449.
[124] *Büchse der Pandora* S. 537.

[125] *Büchse der Pandora* S. 492.
[126] So in ›*Karl Hetmann, der Zwergriese*‹.
[127] *Tod und Teufel* S. 216.
[128] Michelsen, *Wedekind* S. 62.
[129] Franz Blei, *Über Wedekind, Sternheim und das Theater.* Leipzig 1915, S. 33 f.
[130] Sigmund Freud, *Jenseits des Lustprinzips.* In: Gesammelte Werke, Bd. 13. London 1955, S. 5.
[131] *Lustprinzip* S. 68.
[132] *Lustprinzip* S. 69.
[133] Sigmund Freud, *Neue Folge der Vorlesungen zur Einführung in die Psychoanalyse.* In: Gesammelte Werke, Bd. 15, London 1961, S. 82.
[134] *Triebstruktur und Gesellschaft* S. 231 f.
[135] *Erdgeist* S. 382.
[136] Paul Rilla, *Essays.* Berlin 1955, S. 197.
[137] *Tod und Teufel* S. 213.
[138] *Marquis von Keith* S. 656.
[139] Blei, *Marginalien* S. 143.
[140] Michelsen, *Wedekind* S. 60.
[141] Rilla, *Essays* S. 197.
[142] *Literatur und Lüge* S. 16.

Vladimir Nabokov – Die Erschaffung und Zerstörung der Nymphe Lolita

[1] Vladimir Nabokov, *Lolita.* Hamburg 1964, S. 21.
[2] Ähnliches hat Peter Gorsen, *Das Prinzip Obszön.* Reinbek 1969, S. 56, für das transvestitische Selbstverständnis gezeigt.
[3] *Lolita* S. 330.
[4] Schon ihr Name ist ein Homophon von Edgar Allan Poes *Annabel Lee.* Vgl. Page Stegner, *Escape into Aesthetics. The Art of Vladimir Nabokov.* London 1967, S. 105.
[5] *Lolita* S. 156.
[6] Stegner S. 115.
[7] *Lolita* S. 17.
[8] *Lolita* S. 17 f.
[9] *Lolita* S. 41.
[10] *Lolita* S. 41.
[11] *Lolita* S. 214.
[12] Jos van Ussel, *Sexualunterdrückung. Geschichte der Sexualfeindschaft.* Reinbek 1970, S. 36.
[13] *Lolita* S. 67.
[14] *Lolita* S. 17.
[15] *Sexualunterdrückung* S. 45 ff.

[16] *Lolita* S. 61–66.
[17] *Lolita* S. 133.
[18] *Sexualunterdrückung* S. 76.
[19] *Sexualunterdrückung* S. 94.
[20] Ähnlich interpretiert Yukio Mishima in seinem Vorwort zu Yasunar Kawabata, *The House of Sleeping Beauties.* London 1971, S. 10 die Funktion der schönen Schlafenden.
[21] *Lolita* S. 67.
[22] *Lolita* S. 22.
[23] *Sexualunterdrückung* S. 100.
[24] *Lolita* S. 17.
[25] Vgl. Henry Grosshaus, *Vladimir Nabokov and the Dream of Old Russia.* In: Texas Studies in Literature and Lauguage VII (1966), S. 406.
[26] *Lolita* S. 70.
[27] *Lolita* S. 70.
[28] *Lolita* S. 328.
[29] *Lolita* S. 176.
[30] *Lolita* S. 64.
[31] *Sexualunterdrückung* S. 37.
[32] *Lolita* S. 12.
[33] *Lolita* S. 65.
[34] *Lolita* S. 176.
[35] *Lolita* S. 328.
[36] Hermann Broch, *Die Schlafwandler.* Zürich 1931/32, S. 445.
[37] *Lolita* S. 195; Vergleichbares berichtet Herbert Maisch, *Inzest.* Reinbek 1968, S. 120.
[38] *Lolita* S. 144.
[39] *Lolita* S. 133.
[40] *Lolita* S. 15.
[41] *Lolita* S. 144.
[42] *Lolita* S. 216.
[43] *Lolita* S. 241.
[44] *Lolita* S. 318.
[45] *Lolita* S. 316.

Editorische Notiz

Wir danken dem Karl H. Henssel Verlag für die Abdrucksgenehmigung des Sade-Essays von Maurice Blanchot, erschienen in »Das neue Lot«, herausgegeben von Gerd Henniger, Berlin 1963. Autorisierte Übersetzung von Johannes Hübner.

57 Klaus Wallraven / Eckart Dietrich: *Politische Pädagogik*. Aus dem Vokabular der Anpassung.
60 Paul Lüth: *Ansichten einer künftigen Medizin*.
61 Wolf Lepenies / Helmut Nolte: *Kritik der Anthropologie*.
62 Witold Wirpsza: *Der Mörder*. Erzählungen.
63 *Verwaltete Musik*. Hrsg. von Ulrich Dibelius.
64 *Die Unterhaltung der deutschen Fernsehfamilie*. Hrsg. von Friedrich Knilli.
66 *Die Tabus der bundesdeutschen Presse*. Hrsg. von Eckart Spoo.
68 *a + b leuchten im Klee*. Psychopathologische Texte. Hrsg. von Leo Navratil.
70 *Das Rechtskartell*. Reaktion in der Bundesrepublik. Hrsg. von Harald Jung und Eckart Spoo.
71 Dylan Thomas: *Abenteuer in Sachen Haut*. Erzählungen.
72 Wolf Wondratschek: *Paul oder die Zerstörung eines Hörbeispiels*. Hörspiele.
73 Richard Brautigan: *Forellenfischen in Amerika*. Roman.
74 Klaus Völker: *Brecht-Chronik*. Daten zu Leben und Werk.
75 Helmut Ostermeyer: *Strafunrecht*.
76 Christopher Caudwell: *Bürgerliche Illusion und Wirklichkeit*. Studien zu einer materialistischen Ästhetik. Hrsg. von Peter Hamm.
77 Uwe Brandner: *Mutanten Milieu*. Bericht aus dem Land Asphalt.
78 Ulrike Prokop: *Soziologie der Olympischen Spiele*. Sport und Kapitalismus.
79 Afheldt / Potyka / Sonntag / von Weizsäcker: *Durch Kriegsverhütung zum Krieg?*
80 Wolf Lepenies: *Soziologische Anthropologie*. Materialien.
81 Peter Klein: *Francos zweite Inquisition*. Spanien zwischen Folter und EWG.
82 Pierre Hoffmann / Nikitas Patellis: *Demokratie als Nebenprodukt*. Versuch einer öffentlichen Planung.
83 Jean-Luc Godard: *Godard/Kritiker*. Gesammelte Kritiken und Aufsätze über Film (1950–1970). Hrsg. von Frieda Grafe.
84 Alfred Schmidt: *Geschichte und Struktur*. Fragen einer marxistischen Historik.
85 Gary Snyder: *Maya*. Gedichte.
86 Jorge Luis Borges: *David Brodies Bericht*. Erzählungen.
87 Boris Arvatov: *Kunst und Produktion*, Entwurf einer proletarisch-avantgardistischen Ästhetik (1921–1930). Hrsg. von Hans Günther und Karla Hielscher.
88 Miladin Zivotič: *Proletarischer Humanismus*. Studien über Mensch, Wert und Freiheit.
89 *Das Böse*. Dokumente und Interpretationen. Hrsg. von Gerhard Zacharias.
90 Marquis de Sade: *Der Greis in Charenton*. Letzte Aufzeichnungen und Kalkulationen.
91 Vladimir Kazakov: *Meine Begegnungen mit Vladimir Kazakov*. Prosa.
92 Alfred Jarry: *Der Alte vom Berge*. Gedichte, Dramen, Prosa. Hrsg. von Klaus Völker.
93 Joachim Steffen u. a.: *Fetisch Eigentum*. Wie privat sind Grund und Boden?
95 Horst Bienek: *Solschenizyn und andere*. Essays.
96 *Plädoyers für eine Europäische Sicherheitskonferenz*. Hrsg. von Walter Fabian.

97 *Wagner-Chronik*. Zusammengestellt von Martin Gregor-Dellin.
98 Wolfgang Bächler: *Traumprotokolle*. Ein Nachtbuch.
99 Ulrich, Albrecht: *Politik und Waffengeschäfte*. Rüstungsexport in der BRD.
100 *Und sie fliegen über die Berge, weit durch die Welt*. Aufsätze von Volksschülern. Hrsg. von ihrem Lehrer Ludwig Harig.
101 Ulrich Kurowski: *Lexikon Film*.
102 Fritz J. Raddatz: *Erfolg oder Wirkung*. Schicksale politischer Publizisten in Deutschland.
103 John Heartfield: *Krieg im Frieden*. Fotomontagen zur Zeit 1930–1938.
104 Helmut Nolte / Irmingard Staeuble: *Zur Kritik der Sozialpsychologie*.
105 Ferruccio Rossi-Landi: *Sprache als Arbeit und als Markt*. Kommunikationsforschung.
106 Charles W. Morris: *Grundlagen der Zeichentheorie. Ästhetik und Zeichentheorie*. Kommunikationsforschung.
107 Hans Heinz Holz: *Strömungen und Tendenzen im Neomarxismus*.
108 Rüdiger Thomas: *Modell DDR*. Die kalkulierte Emanzipation.
109 Alfred Schmidt: *Emanzipatorische Sinnlichkeit*. Ludwig Feuerbachs anthropologischer Materialismus.
111 Elias Canetti: *Die gespaltene Zukunft*. Aufsätze und Gespräche.
112 *Ansichten einer künftigen Futurologie*. Zukunftsforschung in der zweiten Phase. Hrsg. von Dietger Pforte und Olaf Schwencke.
113 Walter Kempowski: *Haben Sie Hitler gesehen?* Deutsche Antworten. Nachwort von Sebastian Haffner.
114 Günter Bruno Fuchs: *Reiseplan für Westberliner anläßlich einer Reise nach Moskau und zurück*. Handbuch für Einwohner No. 2.
115 *Marxismus und Formalismus*. Dokumente einer literaturtheoretischen Kontroverse. Hrsg. von Hans Günther.
116 Leo Kofler: *Aggression und Gewissen*. Grundlegung einer anthropologischen Erkenntnistheorie.
117 Tadeusz Różewicz: *Der Tod in der alten Dekoration*. Erzählung.
118 *Eine andere Verteidigung?* Alternativen zur atomaren Abschreckung. Aus der Arbeit der Vereinigung Deutscher Wissenschaftler.
119 Helmut Eisendle: *Handbuch zum ordentlichen Leben*.
120 Helmut H. Diederichs: *Konzentration in den Massenmedien*. Systematischer Überblick zur Situation in der BRD. Kommunikationsforschung.
121 Karl Held: *Kommunikationsforschung – Wissenschaft oder Ideologie?* Materialien zur Kritik einer neuen Wissenschaft. Kommunikationsforschung.
122 *Neue Ansichten einer künftigen Germanistik*. Hrsg. von Jürgen Kolbe.
123 Karl Heinz Bohrer: *Der Lauf des Freitag*. Die lädierte Utopie und die Dichter. Eine Analyse.
124 Elias Canetti: *Masse und Macht*. 1. Band.
125 Elias Canetti: *Masse und Macht*. 2. Band.
126 Günter Kunert: *Gast aus England*. Erzählung.
127 Bernd Jentzsch: *Jungfer im Grünen*. Geschichten.
128 Eugène Ionésco: *Macbett*.
129 Martin Gregor-Dellin: *Richard Wagner – die Revolution als Oper*.
130 Heinz Abosch: *Trotzki-Chronik*. Daten zu Leben und Werk.
131 Auguste Comte: *Plan der wissenschaftlichen Arbeiten, die für eine Reform der Gesellschaft notwendig sind*. Einleitung von D. Prokop.

132 Hermann Glaser: *Weshalb heißt das Bild nicht Bett?* Soziolinguistische Paradigma zur Sprache der Gegenwart.
133 Dietmar Kamper: *Geschichte und menschliche Natur.* Die Tragweite gegenwärtiger Anthropologiekritik.
134 Wolfgang Pohrt: *Wissenschaftspolitik – von wem, für wen, wie.* Prioritäten in der Forschungsplanung. Vorwort von Dietrich Goldschmidt.
135 Sergej M. Eisenstein: *Schriften 2. Panzerkreuzer Potemkin.* Hrsg. von Hans-Joachim Schlegel.
136 Dziga Vertov: *Schriften zum Film.* Herausgegeben von Wolfgang Beilenhoff.
137 Joachim Schickel: *China in der Welt.* Ein außenpolitisches Dossier.
138 Johann Galtung / Dieter Senghaas (Hrsg.): *Kann Europa abrüsten?* Friedenspolitische Optionen für die siebziger Jahre.
139 Otto Kreye (Hrsg.): *Multinationale Konzerne.* Entwicklungstendenzen im kapitalistischen System.
140 *Die politischen Gefangenen Saigons.* Eine Dokumentation von Holmes Brown und Don Luce.
141 Dieter Prokop (Hrsg.): *Kritische Kommunikationsforschung.* Aufsätze aus der »Zeitschrift für Sozialforschung«.
142 Henri Lefebvre: *Kritik des Alltagslebens,* Band I.
143 Henri Lefebvre: *Kritik des Alltagslebens.* Band II.
144 Henri Lefebvre: *Kritik des Alltagslebens.* Band III.
145 Miroslav Holub: *Aktschlüsse.* Halbgedichte.
146 *Netzer kam aus der Tiefe des Raumes.* Notwendige Beiträge zur Fußball-Weltmeisterschaft. Hrsg. von Ludwig Harig und Dieter Kühn.
147 *Wollüstige Phantasie.* Sexualästhetik der Literatur. Aufsätze über Sade, Bataille, Genet, Miller, Schnitzler, Wedekind und Nabokov. Hrsg. von Horst Albert Glaser.
148 Peter Christian Ludz: *Deutschlands doppelte Zukunft.* Bundesrepublik und DDR in der Welt von morgen. Ein politischer Essay.
149 Alfred Schmidt: *Zur Idee der Kritischen Theorie.* Elemente der Philosophie Max Horkheimers.
150 Michel Foucault: *Von der Subversion des Wissens.* Hrsg. von Walter Seitter.
151 Guy Hocquenghem: *Das homosexuelle Verlangen.*
152 *Lenin-Chronik.* Daten zu Leben und Werk. Zusammengestellt von Hermann und Gerda Weber.
153 *Ansichten einer künftigen Geschichtswissenschaft I.* Kritik – Theorie – Methode. Hrsg. von Imanuel Geiss und Rainer Tamchina.
155 Robert Leicht: *Grundgesetz und politische Praxis.* Parlamentarismus in der Bundesrepublik.
156 *Durch Kooperation zum Frieden?* Probleme gesamteuropäischer Sicherheit und Zusammenarbeit. Eine Veröffentlichung der Vereinigung deutscher Wissenschaftler.
157 Klaus Kreimeier: *Politische Theorie des Fernsehens.* Kommunikationsforschung.
158 Sergej M. Eisenstein: *Schriften 1. Streik.* Hrsg. von Hans-Joachim Schlegel.
159 Vsevolod Meyerhold: *Theaterarbeit 1917–1930.* Hrsg. von Rosemarie Tietze.
160 Horst Holzer: *Kinder und Fernsehen.* Materialien zu einem öffentlich-rechtlichen Dressurakt.
162 Christopher Caudwell: *Studien zu einer sterbenden Kultur.*